Heide Hasskerl

Selbstversorgt!

Heide Hasskerl

Selbstversorgt!
Gemüse, Kräuter und Beeren aus dem eigenen Garten

Leopold Stocker Verlag
Graz – Stuttgart

Umschlaggestaltung:
DSR Werbeagentur Rypka GmbH, 8143 Dobl/Graz, www.rypka.at
Titelbild: Bauerngarten, Buenos Dias Bildagentur GesmbH, Wien

Bildnachweis: Die Bilder im Textteil sowie die Gartenpläne wurden freundlicherweise von der Autorin zur Verfügung gestellt.

Illustrationen: Maria Martina Schmitt (Wien)

Der Inhalt dieses Buches wurde von Autoren und Verlag nach bestem Gewissen geprüft, eine Garantie kann jedoch nicht übernommen werden. Die juristische Haftung ist ausgeschlossen.

Bibliografische Information Der Deutschen Bibliothek
Die Deutsche Bibliothek verzeichnet diese Publikation in der Deutschen Nationalbibliografie; detaillierte bibliografische Daten sind im Internet unter http://dnb.ddb.de abrufbar.

Hinweis: Dieses Buch wurde auf chlorfrei gebleichtem Papier gedruckt. Die zum Schutz vor Verschmutzung verwendete Einschweißfolie ist aus Polyethylen chlor- und schwefelfrei hergestellt. Diese umweltfreundliche Folie verhält sich grundwasserneutral, ist voll recyclingfähig und verbrennt in Müllverbrennungsanlagen völlig ungiftig.

Auf Wunsch senden wir Ihnen gerne kostenlos unser Verlagsverzeichnis zu:
Leopold Stocker Verlag GmbH
Hofgasse 5 / Postfach 438
A-8011 Graz
Tel.: +43 (0)316/82 16 36
Fax: +43 (0)316/83 56 12
E-Mail: stocker-verlag@stocker-verlag.com
www.stocker-verlag.com

ISBN 978-3-7020-1263-2
Alle Rechte der Verbreitung, auch durch Film, Funk und Fernsehen, fotomechanische Wiedergabe, Tonträger jeder Art, auszugsweisen Nachdruck oder Einspeicherung und Rückgewinnung in Datenverarbeitungsanlagen aller Art, sind vorbehalten.

© Copyright by Leopold Stocker Verlag, Graz 2010
Layout und Repro: DSR Werbeagentur Rypka GmbH, 8143 Dobl/Graz
Druck + Bindung: Gorenjski tisk, Kranj, Slowenien

Inhalt

Vorwort 12

Einleitung 13
- Jeder kann einen Gemüsegarten anlegen 13
- Fünf gute Gründe für einen eigenen Nutzgarten ... 13
- Anfallende Kosten und zu erwartender Nutzen 14
  - Ein-Euro-Rechnung 16
  - Was Sie bedenken sollten 17
- Urlaub und Nutzgarten sind vereinbar! 17

Grundlegendes 18
- Was Sie in diesem Ratgeber erwartet 18
- Die Inhaltsstoffe von Gemüse und Obst 19
  - Was Sie außerdem erwartet 21
- Welche Bedürfnisse sollen erfüllt werden? 21
  - Die Gemüseempfehlung für Einsteiger 22
  - Gemüse – Kosten/Ertrag 23
- Analyse des Gartenbodens 23
  - Einfache Bodenanalyse 24
  - Bodenverbesserung 28
- Ohne Planung geht es nicht 28
  - Wo befindet sich der Garten? 29
  - Wie groß sollte der Garten sein? 29
  - Entspannung/Wohlbefinden 30
- Die Gemüsearten 30
- Das Saatgut 31
  - Ein kleiner Einführungskurs 31
- Die Gartengeräte 33
  - Apropos ... Gartengeräte 34

Der Nutzgarten und seine Helfer 36
Der Kompost im Garten 36
- Die Anlage des Kompostes 37
- Zutatenliste des Kompostes 38

Das Frühbeet/Mistbeet 39
- Die Anlage eines Mistbeetes 41
- Zutatenliste Mistbeet 43

Das Tomatenhaus 45
- Die Anlage eines Tomatenhauses 46
- Der Bau des Tomatenhauses 46

Einfaches Gerätehaus 48
- Der Bau des Gerätehauses 48

Die Bodenarbeit 49
Das Umgraben einer Gemüsebeetfläche 49
Das Umgraben einer Rasenfläche 50
- Das Einarbeiten von Kompost oder Mist 51
- Rigolen/Holländern 52

Maßnahmen zur Regenwurmförderung für die Bodenverbesserung 57
Das Glattziehen des Saatbettes 57

Die Aussaat 58
Vorbereitung 58
Richtig aussäen 59
Nach der Aussaat 60
- Apropos ... Gießwasser 61

Das Vorziehen der Gemüse 61
- Vorziehen im Gewächshaus 62
- Vorziehen im Freiland 62

Das Pflanzen 63
- Pflanzloch 64

Die Tiere des Nutzgartens 66
- Apropos ... Schnecken 66
- Apropos ... Kartoffelkäfer *(Leptinotarsa decemlineata)* 69
- Apropos ... Erdflöhe 71
- Apropos ... Regenwürmer 71
- Apropos ... Ohrwürmchen 72
- Apropos ... Ameisen *(Laurius niger)* 73

Inhalt 7

Apropos … Blattläuse	73
Apropos … Maulwürfe	74
Apropos … Wühlmäuse	74
Apropos … Haustiere	75
Apropos … „Schafskälte"	76
Apropos … Buchsbaum	76

Genug der Theorie: Der Planung folgt die Tat — 77

Der Kräutergarten — 78
So erzielt man kräftige Kräuter — 79
Gewürz- und Heilkräuter empfehlenswert — 79
Petersilie-Gewächshaus — 80

Die Kräuter — 82
Basilikum *(Ocimum basilicum)* — 82
Bohnenkraut *(Satureja hortensis)* — 82
Dill *(Anethum graveolens)* — 83
Oregano *(Origanum vulgare)* — 84
Estragon *(Artemisia dracunulus)* — 85
Kerbel *(Anthriscus cerifolium)* — 86
Meerrettich/Kren *(Armoracia rusticana)* — 86
Lavendel *(Lavandula augustifolia)* — 87
Liebstöckel *(Levisticum officinale)* — 88
Majoran *(Majorana hortensis)* — 89
Zitronen-Melisse *(Melissa officinalis)* — 89
Zitronenverbene *(Aloysia citrodora)* — 90
Petersilie *(Petrosilinum crispum)* — 91
Pfefferminze *(Mentha x piperita)* — 92
Salbei *(Salvia officinalis)* — 93
Schnittlauch *(Allium schoeneprasum)* — 93
Thymian *(Thymus vulgaris)* — 94
Apropos … Kräutergarten — 95

Der Frühgemüsegarten für den Einsteiger — 95
Planbeispiel Frühgemüsegarten Typ „Zwischenfruchtbau" (30 m²) — 96
Bestellbeispiel der vier Gemüsereihen — 97
Ernteertrag — 97
Gut vorbereitet ist der halbe Erfolg — 98
Apropos … Kübelpflanzen — 102
Arbeitskalender für das Planbeispiel „Frühgemüsegarten" — 103

Der Küchengarten für den Anfänger — 106
Gemüseauswahl — 106
Planbeispiel Küchengarten (100 m²) — 107

Bestellbeispiel der Gemüsefläche zwischen
Beerenobstanpflanzung und Kompost 108
Bestellbeispiel der Gemüsefläche beim Gewächshaus 109
Ernteertrag 109
Arbeitskalender für das Planbeispiel „Küchengarten" 114
Finanzielle Aspekte 117
Der Zeitaufwand 117

Der Selbstversorgergarten 119
Planbeispiel „Selbstversorgergarten" (600 m²) 120
Der Ernteertrag.. 120
Gut vorbereitet ist der halbe Erfolg 121
Die Lagerung.. 122
Lagerung im Garten 123

Spezieller Teil 125
Die Gemüsearten: Was Sie wissen müssen 125
Wurzelgemüse 126
Kartoffeln 126
Radieschen 131
Möhren/Karotten 132
Rettich 135
Rote Beete 135
Sellerie 137
Pastinaken 138
Schwarzwurzel/Haferwurzel 140
Blattgemüse 141
Kopfsalat... 141
Eisbergsalat 142
Endiviensalat 143
Pflücksalate 143
Spinat 145
Mangold/Krautstiel 146
Gartenmelde 148
Zwiebelgemüse 149
Küchenzwiebeln 149
Schalotten 152
Knoblauch... 152
Porree 152
Hülsenfrüchte 154
Erbsen.. 154
Buschbohnen 156

Inhalt

    Stangenbohnen 158
Kohlgemüse – Die Kohlarten 158
    Weißkohl/Rotkohl/Wirsing 158
    Blumenkohl/Brokkoli 161
    Romanesco 162
    Grünkohl/Federkohl 162
    Rosenkohl 163
    Kohlrabi 164
Fruchtgemüse 165
    Tomaten 165
    Apropos … „Eisheilige" 169
    Paprika 171
    Freilandgurken 172
Kürbisse 174
    Zucchini/Zucchetti (Sommerkürbis) 175
    Hokkaido (Winterkürbis) 176
    Patisson (Sommerkürbis) 176
    Butternut (Winterkürbis) 177
    Ölkürbis (Speisekürbis, Sommerkürbis) 177
Aubergine 178
Zuckermais 179
Mehrjährige Gemüse 180
    Rhabarber 180
    Grüner Spargel 182
Das Einsteiger-Beerenobst 183
    Erdbeeren (Fragaria) 184
    Johannisbeere (Ribes) 188
    Stachelbeere (Ribes uva-crispa var. sativum) 190
    Himbeere (Rubus idaeus) 191
    Brombeere (Rubus sectio Rubus) 193
    Anden- oder Kapstachelbeere (Physalis peruviana) 195
Wichtige Beikräuter 197
    Kamille *(Matricaria chamomilla)* 197
    Kratzdistel *(Cirsium arvense)* 197
    Vogelmiere *(Stellaria media)* 197
    Löwenzahn *(Taraxum officinale)* 198
    Franzosenkraut *(Galinsoga)* 198
    Kletten-Labkraut *(Galium aparine)* 198
    Giersch *(Aegopodium podagraria)* 198
    Brennnessel *(Urtica)* 199
    Quecken *(Elymus repens)* 199

Melde *(Attriplex)* 199
Bauerntabak 199
Knöterich samt sich aus 200
Hederich *(Raphanus raphanistrum)* 200
Erdrauch *(Fumaria)* 200
Vorsicht Doppelgänger! 201
Das „Wer ist Wer" im Nutzgarten 201
Kohlrabi mit Beikraut 201
Hederich-Radieschen 202
Beikraut: So jäten Sie richtig 202
Zu guter Letzt 205
Testen der richtigen Aussaattemperatur des Gartenbodens 205
Die Herbstaussaat 205
Frischer Pferdemist 205
Trennung des Nutzgartens 206
Gründüngung 206
Mulchen 207
Gemüse/Kartoffelmieten 207
Pflanzenjauche 207
Riesengemüse 208
Minigemüse 208
Gärtnern und Urlaub 208
Aberglauben 209
Zum Schluss 211

Anhang 212
Empfohlene Gemüse im Selbstversorgergarten 212
**Bezugsquellen für ein umfassendes Sortiment
an Gemüsesorten** 213
Deutschland 213
Österreich 213
Schweiz 213
Bezugsquellen für Nützlinge 214
Deutschland 214
Österreich 214

Ein Leben ohne Garten ist wie ein Film ohne Farbe.
Für meine Kinder Daniel und Marina und deren Lebenspartner.

*Willst du für eine Stunde glücklich sein, so betrinke dich.
Willst du für drei Tage glücklich sein, so heirate.
Willst du für acht Tage glücklich sein, so schlachte
ein Schwein und gib ein Festessen.
Willst du aber ein Leben lang glücklich sein,
so schaffe dir einen Garten.*

(Chinesisches Sprichwort)

Vorwort

Ein herzliches Willkommen, verehrte Freunde und Interessierte des Nutzgartens, ich beglückwünsche Sie zum Kauf dieses Buches. Sie werden bald feststellen, dass diese Entscheidung richtig war: Der Unterschied zu anderen Gartenbüchern besteht darin, dass beim Erarbeiten dieses Ratgebers die Position eines absoluten Einsteigers eingenommen wurde – Argumente wie: Gärtnern? Das kann ich nicht; das habe ich schon mal probiert, aber es hat nicht funktioniert; ich habe keinen Grünen Daumen; bei mir gehen sogar die Zimmerpflanzen ein etc., können Sie endlich vergessen. Dieser Ratgeber wendet sich gerade an Personen, die beim Gärtnern noch nie Erfolg hatten, denen die Zimmerpflanzen eintrocknen und des Weiteren an all jene, die sich vor der gern zitierten „Schufterei" fürchten. Bald werden Sie begeistert feststellen, dass Gemüseanbauen nicht nur viel einfacher ist als allgemein angenommen, sondern dass es richtig Spaß machen kann. Entscheidend ist die Sortenwahl. Dass ein Nutzgarten obendrein verhältnismäßig wenig Arbeit machen kann und selbst mit einem Minimum von Grünem Daumen problemlos durchführbar ist, werden Sie rasch erkennen – fern von Schwielen und Blasen. Es sei denn, man will im Garten alles perfektionieren.

Diesbezüglich möchte ich dem Pedanten gleich ein Sprichwort ans Herz legen: „Der dümmste Bauer erntet die größten Kartoffeln!"

… in diesem Sinn!

Einleitung

Jeder kann einen Gemüsegarten anlegen

Beinah jedermann, unabhängig von Geschlecht und Alter (Kleinkinder ausgenommen), kann einen Gemüsegarten anlegen. Das gilt auch für jene Mitmenschen, die ständig über ihre Probleme mit Zimmerpflanzen klagen: Ein Garten unterscheidet sich gravierend von einem Blumentopf. Natürlich wird der Garten eines älteren Menschen anders gestaltet sein, als der einer jungen Familie. Dennoch, egal ob Alt oder Jung, Single oder Großfamilie: Jeder kann und sollte einen Garten haben.

Fünf gute Gründe für einen eigenen Nutzgarten

1. Frisches Gemüse und köstliches Obst aus eigenem Anbau sind rundum eine feine Sache. Nicht nur die Vegetarier oder Rohköstler werden mir zustimmen: Ein Nutzgarten kommt allen und jedem zugute, da er die unterschiedlichsten individuellen Bedürfnisse befriedigen kann.
2. Ein Nutzgarten kann den Geldbeutel schonen.
3. Der Nutzgarten kann einem Gourmet ebenso vielfältige kulinarische Highlights bescheren. Also: Möchte der Feinschmecker nicht nur genießen, sondern obendrein sparen – umso besser: Delikatessen aus dem Nutzgarten zum kleinen Preis; Sparen einmal anders; dafür aber ausgiebig. Auf das Sparen wollen wir im Übrigen in diesem Buch besonders eingehen. An alle Sparfüchse also und die, die es werden wollen: aufgepasst!

Jeder kann einen Gemüsegarten anlegen

Fünf gute Gründe für einen eigenen Nutzgarten

Anfallende Kosten und zu erwartender Nutzen

Urlaub und Nutzgarten sind vereinbar

> 4. Ein Garten kann eine Fülle an Abenteuern bieten – Abenteuer, die eine ganze Familie involvieren können. Es gibt so viele wunderbare Geschichten, denen wir im Garten begegnen, dass ein Schriftsteller sie nicht besser erdenken könnte … Selbst in einem – auf den ersten Blick langweilig anmutenden – Nutzgarten herrscht die Allgewalt der Natur. Die Natur ist eine Größe, die sich nur schwer berechnen lässt. Selten ist man im Umgang mit ihr vor Überraschungen gefeit. Umso größer fällt die Freude über einen Triumph aus.
> 5. Glauben Sie mir: Wenn Sie der Natur ein Stück vom Paradies abgerungen haben, werden Sie mit Glücksgefühlen konfrontiert, die Sie in dieser Intensität nicht für möglich gehalten hätten.

Letztlich aber spielt der Beweggrund, der Sie motiviert hat, einen Nutzgarten anzulegen, keine Rolle: Es ist in jeder Hinsicht eine Entscheidung, die Ihnen Glück und Zufriedenheit bescheren wird. Letzten Endes warten nicht Entbehrung und Schufterei auf Sie, sondern das Paradies. Glauben Sie mir: Es gibt nichts Schöneres, nichts Aufregenderes, nichts Ergreifenderes als einen eigenen Garten zu besitzen und sein ganz persönliches (kulinarisches) Paradies zu verwirklichen; Sie ahnen wahrscheinlich nicht, wie gewaltig die Sortenvielfalt ist. Hierbei kommt es ausschließlich darauf an, was genau Sie – ja Sie! – wollen. Ihr Garten kann wirtschaftlichen Aspekten genügen, preußische Ordnungsliebe symbolisieren, er kann wild und verwegen sein … Ihr Garten kann bunt sein, Arbeit machen (wenn Sie dies wollen) oder Abwechslung bieten. In ihm können Delikatessen zu grandiosen Gaumenfreuden heranreifen, Blumen blühen, der Liegestuhl zum Faulenzen einladen, über dem köstliches, sonnengereiftes Beerenobst einen Hauch Schlaraffenland verbreitet …

Der Garten als „Spielplatz" für Erwachsene

Ich behaupte, dass ein Garten der Spielplatz der Erwachsenen ist. Spielen Sie! Spielen Sie mit Formen und Farben, mit Düften und Geschmäckern! Leben Sie Ihre ureigene Kreativität! Und erleben Sie eine lebendige Vielfalt, die Ihnen einen kleinen Einblick in die unergründlichen Tiefen der Natur gewährt. Ein Garten ist ein Stück Natur, das der Gärtner gleich einem Bildnis „malt". Ein Garten ist ein Stück Natur, das von der Natur auf wunderbare Weise beseelt wird …

Anfallende Kosten und zu erwartender Nutzen

Die Preise für Sämereien variieren erheblich. Es können jedoch Kosten durch eine eigene Samenanzucht gespart werden. Dies ist auch von einem Einsteiger realisierbar.

Einfache Gemüsearten zur Samenanzucht sind: Bohnen, Erbsen, Gurken, Kartoffeln, Kürbisse, Radieschen, Salat, Spinat, Tomaten, Zwiebeln. Falls Sie sich

Einleitung 15

angesichts der Aufzählung fragen, weshalb nicht Möhren oder Kohlrabi darunterfallen: Zweijährige Gemüse sind in der Samenanzucht aufwendiger.

> **Das sollten Sie beachten!**
>
> Nur aus samenfesten Gemüse kann Samen gewonnen werden. Achten Sie beim Kauf darauf, dass auf der Samentüte das Wort „Hybrid" (F1/F2) nicht vermerkt ist, wenn Sie daraus Samen vermehren wollen.

Gartengeräte können richtig Geld kosten. Weniger ist mehr. Wenn Sie sich absolut sicher sind, dass aus Ihrem Einstieg in die schöne Welt des Gärtnerns eine aufrichtige Leidenschaft wurde, können Sie investieren. Aber zu Beginn sollte das Portemonnaie nicht zu locker sitzen.

Die Werbung in Gartenfachmärkten suggeriert oft die Nützlichkeit einer Vielzahl unnützer Geräte. Tatsächlich reichen ein Spaten, eine Hacke und ein Rechen vorerst vollkommen aus!

Der Wert des Gemüses im eigenen Garten geht erheblich über den Geldwert des Gemüses in Geschäften hinaus. Auf keinen Fall können Sie hier eins zu eins umrechnen. Falls Sie kalkulieren wollen, rechnen Sie bitte Zeit und Fahrkosten mit ein, die Sie benötigen, um Gemüse im Handel zu erwerben. So benötigen Sie wahrscheinlich kein Fahrzeug, um in den Garten zu gelangen, was die Fahrtkosten senkt; auch die Zeitinvestition reduziert sich: Nervenraubendes Schlange stehen an übervollen Kassen im Supermarkt entfällt. Anstelle Frust Wohlgefühl! Auch der Nährwert der selbst erzeugten Gemüse punktet gegenüber den im Handel erhältlichen Doppelgängern: Frisches Gemüse weist den höchsten Vitamingehalt auf.

Der Wert, den ein Nutzgarten darstellt, ist keinesfalls mit dem Aspekt der günstigen Lebensmittel erschöpft. Es wird viele schöne Stunden geben, die Sie in Ihrem Garten erleben. Und schauen Sie doch bitte nur einmal, wie viel Geld im Handel für ein Glas Gemüsefond verlangt wird. Den können Sie sogar aus Ihrem „Gemüseabfall" ganz billig selbst herstellen. Wirklich aus dem Putzabfall der

---

Gartengeräte können richtig Geld kosten. Am Beginn sollten Sie nur das Notwendigste investieren.

Der Wert des Gartens liegt nicht nur im geernteten Gemüse, er wird auch viele schöne Stunden bereiten.

Reiche Ernte, da fällt auch was für Freunde ab.

Gemüse kann ein absolut delikater Fond kreiert werden. Kochen Sie hierfür einfach die gereinigten Schalen Ihrer Gemüse (Kohlrabi, Möhren, Salatblätter, Zwiebelschloten, Erbsenschoten) aus und fügen Sie einige Blätter der Pastinake hinzu. Sieben Sie das Ergebnis durch und gewinnen Sie einen Fond, der so köstlich mundet, dass Sie sicherlich nie mehr wieder einen Tropfen teuren Fond kaufen werden.

Neben Gemüse liefert ein Garten eine Menge Präsente. Für jeden Anlass finden Sie mit ein wenig Phantasie das passende Geschenk. Egal ob es handkreierte Konfitüren oder sauer eingelegte Delikatessen sind. Und dem Charme eines Straußes gebundener farbiger Zwiebeln konnte bisher kaum jemand widerstehen.

> Neben Gemüse liefert ein Garten auch jede Menge Präsente, denen kaum jemand widerstehen kann.

Wägen Sie ab, ob es sinnvoll ist, eine Tüte Samen zu kaufen oder Jungpflanzen selbst zu ziehen. In einer Packung Tomatensamen sind zirka 80 Samen enthalten. Selbst wenn nur die Hälfte der Samen aufgeht: Wollen Sie so viele Tomatenpflanzen einer Sorte?

Die ersten Salatpflanzen, die der Fachmarkt anbietet, sind relativ teuer; außerdem besteht die Gefahr, dass sie von Schädlingen heimgesucht werden, weil die Saison noch nicht so richtig begonnen hat. Wenn man bedenkt, dass in einer Packung Salatsamen etwa 500 Samen sind: Falls nur die Hälfte dieser Samen aufgeht und davon eventuell noch die Hälfte der aufgegangenen Sämlinge von Schädlingen verzehrt werden, bleiben immer noch derart viele Salatpflanzen übrig, dass damit ein sehr, sehr großes Beet bepflanzt werden könnte.

> Freie Flächen im Garten sollten mit Blumen bepflanzt werden.

Freie Plätze im Garten sollten Sie mit Blumen bepflanzen. Ganz einfach in der Kultur zu handhaben sind beispielsweise die Ringelblumen *(Calendula officinalis)* oder die Große Kapuzinerkresse *(Tropaeolum majus L.)*. Mit den Blüten dieser Blumen können auch Salate dekoriert werden.

Mein Rat

Ziehen Sie aus einer Packung Gemüsesamen, die häufig verzehrt werden (Salat, Kohlrabi, Rüben und Kohlgemüsen), eigene Pflanzen im Garten. Das schont den Geldbeutel. Anderes Gemüse, von dem nur wenig benötigt wird (Porree, Zucchini, Kürbis, Blumenkohl, Rosenkohl), kaufen Sie hinzu. Das spart Geld!

Ein-Euro-Rechnung

Ernteertrag aus einer Packung handelsüblichem Samen zum Preis von etwa 1 Euro unter optimalen Bedingungen:

Buschbohnen	= etwa 50 Samen	= 6 kg Bohnen	= 12 Menüzutaten für 4 Personen
Spinat	= etwa 3000 Samen	= 20 kg Spinat	= 25 Menüzutaten für 4 Personen
Salat	= etwa 500 Samen	= 100 kg Salat	= 200 Menüzutaten für 4 Personen
Möhren	= etwa 600 Samen	= 50 kg Möhren	= 60 Menüzutaten für 4 Personen
Zucchini	= etwa 8 Samen	= 25 kg Zucchini	= 45 Menüzutaten für 4 Personen

Diese Aufzählung könnte grundsätzlich mit einem identischen Ergebnis fortgesetzt werden. Stellt man den Preis dagegen, den der Handel beispielsweise für einen Kopf Salat oder ein Bund Radieschen verlangt, tritt die tatsächliche Ersparnis besonders offensichtlich zutage. Auch wenn derzeit die Preise, die beispielsweise für Zwiebeln oder Kartoffeln verlangt werden, eher gering sind, rechnet sich die Arbeit, die in einen Nutzgarten investiert werden muss, auf jeden Fall.

> **Mein Rat**
>
> Auf keinen Fall sollten Sie auf das Anpflanzen von Zwiebeln oder Kartoffeln verzichten, und zwar auch, wenn der wirtschaftliche Anreiz im ersten Moment vielleicht nicht so dominant ist: Zwiebeln halten die Möhren gesund, Frühkartoffeln sind meistens nicht so günstig, Kartoffeln aus dem eigenen Garten weisen einen deutlich besseren Geschmack auf.

Was Sie bedenken sollten

Grundsätzlich bedarf eine größere Gartenfläche einen höheren Arbeitsaufwand und somit einen gesteigerten Zeitaufwand. Die Ernteerträge eines größeren Nutzgartens fallen grundsätzlich gewichtiger aus. Eine Großfamilie profitiert sicherlich davon, Kleinfamilien werden mit der Konservierung konfrontiert. Ein großer Nutzgarten bedarf eines geübten Gärtnerblickes, damit Harmonie im Garten herrscht. Wenn Sie sich übernehmen, tritt das Wunderbare, das einem Nutzgarten innewohnt, in den Hintergrund. Stress und Angst machen sich breit.

Ein größerer Nutzgarten bringt auch eine umfangreichere Ernte, die teilweise konserviert werden kann.

> **Mein Rat**
>
> Planen Sie Ihren Nutzgarten nicht zu groß. Achten Sie dabei auf Vielfalt: Weniger ist auch hier mehr.

Urlaub und Nutzgarten sind vereinbar!

- Es gibt Gemüsearten, die kommen über eine längere Zeit ohne viel Zutun aus: Wurzelgemüse, Kartoffeln, Hülsenfrüchte (die ausreifen sollen), Rüben, Mangold, Rote Beete, Stangenbohnen, Rotkohl/Weißkohl/Rosenkohl, Porree, Knollenfenchel, Zwiebeln, Mangold, Aubergine, Paprika, Mais
- Variable Gemüse (können bis in den September hinein ausgesät werden): Buschbohnen, Salat, Radieschen/Rettiche, Kohlrabi, Endivien, Grünkohl, Spinat
- Nicht vereinbar sind: Tomaten, Zucchini, Gurken, Salat, Buschbohnen. Sicherlich findet sich zum Durchpflücken dieser Gemüse ein Nachbar, der die Ernte dann gern behalten wird.

Manche Gemüse kommen über längere Zeit ohne viel Zutun aus.

- Was Sie in diesem Ratgeber erwartet
- Die Inhaltsstoffe von Gemüse und Obst
- Welche Bedürfnisse sollen erfüllt werden?
- Analyse des Gartenbodens
- Ohne Planung geht es nicht
- Die Gemüsearten
- Das Saatgut
- Die Gartengeräte

Grundlegendes

Was Sie in diesem Ratgeber erwartet

So individuell wir Menschen sind, so verschieden sind auch die Nutzgärten. Jedoch verbindet all diese Nutzgärten eine Basis. Diese Basis besteht im Grunde lediglich aus drei Ingredienzen: aus der Gartenerde, dem Samen und einigen Werkzeugen. Diesen drei wesentlichen Ingredienzen schenken wir unsere Aufmerksamkeit. Darum erfahren Sie etwas über Gartenerde und wie Sie diese unterscheiden. Sie erfahren ebenfalls, wie Sie sie gegebenenfalls verbessern und wie Sie besten Humus selbst herstellen können. Mit dem Wissen um den Erdboden haben Sie bereits die erste Ebene der Basis erreicht. Damit wirklich nichts danebengeht, ist auch der Bodenbearbeitung und der richtigen Handhabung der Gartengeräte ein Kapitel gewidmet: sie helfen uns, die Gartenerde und die Samen optimal zusammenzuführen.

Selbstverständlich werden die Gemüse, die sich aus dem in der Gartenerde befindlichen Samen entwickeln, ebenfalls eingehend betrachtet, und zwar von Anfang an. Wirklich von Anfang an! Falls Sie den feinen Unterschied einer gerade aufgegangenen Karotte und einer jungen Kamille nicht kennen, dann helfen Ihnen die Fotos und die Beschreibungen in diesem Ratgeber garantiert weiter. Und damit sich die Arbeit im Nutzgarten auch auszahlt, werden Ihnen nützliche Tricks verraten, mit denen die Gemüse zu besserem Wachstum angeregt werden können.

> Wussten Sie, dass blühende Kartoffeln nicht mehr bearbeitet werden dürfen? Dass Erdbeeren nicht tragen, wenn diese während der Blühphase bearbeitet werden? Und Porree sich optimal entwickelt, wenn ihm hin und wieder der Schopf gestutzt wird? Mit diesen und anderen Kniffen werden Sie Schritt für Schritt vertraut gemacht, damit auch Ihr Gemüsegarten zum Eldorado reift.

Grundlegendes

> **Merke!**
> Die eigentliche Kunst gelungenen Gemüseanbaues besteht im Grunde nur darin, den Erdboden und die Gemüse in Harmonie zu bringen.

Für die angehenden Nutzgartenbetreiber, die noch nicht so recht wissen, wie und womit sie beginnen sollen, gibt es ausgetüftelte Anbaupläne, die auf ein Anfängerniveau zugeschnitten sind. Diese Pläne sind sehr einfach nachzugestalten: Der Platzbedarf, die hierfür erforderliche Samenmenge und der zu erwartende Ertrag sind vorab berechnet. Da kann nichts mehr schiefgehen. Und damit dies kein leeres Versprechen bleibt, werden die Gemüse und die Beikräuter eingehend vom Aufgehen im Beet bis zur Ernte beschrieben.

Für Nutzgarten-Neueinsteiger gibt es auf Anfängerniveau zugeschnittene Anbaupläne.

Neben diesen wichtigen Informationen gibt es Einblicke in die Welt der Gartentiere. Wie unterscheidet man beispielsweise einen Maulwurfshügel von den Erdhaufen der Wühlmaus? Was macht ein Ohrkneifer? Und was kann man gegen diverse Plagegeister tun?

Falls die Lust am Gärtnern geweckt wurde, können auch handwerklich ungeübte Personen mit den im Ratgeber dargestellten einfachen Konstruktionen für Frühbeet oder Tomatenhaus den Nutzgarten bereichern. Oder Sie erfahren, wie man eine exzellente Gießjauche selbst herstellt ... und vieles mehr. Im Ergebnis erwartet Sie eine Menge herrliches, erntefrisches, unvergleichbares Gemüse, das Sie problemlos der Erde Ihres Gartens entlocken werden.

Die Inhaltsstoffe von Gemüse und Obst

Sekundäre (bioaktive) Pflanzenstoffe sind zahlreiche Substanzen, die in Obst, Gemüse, Getreide, Kartoffeln, Hülsenfrüchten sowie in fermentierten Lebensmitteln vorkommen und die eigentlich nur zum Selbstschutz der Pflanzen gegen Schädlinge oder UV-Strahlung gebildet werden bzw. das Wachstum regulieren und Farbe in das Gemüse bringen. Die sekundären Pflanzenstoffe kommen in sehr unterschiedlichen Gewichtungen in den Pflanzen vor. Vegetarier nehmen wesentlich mehr dieser Stoffe auf als Menschen mit „normalen" Verzehrgewohnheiten; hier liegt das Quantum nur bei etwa 1,5 Gramm.

Sekundäre (bioaktive) Pflanzenstoffe dienen eigentlich zum Selbstschutz der Pflanze.

Den sekundären Pflanzenstoffen wird eine vielfältige gesundheitsfördernde Wirksamkeit nachgesagt. Sie sollen das Krebsrisiko senken (antikanzerogene Wirkung), die Bildung freier Radikale oder anderer schädigender Moleküle hemmen (antioxidative Wirkung), das Immunsystem stärken (immunmodulatorische Wirkung) und vor Infektionen mit Pilzen, Bakterien und Viren schützen (antimikrobielle Wirkung), außerdem den Cholesterinspiegel senken und die Regulation des Blutzuckerspiegels positiv beeinflussen.

> Sekundäre Pflanzenstoffe üben häufig schon in geringen Mengen eine pharmakologische Wirkung auf den Menschen aus.

Im Gegensatz zu den primären Pflanzenstoffen (Kohlenhydrate, Fette, Eiweiße, Vitamine, Mineralstoffe) haben sekundäre Pflanzenstoffe keine Nährstoffeigenschaften, wohl aber üben sie meist schon in geringen Mengen pharmakologische Wirkung auch auf den Menschen aus. Da viele dieser Stoffe vornehmlich in den Randschichten diverser Obst- und Gemüsesorten oder im Getreide auftreten, sollte das Obst und Gemüse aus dem Garten am besten nur gewaschen werden.

Es soll zwischen 5000–10.000 verschiedener sekundärer Pflanzenstoffe geben. Diese wurden weitestgehend in Gruppen zusammengefasst (erhebt wegen der Vielzahl keinen Anspruch auf Vollständigkeit):

Carotinoide: Farbstoffe, die vor allem in gelben, orangefarbenen und roten Pflanzen enthalten sind, aber auch versteckt hinter dem Chlorophyll vieler dunkelgrüner Gemüse. Sie können antioxidativ, antikanzerogen und auch immunmodulatorisch wirken.

Polyphenole (Phenolsäure Flavonoide): Kommen besonders in den Randschichten von frisch geerntetem Obst, Getreide und Gemüse vor. Hier ist der Gehalt bei Pflanzen aus dem Freilandanbau deutlich höher als bei Gewächshausgewächsen. Sie wirken antikanzerogen, antimikrobiell, immunmodulatorisch, antioxidativ und entzündungshemmend.

> Neben der antikanzerogenen Wirkung wird den Saponinen auch eine cholesterinsenkende und verdauungsanregende Wirkung nachgesagt.

Saponine: Sie sind am mehr oder weniger leicht bitteren (Erbsen, Linsen, Bohnen, Spinat oder Getreide) bis bitteren Geschmack (Löwenzahn, Chikoree) zu erkennen. Ihnen wird eine antikanzerogene, antimikrobielle, cholesterinsenkende und immunmodulatorische Wirksamkeit nachgesagt. Außerdem regen sie die Verdauung an.

Phytosterine: sind das pflanzliche Gegenstück zum Cholesterin tierischer Produkte. Sie befinden sich überwiegend in Pflanzensamen und -ölen, etwa in Sojabohnen, Getreidekeimen oder Nüssen, und tragen zur Senkung des Blutcholesterinspiegels bei, weil durch sie weniger Nahrungscholesterin im Darm resorbiert werden kann.

Phytoöstrogene (z. B. Isoflavonoide): sind in Soja und Vollkornprodukten, aber auch in Leinsamen enthalten. Sie haben antikanzerogene und antioxidative Wirkungen.

Phytinsäure: kommt in Hülsenfrüchten reichlich vor. Sie soll die Entstehung von Dickdarmkrebs verhindern.

Sulfide (schwefelhaltige Stoffe): stecken in fast allen Zwiebelgewächsen wie Knoblauch, Zwiebeln, Lauch oder Porree. Sulfide wirken antikanzerogen, antimikrobiell, antioxidativ und entzündungshemmend, auch beeinflussen sie den Blutdruck, die Blutfette und das Immunsystem günstig.

Grundlegendes

Was Sie außerdem erwartet

Wem erntefrisches, wenig belastetes und preiswertes Gemüse in bester Qualität zu wenig ist, dem sei gesagt, dass dieses Geschenk der Natur nur das „Abfallprodukt" des Gemüsegartens ist. Zusätzlich werden Sie Spaß, Freude, köstliche Momente, Glücksgefühle (ganz ohne Kalorien, da sie sich ohne Schokoladengenuss einstellen), Wohlfühlen en gros, unvergessliche Stunden allein oder im Kreise der Familie, Abenteuer, Spannung und Herausforderung erleben. Haben Sie schon einmal eine Netzgurke beim Wachsen beobachten können, eine Zahnradtomate verspeisen dürfen oder waren Sie Zeuge der Metamorphose, die aus einem winzigen Samenkorn ein herrliches Gemüse werden lässt ...? Und dass einen Gärtner ein Zipperlein nur selten plagt, sollte ergänzend erwähnt werden ...

Welche Bedürfnisse sollen erfüllt werden?

Die Bedürfnisse sind sehr unterschiedlich. Ein Kartoffelliebhaber wird ein paar Kartoffelsorten im Sinn haben, die er anpflanzen will. Er benötigt hierfür grundsätzlich eine größere Anbaufläche als jemand, der lediglich mit der Kultur einiger Gartenkräuter liebäugelt.

Die Bedürfnisse orientieren sich an der Zahl der Familienmitglieder und deren diversen Aversionen bzw. Vorlieben. Denken Sie in diesem Zusammenhang auch an Freunde und Verwandte, die eventuell mit Gemüsepräsenten bedacht werden sollen.

Wichtig für die Entscheidungsfindung ist die Klärung der Lebensphilosophie: Sind Sie Rohköstler, dann sind die roh verzehrbaren Pflanzen in Betracht zu ziehen; nicht roh verzehrbar sind Kartoffeln, Bohnen, Auberginen, Bodenkohlrabi sowie Schwarzwurzel bzw. Haferwurzel.

Für Kartoffelanbau benötigt man grundsätzlich eine größere Anbaufläche, als wenn man nur Kräuter anbauen will.

> **Merke!**
>
> Den Universalgarten gibt es nicht – genauso wenig wie Universalratschläge. Alles ist Natur und von größter Unterschiedlichkeit. Legen Sie Ihren ureigenen Garten nach Ihren individuellen Bedürfnissen an.

Darum ist es nun an der Zeit zu klären, welches Ziel Sie anstreben. In einem Garten können Blumen, Obst, Gemüse und Kräuter in einer beinah grenzenlosen Fülle gedeihen. Neben dem Geschmack variieren viele Gemüse in Farbe und Form und in ihren Anbaueigenschaften.

Es gibt zahlreiche Gemüse, die ein Einsteiger ohne größere Probleme selbst anpflanzen kann. An diesen Pflanzen sollten Sie sich als Laie erst einmal versuchen. Wenn diese Gemüse sich mit Ihren Bedürfnissen decken, haben Sie den Erfolg beim Gärtnern schon in der Tasche.

Zahlreiche Gemüsearten sind auch für den Einsteiger geeignet.

> **Übrigens...**
> Es gibt eine Vielzahl essbarer Blüten. Allerdings sollte bei einer Verwendung als Lebensmittel auf eine chemische Behandlung des Blumenbeetes verzichtet werden.

Die nachfolgende Tabelle soll Ihnen die Auswahl der unkompliziert anzupflanzenden Anfängergemüse erleichtern (im grünen Bereich finden Sie die Einsteiger-Gemüse).

Die Gemüseempfehlung für Einsteiger

Gemüse		
Mairübe	Eisbergsalat	Radieschen
Kartoffel	Topinambur	Zwiebel
Rettich	Erbsen	Salat
Schwarzwurzel	Rote Beete	Porree
Buschbohnen	Knollensellerie	Blattsellerie
Endivie	Kohlrabi	Knoblauch
Schalotten	Tomate	Pastinake
Grüner Spargel	Rhabarber	Nüsslisalat
Haferwurzel	Zuckermais	Kräuter
Kastengurke/Hausgurke	Stielmus	Paprika/Peperoni
Chinakohl	Rosenkohl	Freilandgurke
Weißer Spargel	Zucchini	Pilze
Sojabohne	Artischocke	Blumenkohl/Brokkoli
Wassermelone	Möhren	Zuckermelone
Kürbis	Weißkohl/Rotkohl/Wirsing	
Stangenbohnen	Spinat/Grünkohl/Gartenmelde	

Einen guten Überblick über Ihre Bedürfnisse bekommen Sie, wenn Sie Ihre Essgewohnheiten überdenken.

> Die Frage, was kommt am häufigsten auf den Tisch, ist genauso elementar wie die Frage nach den Sehnsüchten: Was würden Sie gern viel regelmäßiger auf den Tisch bringen?

Ein Garten liefert neben Nahrung auch die Grundlage für wunderbare Geschenkideen.

Denken Sie aber auch an alle Eventualitäten. Freunde, Verwandte, Bekannte. Ein Garten liefert nicht nur Nahrung, sondern ebenso die Grundlage vieler wunderbarer Geschenkideen. Haben Sie Marmelade schon einmal selbst gekocht? Gute Marmelade/Konfitüre ist nicht billig. Und diese kleinen pfiffigen Leckereien, die in Variationen des Mixed-Pickles-Gemüses ein Fest für Augen und Gaumen darstellen ... Damit kann Freude bereitet werden.

Grundlegendes

Überdenken Sie, falls dies für Sie eine Option ist, ob die Gartenfläche das Anpflanzen von Beerenobst erlaubt. Ein Glas selbst zubereitete Konfitüre schmeckt nicht nur zehn Mal besser als gekaufte, sondern ist ein hervorragendes Präsent. Und günstig ist es obendrein.

Vielleicht würden Sie auch gern konservieren? Das ist einfacher, als Sie vielleicht meinen. Einwecken, Einfrieren, Einlagern, Einsäuern und Trocknen können eine Menge Spaß machen. An kalten grauen Tagen trösten diese Delikatessen über manchen Schlechtwettertag hinweg. Außerdem muss man, wenn man ein paar Vorräte anlegt, nicht ständig alles kaufen. Mit ein wenig Phantasie und Geschick können aus Obst und Gemüse zudem tolle Alkoholika entstehen. Mit selbst kreierten Likören und Weinen können Sie nicht nur sich selbst eine Freude machen. Am besten notieren Sie, was Ihnen in den Sinn kommt. Bitte nicht erst überdenken, ob Sie sich das wirklich zutrauen sollten. Träumen Sie ruhig einmal.

Konservieren ist einfacher, als viele meinen.

Gemüse – Kosten/Ertrag
Ebenfalls eine Überlegung wert sind die finanziellen Aufwendungen:

- Wie viel Geld werden Sie für die Gartengeräte einkalkulieren müssen?
- Was kostet das Saatgut?
- Wie hoch ist der Preis für das anzupflanzende Beerenobst?
- Ist der Erwerb eines Glashauses sinnvoll?
- Welche zusätzlichen Gerätschaften benötigt man?

Analyse des Gartenbodens

Sie müssen kein Pedologe (Bodenkundler) sein, um herauszufinden, dass Gartenerde nicht gleich Gartenerde ist. Unterschiede finden sich in der Zusammensetzung und drücken sich über Farbe und Stofflichkeit aus. Man unterscheidet vier Hauptbodenarten: Sand, Lehm, Ton und Schluff.

Diese Hauptbodenarten treten in der Regel als Gemisch auf, welches unsere Gartenerde – je nach Region unterschiedlich – bildet. Es gibt vorteilhafte Kompositionen und Erdarten, die sehr spezifisch sind. Dementsprechend vielschichtig gestaltet sich die Vegetation. Denken Sie nur einmal an die herrlichen schattenspendenden Laubwälder, welche die fruchtbaren Böden bedecken, und dann an die anheimelnden Kiefernbestände der sandigen Küstenregionen, die sich kläglich dagegen ausnehmen. Aber egal welche Erde bei Ihnen vorherrscht: Gartenerde ist ein Stück Natur und somit ist sie wunderbar wandelbar und kann Ihren individuellen Bedürfnissen hervorragend angepasst werden. Bevor Sie jedoch an das Verbessern Ihrer Gartenerde gehen, sollten Sie diese etwas genauer betrachten – das lohnt.

Sand, Lehm, Ton und Schluff treten meist in unterschiedlichen Gemischen auf.

> Zum Betrachten sollten Sie Ihre Sinne benutzen. Aus der Verbindung von Konsistenz, Farbe und Geruch können Sie erste Rückschlüsse auf Qualität und Beschaffenheit ziehen.

Eine üppige Flora lässt auf eine guten und fruchtbaren Boden schließen.

Betrachten Sie auch die Pflanzen, die aus Ihrer Gartenerde sprießen: Eine üppige Flora, die aus gut entwickelten, herrlich grünen Pflanzen besteht, lässt auf einen fruchtbaren Boden schließen; einige Pflanzen fungieren als Zeigepflanzen, die Rückschlüsse auf die Qualität der Gartenerde erlauben.

Gartenerde bietet den Pflanzen Halt und versorgt diese mit Nährstoffen, die im Regenwasser/Gießwasser gelöst werden. Der obere Teil des Erdbodens wird als „Humus" bezeichnet. Humus ist Teil der organischen Bodensubstanz, die durch Mikroorganismen gebildet wird. Man kann den Erdboden auch in „warm" und „kalt" einteilen. Ein „warmer" Boden ist der Sandboden, „kalt" hingegen der Ton.

Merkmale fruchtbaren Bodens

- dunkelbraune Farbe
- angenehm krümelige Beschaffenheit
- angenehm erdiger Geruch
- frei von Fremdstoffen und Fremdgerüchen

Fruchtbarer Boden im optimalen Garezustand.

Von Natur aus durchziehen jeden Boden Wurzeln – denken Sie an den Wald, das Feld und die Wiese. Die Wurzeln verhindern das Verdichten des Erdbodens und ermöglichen eine gleichmäßige Belüftung. Auch in einem Garten sollten keine kahlen, nicht begrünten Stellen vorherrschen (fehlende Schattengare). Bepflanzen Sie kahle Gartenbereiche mit Tagetesarten und anderen aromatischen „Schädlingsregulierern" wie Thymian und Basilikum.

Mein Rat

Je größer der Artenreichtum in einem Nutzgarten ist, desto größer ist die natürliche Harmonie, die sich einstellen wird! Auch die Qualität des Erdbodens wird sich auf natürliche Weise von selbst regulieren und verbessern.

Einfache Bodenanalyse

Die einfachste Bodenanalyse erfolgt mit Spaten und Hand.

Lockern Sie mit einer Hacke oder einem Spaten etwas Erdboden Ihres Gartens auf und entfernen Sie daraus sämtliche Wurzeln, Pflanzenreste und Steine. Befeuchten Sie den frisch aufgegrabenen Boden etwas. Danach nehmen Sie mit beiden Händen (ohne Handschuhe zu tragen) Gartenboden auf. Reiben Sie mit den Daumen den Gartenboden an Ihrer Handfläche oder reiben Sie ihn zwischen Daumen und Zeigefinger. Wenn Sie das Gefühl haben, dass die Reibeprobe auf Ihrer Haut schmirgelt, ist es aller Wahrscheinlichkeit nach ein sandhaltiger Boden.

Grundlegendes

Sandboden/Sandhaltiger Boden

Versuchen Sie, eine einfache Form zu modellieren, um herauszufinden, ob es ein sandhaltiger Boden oder ein Sandboden ist. Je höher der Sandanteil im Erdboden ist, umso schwieriger wird es. Nehmen Sie nun also eine Handvoll frisch aufgegrabene Erde auf, entfernen Sie Steine und Wurzeln und pressen Sie den Erdboden fest in Ihrer Hand zusammen. Rieselt der Erdboden zwischen Ihren wieder geöffneten Fingern heraus, ist es Sandboden. Bodenverbessernde Methoden sind erforderlich.

Je höher der Sandanteil, umso weniger haftet der Boden aneinander.

Gepresst haftet Sandboden nicht aneinander. Sandboden sollte durch reichliche Humusgaben verbessert werden.

Sandboden	
Gute Eigenschaften	**Schlechte Eigenschaften**
wird schnell und gut durchwärmt	bietet den Pflanzen wenig Wurzelhalt
ausgesprochen gute Durchlüftung	viel Gießarbeit
leicht zu bearbeiten	hält Mineralien schlecht
leicht zu bepflanzen	häufiges Düngen erforderlich
nimmt schnell Wassergaben auf	kühlt schnell aus
leichte Ernte von tiefgründigem Wurzelgemüse	
Verbesserung: Torf oder Wiesengras auf die Oberfläche zum Verrotten legen; nicht einarbeiten	

Lehmboden hat einen würzigen, erdigen Geruch.

Lehmboden

Der Lehmboden wird bei der Reibeprobe der Haut schmeicheln. Lehmboden war in der Volksmedizin ein begehrtes Heilmittel und grundsätzlich ein vorzüglicher Baustoff. Wer zu Schweißfüßen neigt, kann Linderung bzw. Heilung in Lehmfußbädern erfahren. Lehmboden hat einen sehr würzigen, erdigen Geruch. Je höher der Lehmanteil im Erdboden ist, umso leichter lässt sich beim Formgebungsversuch eine

Lehmboden haftet nach dem Zusammenpressen aneinander. Bei starken Niederschlägen kann eine Verschlemmung mit anschließender Verkrustung einsetzen.

Lehmboden	
Gute Eigenschaften	**Schlechte Eigenschaften**
gute Wasserhaltfähigkeit	schlechte Durchlüftung
gute Mineralieneigenschaften	viel Hackarbeit
einfach zu Düngen	neigt zum Verfestigen
für alle Kulturpflanzen zu verwenden	benötigt viel Zeit zum Durchwärmen
gutes Warmhaltevermögen	hält lange Feuchtigkeit
wenig Gießarbeit	ernten von Wurzelgemüse oft beschwerlich
sehr fruchtbar	in Regenperioden lange nass und neigt zu Verdichtungen und Verschlammung
Verbesserung: Beimischen von Sand und Kalk oder Gesteinsmehl. Geringe Gaben von Holzspänen zur Auflockerung/Durchlüftung möglich.	

Grundlegendes

Form modellieren. Nach dem Öffnen der Finger, im Anschluss an den Formgebungsversuch, erkennen Sie den Abdruck Ihrer Handinnenseite. Je deutlicher die Konturen zu erkennen sind, umso höher ist der Lehmgehalt im Boden. Die Farbpalette des Lehmbodens deckt alle Ockertöne bis ins bräunliche Farbniveau ab.

Tonboden

Rötlich dagegen ist der Tonboden. Versuchen Sie eine Form zu modellieren. Beim Ton kein Problem: er haftet aneinander. Guter Ton wird von alters her für seine hervorragenden gestalterischen Eigenschaften geschätzt. Aus gutem Ton wurden Dachziegeln und Ziegelsteine sowie eine Fülle Tongefäße für den täglichen Bedarf gestaltet. Im Garten ist Ton jedoch ein problematischer Erdboden! Bodenverbessernde Maßnahmen sind dringend erforderlich.

Im Garten ist Ton ein problematischer Boden, da er zu Verdichtungen neigt.

Tonboden	
Gute Eigenschaften	**Schlechte Eigenschaften**
gute Wasserhaltfähigkeit	schlechte Durchlüftung
gute Mineralieneigenschaften	neigt zum Verdichten/Verkleben
einfach zu Düngen	viel schwere Hackarbeit
für alle Kulturpflanzen zu verwenden	benötigt viel Zeit zum Durchwärmen
gutes Warmhaltevermögen	hält lange Feuchtigkeit
wenig Gießarbeit	ernten von Wurzelgemüse sehr beschwerlich
fruchtbar	in Regenperioden lange nass/Verschlammungsgefahr
Verbesserung: Beimischen von Sand, Kalk oder Gesteinsmehl. Geringe Gaben von Holzspänen zur Auflockerung/Durchlüftung möglich.	

Kalkboden

Auch der Kalkboden, der sich ausgesprochen gut zum Anbau mediterraner Kräuter- und Duftpflanzen eignet, aber weniger im Nutzgarten, sollte durch dicke Auflagen verrottbaren Materials allmählich verbessert werden. Ziel ist es, den Anteil an Humus – jene fruchtbare obere Bodenschicht – im Gartenboden zu erhöhen. Humus speichert und reguliert wunderbar Feuchtigkeit und versorgt die Pflanzen mit den wichtigen Nährstoffen, die Sie zum Gedeihen benötigen. Guter Humus kann in einem Kompostierverfahren im Garten auf einfache und kostengünstige Weise erzeugt werden. Eigentlich findet dieser Prozess der Humusbildung ständig auch ohne unser Zutun statt. Der Komposthaufen beschleunigt den Vorgang lediglich.

Dieser Kalkboden wird nach dem Zusammenpressen nicht aneinanderhaften.

Wenn Ihr Gartenboden so ausschaut, sollten Sie bodenverbessernde Maßnahmen mittels hoher Kompostgaben durchführen.

Durch Aufbringen von Grünmaterial und Kompost kann mit der Zeit aus einem Sandboden durchaus ein humoser Gartenboden entstehen.

Kalkboden	
Gute Eigenschaften	**Schlechte Eigenschaften**
hervorragendes Warmhaltevermögen	nährstoffarm
schnelle Erwärmung im Frühjahr	viel Gießarbeit
gut geeignet für Pflanzen, die trockene, nährstoffarme Böden bevorzugen	Kalksteinfragmente unterschiedlichster Körnungen erschweren die Bodenbearbeitung
	Düngung kompliziert
Verbesserung: Auftragen von Humus und/oder Kompost.	

Bodenverbesserung

Eine Erfolg versprechende Methode der Bodenverbesserung des Sandbodens ist das Auflegen von Grünmaterial. Als Grünmaterial eignen sich alle grünen Pflanzenteile. Am besten ist das Aufbringen einer ausgewogenen Mischung. Als sehr effizient erwies sich das Auflegen von Wiesengras und den darin befindlichen Wiesenkräutern. In einem Zeitraum von nur 3 Jahren kann durch den einsetzenden Verrottungsprozess derart viel Humus entstehen, dass sich ein natürliches ökologisches Gleichgewicht entwickelt und aus schierem Sandboden mit der Zeit guter humoser Gartenboden wird. Einen ähnlichen Effekt bewirkt auch eine Gründüngung mit frohwüchsigen Gemüsearten wie Schnittsalat, Schnittmangold, Gartenmelde und Spinat, die man ebenso bei Bedarf zusätzlich ernten kann.

Ohne Planung geht es nicht

Egal ob Sie ein Reißbrett-Fan sind oder lieber spontan leben und denken – ganz ohne Planung geht es nicht. Bevor jedoch so richtig mit der eigentlichen Planung losgelegt werden kann, müssen grundsätzliche Aspekte überdacht werden:

- Wo wollen Sie den Garten anlegen?
- Wie groß wird er voraussichtlich sein?
- Woher wissen Sie, wie groß der Garten sein sollte?
- Welche Bedürfnisse sollen erfüllt werden?
- Wessen Bedürfnisse sollen berücksichtigt werden?
- Gibt es Allergien/Aversionen?
- Was wollen Sie?
- Wie viel ist Ihnen Ihr Garten wert?

Grundlegendes

Wo befindet sich der Garten?

Die Frage nach dem „Wo" ist sicherlich auch für den Anfänger am einfachsten zu beantworten: In der Regel gibt es bereits eine Fläche, die zum Gartenbereich umgearbeitet werden kann. Aber bitte Gemach beim Umarbeiten: Sie können den Gartenbereich jederzeit erweitern; weniger ist manchmal mehr. Bedenken Sie jedoch auch wirtschaftliche Konsequenzen: Liegt der Garten von der Wohnung weit entfernt, können schnell zusätzliche Fahrtkosten hinzukommen.

Planen Sie den ersten Garten lieber etwas kleiner – erweitern können Sie immer noch!

Wie groß sollte der Garten sein?

Auf diese Frage gibt es keine pauschale Antwort: Sie ist abhängig von Können und Anspruch. Unter optimalen Bedingungen gedeihen viele Gemüsepflanzen hervorragend auf engstem Raum. Eine Gartenfläche von etwa 100 m^2 Größe kann vollkommen für die Gemüseversorgung einer vierköpfigen Familie ausreichen. Jedoch setzt derartiges Gärtnern ein hohes Maß an Wissen und Können voraus. Außerdem kommt es immer darauf an, was im Garten gedeihen soll. Pflanze ist nicht gleich Pflanze: die einen brauchen viel Platz, andere wieder viel Zeit zur Entwicklung.

> **Mein Rat**
>
> Überlegen Sie, was genau in Ihrem Garten wachsen soll. Lassen Sie die herrlichsten Gemüse vor Ihrem geistigen Auge entstehen, z. B. knackige Salatköpfe in Salatschüsseln wandern ... Dann überlegen Sie, von welchem Gemüse Sie mehr oder weniger wollen und informieren Sie sich in der Tabelle über den etwaigen Platzbedarf Ihres/Ihrer Favoriten.

So können Sie ohne große Probleme herausfinden, was Sie und ob Sie viel oder wenig von dem einen oder anderen Gemüse wollen und wie viel Gartenfläche Sie hierfür einkalkulieren sollten.

Der Anfänger sollte nicht die Perfektion suchen, sondern das Ziel seinen Fähigkeiten entsprechend anvisieren. Auch in einem Nutzgarten kommt man nicht ohne Übung aus. Erfolgreich Gärtnern bedeutet nichts anderes, als die Fähigkeiten zu schulen und sich zu diesem Zweck für das richtige Gemüse zu entscheiden – „Learning by doing".

Die Tabelle rechts soll Ihnen den Platzbedarf der Gemüsesorten veranschaulichen.

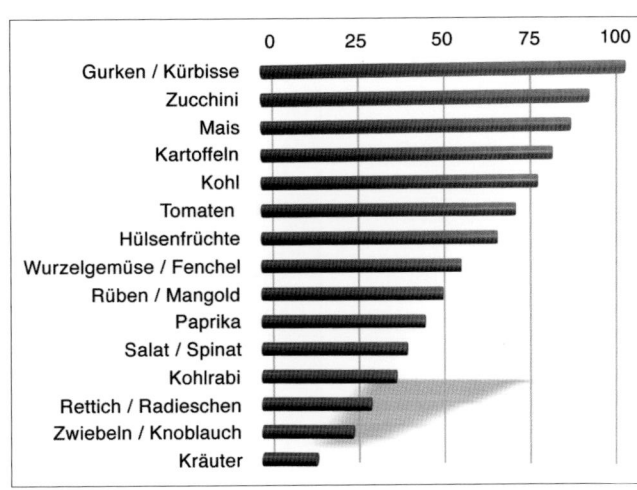

Platzbedarf unterschiedlicher Gemüsearten

Entspannung/Wohlbefinden

Ein guter Garten nützt den Gesunden und den Kranken gleichermaßen. Bewegung an frischer Luft bringt Wohlbefinden, der „Dialog" mit dem Gemüse Entspannung. Gerade in dieser unsicheren Zeit suchen viele Menschen nach einem Halt; etwas, das Bestand hat – ein Garten birgt Beständigkeit.

Die Gemüsearten

Um alle bekannten Gemüsearten auszuprobieren, müsste man einen sehr großen Garten bewirtschaften.

Es gibt dermaßen viele verschiedene Gemüsearten, dass man, wenn man sie alle einmal ausprobieren möchte, einen sehr, sehr großen Garten bewirtschaften sollte. In der Regel wird das Gemüse nach den genutzten Pflanzenteilen eingeteilt. Es gibt neun Gemüsefamilien:

Zwiebelgemüse	Schalotte, Gemüsezwiebel, Knoblauch, Porree, Schnittlauch
Stielgemüse	Knollenfenchel, Rhabarber, Stangensellerie, Stielmus
Blattgemüse – salatartig	Chikoree, Eichblatt, Endivie, Eisbergsalat, Kopfsalat, Spargelsalat, Schnittsalat, Pflücksalat, Portulak, Rucola, Löwenzahn …
Blattgemüse – spinatartig	Gartenmelde, Neuseeländer Spinat, Guter Heinrich, Mangold, Magentaspreen
Hülsenfrüchte	Bohnen, Erbsen, Linsen, Sojabohne, Dicke Bohne
Fruchtgemüse	Paprika, Pepino, Aubergine, Kürbis, Tomaten, Melonen, Gurken, Zucchini, Zuckermais
Blütengemüse	Blumenkohl, Brokkoli, Artischocke
Kohlgemüse	Rotkohl, Weißkohl, Chinakohl, Grünkohl, Rosenkohl, Kohlrabi
Sprossen/Stängel	Bleichspargel, Grünspargel
Knollen/Wurzeln	Möhre, Knollensellerie, Rüben, Meerrettich, Pastinake, Radieschen, Rettich, Schwarzwurzel, Petersilienwurzel, Haferwurzel, Topinambur, Zuckerwurzel

Wenn Sie nun gern und reichlich Kartoffeln, Gurken und Kohl anbauen möchten, sollten Sie von vornherein Ihren Garten größer planen.

Das Saatgut

Niemand sollte sich von den vollen Auslagen in den Gartencentern täuschen lassen: Richtiges Saatgut, das explizit für den Nutzgarten gezüchtet und vermehrt wurde, gibt es wenig. Größtenteils sind die Samen, die im Handel erhältlich sind, lediglich eine kleine Portion des Saatgutes, das zu gewerblichen Zwecken von den Landwirten und Gärtnern verwendet wird. Das ist ein Problem. In der Landwirtschaft mag dieses Saatgut vorzügliche Anbaueigenschaften aufweisen. In einem Nutzgarten jedoch bergen diese Vorteile eine verheerende Wirkung:

> Es wurde für die industrielle Gemüseproduktion gezüchtet, was bedeutet, dass die Samen nach der Aussaat beinah zeitgleich aufgehen, die Pflanzen sich synchron entwickeln und letztlich zu einer einmaligen Ernte bereitstehen.

Dies sind Eigenschaften, die zum Absterben der Gartenkultur führen müssen: Viele Gartenfreunde stöhnten und stöhnen noch immer unter der Last der „einmaligen" Ernte, die sie, um ihrer Herr zu werden, an Freunde, Bekannte und Verwandte verschenkten und verschenken. Wer verschenkt gern das Ergebnis seiner Arbeit? Keine gute Ausgangssituation für ein zufriedenstellendes glückliches Gärtnerleben.

> Es liegt auf der Hand, dass die Gartenkultur nur dann einen Segen darstellt, wenn das Gemüse über einen kontinuierlich langen Zeitraum erntefrisch zur Verfügung steht.

Diesen Vorteil bieten zahlreiche Gemüse. Andere Gemüse wieder überzeugen durch Sicherheit oder eine „einmalige" Ernte. Entscheiden Sie, was Sie von Ihrem Gemüse erwarten.

Falls Sie konservieren möchten, wäre bei dem hierfür vorgesehenen Gemüse eine kurze Erntephase sinnvoll – Sauerkraut wird zum Beispiel an einem Tag eingesäuert. Als Rohköstler profitieren Sie dagegen von einer langanhaltenden Erntephase.

Ein kleiner Einführungskurs

Beim Gemüse gibt es samenfeste Sorten und Hybriden (demnächst vielleicht auch noch eine Differenzierung in genmanipulierte Pflanzen). Der Unterschied ist weder am Gemüse noch am Samen mit bloßem Auge zu erkennen. Dennoch müssen die Eigenschaften beider Gattungen differenziert und gesondert betrachtet werden.

Saatgutportionen für den Kleingärtner werden meist aus Saatgutmengen für gewerbliche und landwirtschaftliche Zwecke entnommen.

Durch „industrialisiertes" Saatgut kommt es meist zu einmaligen großen Ernten, die den Kleingartennutzer vor Probleme stellen können.

Gurkensamen

Hybriden

- gleichmäßiges Aufgehen der Aussaat
- anspruchsvolle Kultur
- gute und zügige Entwicklung aller Pflanzen
- bringen unter optimalen Bedingungen einen sehr hohen und sicheren Ertrag
- weisen oft verschiedene, angezüchtete Resistenzen gegen Krankheiten auf
- hervorragende Nutzungseigenschaften für die industrielle Produktion
- untypische Zusammensetzung der Inhaltsstoffe
- Lagerfähigkeit eingeschränkt
- eingeschränkte Nutzungsmöglichkeiten
- Saatgutgewinnung im Nutzgarten ausgeschlossen
- werden im Handel durch „F1" oder „F2" gekennzeichnet
- unproblematischer Bezug von Saatgut

Samenfeste Pflanzen

- ungleichmäßiges und verzögertes Aufgehen des Samens
- altbewährte Sorten
- gute Erträge auch unter ungünstigen Bedingungen
- relativ anspruchslos in der Kultur
- vielseitig nutzbar
- weisen oft unterschiedliche Heilpflanzeneigenschaften auf
- ungenügende Nutzungseigenschaften für eine industrielle Produktion
- typische Zusammensetzung der Inhaltsstoffe – arttypische Geschmacksmuster
- gutes Reifevermögen
- optimale Lagerfähigkeit
- Saatgutgewinnung im Nutzgarten unproblematisch möglich
- Saatgut wird größtenteils durch Unternehmen gehandelt, die sich auf den Erhalt der alten Kulturpflanzen spezialisiert haben

Samen und Hülsen der Dicken Bohne

Außerdem teilen sich die Gemüsearten in einjährig, zweijährig und mehrjährig.

Von einjährigem Gemüse spricht man, wenn die Pflanze innerhalb einer Saison reift und auch Samen ausbildet – sehr eindrucksvoll bei einem Radieschen zu beobachten. Die Zweijährigen reifen im ersten Jahr, bilden dann aber erst im zweiten Jahr die Samen. Diese Pflanzen müssen oft gut überwintert werden und werden im folgenden Frühjahr ausgepflanzt und bilden dann erst eine Blüte. Die Mehrjährigen werden in der Regel nicht durch Samen, sondern durch Stecklinge oder Wurzelballen vermehrt.

Zweijährige Pflanzen bilden erst im zweiten Jahr Samen aus.

Übrigens ...

In den Samentüten, die der Fachhandel anbietet, befindet sich der Samen einer Gemüsesorte, mit der eine drei- bis vierköpfige Familie aller Voraussicht nach gut auskommt.

Die Gartengeräte

Ob Sie viele Geräte brauchen oder nicht, hängt von Ihnen ab. Es gibt auch einen Weg, der an ihnen vorüberführt. Diese Möglichkeit wird von Masanobu Fukuoka (1913–2008) in seinen Büchern anschaulich beschrieben. Ansonsten kann auch ich nur empfehlen, nicht jeder Werbung Glauben zu schenken: Viele Werkzeuge sind sinnlos. Sparen Sie nicht beim Kauf einer Hacke, eines Rechens und eines Spatens. Wenn Sie wollen, können Sie eine Grabegabel in die Reihe der nützlichen Gartengeräte aufnehmen und einen Grubber (Kultivator); das hängt von den Böden ab. Absolut unverzichtbar ist das Gärtnermesser.

Hacke, Rechen, Kultivator, selbst den Spaten gibt es in verschiedenen Ausführungen, Größen und Gewichten. Grundsätzlich arbeitet es sich auf schweren Böden besser mit Gartengeräten, die schwerer sind.

In meiner Kindheit bewirtschafteten wir Lehm- und Tonböden, die mein Vater mit einer „Böschungshacke", der Kreuzhacke unter den Gartenhacken, bearbeitete. Dieses Gerät lag in seinen Händen, wie der Hammer des Schmiedes beim Bearbeiten eines Werkstückes. Wenn Sie ungeübt im Hantieren sind, sollten Sie nach einem Gerät suchen, das Ihrer körperlichen Belastbarkeit entgegenkommt: Gartenarbeit muss unbedingt Freude machen.

Schwere Hacke

*Bügelhacke:
Mit dieser Hacke lockern Sie problemlos Verkrustungen nach Niederschlägen.*

Lehm-/Tonböden	Schwere Hacken, starke Grabwerkzeuge, Grubber aus Federstahl, Metallrechen
Sand-/Kalkböden	Leichte Hacken, Grubber, Grabegabel, Spaten, Rechen aus Holz oder Metall
Humus-/Torfböden	Leichte Hacken, Grubber, Grabegabel, Spaten, Metallrechen

Vor der riesigen Auswahl sollte man nicht kapitulieren.

Gartengeräte aus Kupferlegierungen

Der Rechen kann aus Metall oder Holz bestehen; für leichte, sandige Böden empfiehlt sich die Verwendung des Holzmodells.

> ### Das sollten Sie beachten!
>
> In Österreich gibt es Gartengeräte, die aus Kupferlegierungen bestehen. Diese sollen hervorragende Eigenschaften im Hinblick auf die Bodengesundheit aufweisen, was sich wiederum auf die Entwicklung der Gemüsearten positiv auswirkt.

Unverzichtbare Geräte	Optionale Geräte	Unverzichtbare Gartenhilfsmittel
Hacken	Flächenbesen	Regentonne
Spaten	Fräse	Kompostanlage
Rechen	Häufler	Stützpfähle
Grubber	Saatrillenzieher	Rankhilfe
Gärtnermesser	Pflanzer	Gartenfolie
Kleine Pflanzschaufel	Richtleine/ Gartenschnur	
Gießkanne	Sämaschine	

Apropos ... Gartengeräte

Haben Sie ein Küchenmesser, das Sie schon lange in Gebrauch haben und dessen Klinge sich durch den häufigen Gebrauch im positiven Sinn verändert hat? Falls ja, ist dieses Küchenutensil sicherlich Ihr spezieller Favorit, weil sich das Material der Klinge im Lauf der Zeit Ihren Bedürfnissen angepasst hat. Diese „Anpassung" ist eine Abnutzungserscheinung des Materials. Dieses Abnutzen muss auch bei den Gartengeräten stattfinden. Beispielsweise übt das Ziehen der Hacke durch den Erdboden einen schmirgelnden Effekt auf die Schärfe aus, was sie einerseits abnutzt, andererseits aber schärft. Außerdem wird das Metall poliert; bei nassen, klebrigen Böden arbeitet eine „polierte" scharfe Hacke immer noch hervorragend. An anderen wird das Erdreich kleben. Auch das Abtrennen der Grünteile von den Wurzeln der Unkräuter wird eine scharfe polierte Hacke besser bewerkstelligen, als ein Gerät, das rostig und stumpf ist.

> Beim Kauf eines Gartengerätes scheuen Sie bitte nicht davor zurück, das Gerät auf Ihre Bedürfnisse zu testen. Größe, Gewicht und Form müssen Ihnen entgegenkommen. Nehmen Sie das Gerät fest in die Hände und prüfen Sie eingehend, ob der Stiel zu der Größe Ihrer Hände passt und nicht zu rau ist, damit Sie beim Hantieren keine Blasen und Schwielen bekommen.

Grundlegendes

Hat er die richtige Länge – Sie wollen doch sicherlich in einer angenehm bequemen Körperhaltung im Garten arbeiten –, ist das Gewicht zu prüfen. Das Arbeitsgerät muss auf jeden Fall angenehm auf Sie wirken und es muss zum Boden Ihres Gartens passen.

Mein persönlicher Rat: Ein einfaches Arbeitsgerät aus gutem Material und mit einem Holzstiel versehen, leistet im Garten die besten Dienste. Jedoch müssen Sie auch bedenken, dass sämtliche Gartengeräte – auch Gießkannen, Blumenkästen, Pflanzenkübel und Regentonnen – der Pflege bedürfen. So sollten Spaten, Grabegabeln und Hacken blank und eventuell eingefettet den Winter an einem trockenen Ort überdauern. Das kann im Keller sein oder auf dem Dachboden Ihres Hauses. Wer keine Unterbringungsmöglichkeit hat, sollte sich Gedanken um ein Gartenhäuschen machen.

> Das Gartengerät muss zum Boden Ihres Gartens passen und für Sie angenehm sein.

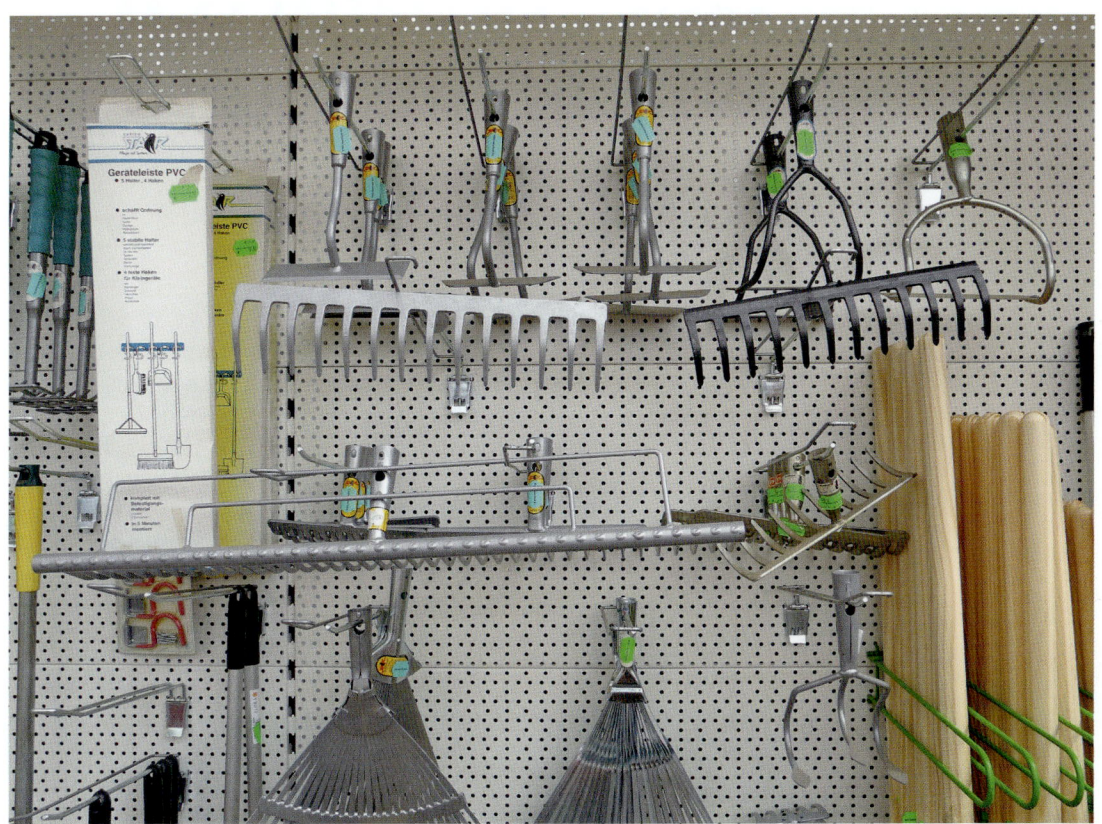

Nicht der Preis sollte das Argument der Kaufentscheidung sein, sondern die Notwendigkeit (vor dem Kauf unbedingt den Boden prüfen).

Der Kompost im Garten

Das Frühbeet/Mistbeet

Das Tomatenhaus

Einfaches Gerätehaus

Der Nutzgarten und seine Helfer

Der Kompost im Garten

Ein Haufen verrottender/verwesender Pflanzenreste ist die unverzichtbare Komponente in jedem Nutzgarten. Aus dem „Abfall" des Gartens wird während des Kompostiervorgangs auf wunderbare Art und Weise ein einmalig gutes und günstiges organisches Düngemittel, das perfekt an die Bedürfnisse des Bodens – Erdboden besteht aus enorm vielen Klein- und Kleinstlebewesen – und der Pflanzen angepasst ist. Ein Komposthaufen ist aus zweierlei Hinsicht unverzichtbar: Einmal haben Sie einen Platz, an dem Sie sämtliche Gartenabfälle „entsorgen" können – selbst verholzte Zweige können in einem Kompost zersetzt werden –, und zweitens kennen Sie die chemische Zusammensetzung Ihres zukünftigen Pflanzendüngers. – Es gibt Studien, die belegen, dass die Inhaltsstoffe der Düngemittel – in diesem Fall eine Studie mit Getreide, das mit Gülle gedüngt wurde – im reifen Getreidekorn nachweisbar sind. Geben Sie bitte darum im eigenen Interesse nur chemisch unbelastete Abfälle auf den Kompost.

Fügen Sie dem Kompost nur giftfreie und verrottbare Abfälle zu.

Die Anlage des Kompostes

Einen Komposthaufen anzulegen, ist denkbar einfach. Sie brauchen hierfür nicht einmal tief in die Tasche zu greifen. Suchen Sie einen gut erreichbaren (auch bei nassem Wetter), schattigen Ort im Garten aus und legen Sie dort Ihre Gartenabfälle ab. Damit der Kompost Halt bekommt, können Sie ihn mit einer einfachen Konstruktion, die aus ein paar Zaunlatten und Brettern besteht, sichern. Verwenden Sie keine teuren oder chemisch behandelten Hölzer; sie fallen ebenfalls dem Kompost zum Opfer.

Falls Sie sich für ein Gerüst entscheiden, sollten Sie, wie auf der Skizze ersichtlich, den Einfüllbereich durch das Absenken des oberen Brettes erleichtern.

Für den Komposthaufen einen gut erreichbaren, schattigen Platz im Garten vorsehen

Der Kompost benötigt keine aufwendige Konstruktion.

Einschiebebretter erleichtern die Entnahme des Komposts.

Zutatenliste des Kompostes

Kompositum bedeutet Zusammensetzung. Die Bestandteile eines Kompostes bestehen entsprechend (in der Regel) aus sämtlichen Gartenabfällen des Gartenjahres sowie den anfallenden Küchenabfällen und sonstigen kompostierbaren Abfällen (z. B. Eierkartonagen, Asche, Käfigstreu von Kleintieren etc.). Bei der Kompostierung von Küchenabfällen sollte jedoch bedacht werden, dass diese Ungeziefer (z. B. Ratten) anlocken können. Mit einer gut geplanten „Resteverwertung" fallen sicherlich selten Speisereste an, die auf dem Kompost enden müssen. Zudem können Sie überdenken, ob nicht vielleicht eine Fläche für ein paar Hühner freizuhalten wäre. Hühner fressen nicht nur alles Grüne gern, sondern auch die Reste von Speisen.

> Kompostieren von Küchenabfällen kann Ungeziefer anlocken.

> Ein Komposthaufen ist eine ganz natürliche, biologische Zersetzungsanlage, bei der die Funktionen lediglich optimiert werden: Im Inneren herrschen für Bakterien und Pilze und Kleinlebewesen, dank optimaler Temperaturen, hervorragende Lebensbedingungen. Kompost ist ein sehr lebendiger Erdboden, der zum größten Teil aus Lebewesen besteht.

Der Vorgang des Zersetzens aller organischen und nichtorganischen Bestandteile findet fortwährend, auch ohne das Zutun des Menschen statt! Das Zersetzungsprodukt aus organischem und mineralischem Material ist Erde! Das Zersetzen selbst ist ein sehr komplexer Vorgang.

Schichten Sie bei einer Neuanlage eines Kompostes im unteren Bereich ruhig ihren Heckenschnitt auf, auf den Sie regelmäßig den Grasabschnitt Ihres Rasenmähers und das zusammengefegte Herbstlaub aufbringen können. Den Erdboden unterm Kompost auf keinen Fall mit einer Plane oder Ähnlichem bedecken! Sie brauchen auch die Gartenabfälle nicht zusammenzustampfen oder künstlich zu bewässern. Einfach immer wieder immer neue Gartenabfälle auf dem Kompostplatz ablegen und in Ruhe abwarten: Alles setzt sich zusammen. Sollten sich Schnecken einfinden – lassen Sie sie von den Gartenabfällen naschen. Wichtig im Kompost sind die Exkremente, die von allen „Bewohnern" hinterlassen werden.

Das Kompostieren verschiedener „Unkräuter" kann problematisch sein, da einige erfolgreich eine nahezu perfekte „Überlebensstrategie" entwickelt haben. Entweder sind die Wurzeln extrem robust oder die Samen. Damit weder deren Wurzeln noch die widerstandsfähigen Samen eine Überlebenschance haben, gehören sie in das Herzstück des Kompostes, bis sie vollkommen in ihre chemischen Bestandteile zerlegt wurden; Distelsamen und Queckenwurzeln werden Ihnen ehrfürchtiges Staunen entlocken, wie widerstandsfähig die Natur sie ausgestattet hat. Ähnlich ist mit pflanzlichen Krankheitserregern zu verfahren.

> Widerstandsfähige und schwer kompostierbare Pflanzen eher verbrennen, als dem Kompost zuführen. Das verhindert die Weiterverbreitung.

> Werfen Sie nach Möglichkeit keine, beispielsweise von Braunfäule betroffene Tomaten oder die erkrankten Tomatenpflanzen auf den Kompost, ebenso nicht das Kraut von kranken Kartoffeln, kranke Kartoffeln und auch keine kohlhernieverdächtigen Kohlpflanzen.

Grundsätzlich ist es nicht notwendig, teure Kompostiergeräte und Zusatzstoffe anzuschaffen, es sei denn, es soll ganz fix gehen mit dem eigenen Kompost. Unter normalen Bedingungen dauert der Vorgang etwa 3 Jahre. Der Fachhandel bietet „Kompostwürmer" an. Ehe Sie sich jedoch zum Kauf entschließen, prüfen Sie bitte vorher, ob nicht genügend Regenwürmer im Erdboden Ihres Gartenlandes leben; der Kompost wird sie magisch anlocken.

Unter normalen Bedingungen dauert die Kompostierung etwa drei Jahre.

Der Vorgang des Verrottens wird von der Natur seit Millionen Jahren erfolgreich praktiziert. Selbst wenn Sie verrottbares Material einfach auf den Erdboden auflegen, werden es die Würmer in das Erdreich ziehen, wo es schon bald wieder bodenverbessernd in den Kreislauf des Werdens eingebunden wird.

Errichten Sie das Kompostgerüst im Übrigen nicht zu großflächig; weniger ist hier wirklich mehr.

Wenn Sie Ihren Garten neu anlegen, werden Sie genug „Abfälle" haben, die Ihre Konstruktion füllen. Der Rasen, den Sie eventuell entfernen müssen, kommt samt der Wurzeln – diese werden nach oben gelegt – hinein; denken Sie daran, Heckenschnitt darunterzuschichten. Auch der hohe Bewuchs einer Wiese kann abgemäht und auf den Kompost geschichtet werden, ehe die Wurzeln folgen.

> Ein guter Kompost sollte sich aus vielen Ingredienzien zusammensetzen: Falls Sie nicht genug gemischte Gartenabfälle haben, können Sie Ihren Nachbarn fragen – vielleicht hat er Brennnesseln im Garten oder Schachtelhalm ...

Um eine Belastung mit Cadmium vorzubeugen, sollten Sie darauf verzichten, gekaufte Blumen auf Ihrem Kompost zu entsorgen.

Ist der Kompost dann endlich auf eine respektable Höhe von etwa 1 Meter angewachsen, bedecken Sie ihn mit einer Schicht Gartenerde. Günstig wäre, wenn sich diese Schicht an den Rändern etwas aufwirft. In der so entstandenen Senke können sich die Niederschläge sammeln, und Sie können gezielt Jauchen zufügen.

Sie können diesen Kompost nach einem Jahr umplatzieren/umschichten – das Obere kommt dabei zuunterst. Legen Sie an der alten Stelle wie gewohnt einen neuen Kompost an.

Nach ca. einem Jahr sollte der Kompost umgesetzt werden.

Das Frühbeet/Mistbeet

Das Frühbeet/Mistbeet wird oft zur Kultur der „frühen" Gemüse oder zur gartelinternen Jungpflanzenanzucht verwendet. Es besteht aus ein paar starken Brettern und einer lichtdurchlässigen Abdeckung. – Gern werden beim Errichten eines Frühbeetes ausrangierte Fenster als Abdeckung verwendet. Diese kann man gegebenenfalls kostenlos oder sehr günstig bei einer regional ansässigen Schreinerei beziehen.

Das Früh- oder Mistbeet eignet sich hervorragend zur Jungpflanzenanzucht.

> Die Konstruktion des Frühbeetes an sich ist sehr einfach: Die Bretter werden zu einem viereckigen Kastengebilde zusammengebaut, eine Seite ist höher als die andere, damit die aufgelegte Abdeckung (Fenster) ein dachähnliches Gefälle aufweist und Niederschläge und Schneeschmelzwasser zügig abfließen können.

Mist- oder Frühbeet

Zu beachten ist, dass man ein Mistbeet je nach Wetter immer wieder öffnen oder schließen muss.

Die Länge des Frühbeetes richtet sich nach den Bedürfnissen, die erfüllt werden sollen. Es kann einen Meter im Quadrat groß sein oder sich um eine rechteckige Konstruktion von mehreren Metern Länge handeln. Da die Abdeckung oft bewegt werden muss – Öffnen bei mildem Frühlingswetter und Schließen bei einsetzendem kaltem Nordwind –, sollte sie der individuellen körperlichen Belastbarkeit entsprechen. In der Regel ist die Abdeckung etwa einen Meter breit. Wichtig ist, dass die Dachabdeckung gut schließt, damit die im Frühbeet entstehende Wärme nicht entweichen kann.

Ein richtiges Mistbeet leistet ausgesprochen gute Dienste. Es versorgt Sie:

1. zeitig im Jahr mit Gemüse – Salat und Radieschen können bereits im Februar ausgesät werden;
2. mit Jungpflanzen – der Gang in die Gärtnerei wird gespart;
3. und hilft vor Wintereinbruch, kälteempfindliches Gemüse zu lagern.

Ein Frühbeet ist sehr sinnvoll; besonders wenn man Selbstversorgung betreiben möchte. Und wer schon einmal Gurken oder Tomaten darin kultiviert hat, der weiß, dass es auch darüber hinaus sehr nützlich ist. Aber ein Frühbeet zu betreiben, macht richtig Arbeit. Es muss gelüftet – sonst welken/faulen die Pflanzen –, gegossen und bei zu starker Sonneneinstrahlung auch abgedunkelt werden, damit die Pflanzen nicht unterm Glas verbrennen.

Der Mist im Mistbeet dient als natürliche Heizung.

Der Name „Mistbeet" ist in der modernen Gartenlandschaft leider selten zutreffend. Mittlerweile existieren für die Frühbeete moderne Heizungen, die elektrisch oder durch Abwärme betrieben werden. Das hat allerdings den Nachteil, dass das Bodengemisch nicht dem Gemisch eines echten „Mistbeetes" gleicht und die tatsächlichen Eigenschaften des Mistbeetes nicht darzustellen vermag. Durch das Aufleben der Pferdehaltung ist es jedoch wieder möglich, ein richtiges „Mistbeet" zu betreiben.

> **Das sollten Sie beachten!**
>
> Das Betreiben eines Mistbeetes verlangt viel Sorgfalt und Zeit und ist für berufstätige Personen nicht empfehlenswert.

Die Anlage eines Mistbeetes

Das Verwenden von Holz hat den Vorteil, dass mit einem Hammer oder Akkuschrauber und etwas Geschick binnen kurzer Zeit ein viereckiger Rahmen zusammengebaut werden kann. Der Nachteil ist die Haltbarkeit. Die Bedingungen, die in einem Mistbeet herrschen, sind dem Baustoff Holz sehr abträglich: Es wird binnen weniger Jahre morsch werden und muss erneuert werden – das gilt auch für die Abdeckung, so diese ebenfalls aus Holz besteht.

Gemauerte Mistbeete halten länger, können aber nicht versetzt werden.

Länger hält ein gemauerter Rahmen aus Ziegelsteinen. Der hat den Nachteil, dass man ihn nicht versetzen kann, und den Vorteil, dass das Mauerwerk kälteren Temperaturen standhalten kann. Ganz gleich für welches Material Sie sich entscheiden: die Konstruktion bleibt gleich.

Die Konstruktion ist ein Viereck. Inwendig werden Leisten so angebracht, dass die Fenster aufliegen können. So liegen sie dicht und durch das inwendige Aufliegen wird ein Abrutschen des Fensters verhindert. Wird ein Mistbeet mit mehreren Fenstern abgedeckt, muss an der Stelle, an der die Fenster zusammentreffen, eine Leiste das Gewicht abfangen, was bedeutet, dass eine Querleiste eingebaut werden muss; diese kann auch auf einem Kantholz ruhen.

> **Mein Rat**
>
> Besorgen Sie sich zuerst die Abdeckung. Bauen Sie nach deren Abmessungen den Mistbeetrahmen. So sind Sie bei der Suche nach geeigneten und günstigen Fenstern vollkommen ungebunden. Außerdem möchte ich Ihnen empfehlen, vorerst so wenig Geld wie möglich zu investieren: Sie wissen (noch) nicht, ob das Betreiben eines Frühbeetes für Sie wirklich die richtige Wahl ist.

Beispielkonstruktion „Dreifenstriges Mistbeet"

Maß der Fenster: 1,50 x 1 m
Stückzahl: 3
Material des Mistbeetes: Kiefernholz
Material der Holzversiegelung: heißes Leinöl

Benötigtes Material der Beispiel-Mistbeetkonstruktion
6 Kanthölzer 1,20 m lang und 10 cm im Quadrat
12 Bretter (4 cm stark) à 1,50 m lang und 40 cm Höhe; wahlweise können auch 8 Bretter à 3 m und 40 cm Höhe verwendet werden, plus die 4 Bretter à 1,50 m
2 Leisten à 1,50 m, 3 cm im Quadrat
2 Leisten à 3 m, 3 cm im Quadrat

Nägel oder Schrauben zum Verbinden
1 Liter Leinöl

Die verwendeten Hölzer sollten vor Baubeginn mit heißem Leinöl imprägniert werden.

Bevor der eigentliche Bau beginnt, werden die Hölzer mit heißem Leinöl imprägniert. Am besten den Vorgang wiederholen, sobald das Leinöl vollkommen vom Holz aufgenommen wurde.

Danach wird eine 50–60 cm tiefe Grube mindestens in der Größe des zu bauenden Mistbeetes ausgehoben. In unserem Beispiel also mindestens 3 x 1,50 m. Denken Sie daran, dass Sie in diesem Aushubloch noch den Kasten zusammenbauen und ihn einfügen/einpassen müssen und schachten Sie dementsprechend etwas mehr aus, um genug Platz zum Hantieren zu haben.

Die Ausrichtung der Rückwand läuft von Ost nach West – so bekommt die Glasauflage das meiste Sonnenlicht.

Die Kanthölzer werden parallel in der Größe des zu bauenden Mistbeetes in den Boden gerammt – also mit dem Abstand von 1, 50 m Breite und 3 m Länge zueinander. Arbeiten Sie am besten mit einem Zollstock oder Bandmaß, einer Schnur zum Abstecken und einem rechten Winkel. Vier Kanthölzer dienen als Eckpfosten, und je eines wird exakt in der Mitte der 3 m-Distanz bzw. exakt gegenüber platziert. Die vorderen Kanthölzer werden etwa 35 cm tief in den Boden eingelassen, die hinteren nur etwa 20 cm, damit ein Gefälle entsteht.

Achten Sie darauf, dass die Wärme des Mistbeetes durch Fugen entweichen kann.

Nun befestigen Sie die imprägnierten Bretter an den Kanthölzern so, dass die Bretter wenige Zentimeter – etwa 5 – über die Kanthölzer ragen. Außerdem brauchen die Fensterauflagen inwendig etwas „Spielraum", damit sie sich problemlos in die Konstruktion einfügen und auch bewegen lassen. Diesen Spielraum können Sie an den Kanthölzern variieren. Achten Sie darauf, dass nicht zu viel Platz entsteht bzw. dass die Wärme des Mistbeetes durch Fugen entweichen kann.

Befestigen Sie nun die Leisten an den Innenseiten der Bretter, damit die Fenster dort aufgelegt werden können.

Werfen Sie an die Konstruktion noch keine Erde an, sondern verbinden Sie sie lediglich mit dem Erdboden. Das benutzen einer Wasserwaage empfiehlt sich, damit die Konstruktion gerade aufliegt. Die Hinterwand ragt optimal 30–35 cm über die Erdoberfläche, der Rest der Holzkonstruktion befindet sich in der Grube/unter der Erdoberfläche. Die Vorderwand ragt dementsprechend weniger aus der Grube hervor. Wenn Ihr Mistbeetrahmen nicht ganz gerade steht, legen Sie hier und da ein wenig Erde unter, oder heben Sie an der entsprechenden Stelle noch einige Zentimeter aus.

Das war schon alles; die Konstruktion steht. Da Sie die Grube zufüllen werden, braucht die Holzkonstruktion weder perfekt verschraubt noch einwandfrei gerade zu sein. Seien Sie bitte nicht zu pedantisch; ausschlaggebend für den Erfolg ist der Inhalt des Mistbeetes.

Ausschlaggebend für den Erfolg eines Mistbeetes ist der Inhalt.

Ich habe mit Erfolg auch schon ausrangierte Dachgauben verwendet und konnte so eine vollkommen fertige Konstruktion ergattern, für die ich lediglich 1 Päckchen Kaffee spendieren musste. Man muss nur einmal mit dem Leiter einer Fensterbaufirma reden; Sie werden überrascht sein, was man so alles für wenig Geld bekommen kann.

Alternativ zur Fensterauflage können Sie auch aus Dach- oder Zaunlatten einen Rahmen in der Größe Ihres Mistbeetes zimmern und diesen mit durchscheinender Folie bespannen. Allerdings werden bei dieser Konstruktion bei Niederschlägen Probleme auftreten, da die Folie, falls sie nicht richtig gespannt oder zu schwach ist, „durchhängen" wird.

Zutatenliste Mistbeet

- Pferdemist
- Herbstlaub/Heu/Strohhäcksel
- lockere Erde/Humus

Das Beet wird nun folgendermaßen gepackt. Bitte die Reihenfolge genau einhalten: Die unterste Schicht bildet eine handhohe Lage aus Laub oder Heu oder gehäckseltem Stroh. Befeuchten Sie das Heu/Stroh ein wenig und verdichten Sie es ordentlich. Darauf kommen in zwei Arbeitsgängen je 1 Schicht à 20 cm Pferdemist; beide Auflagen gut festtreten/feststampfen. Wichtig ist, dass der Mist dicht an den Randbrettern abschließt.

Gut verrotteter Mist ist klebrig und glitschig.

Falls Sie Ihre Grube groß genug ausgehoben haben, können Sie, damit die Temperatur im Inneren gleichmäßig bleibt, ebenfalls Pferdemist oder Stroh um die unterirdische Außenseite der Konstruktion packen. Bitte diese Lage ebenfalls gut einstampfen.

Befüllen Sie das Mistbeet mit guter, lockerer Erde oder Humus. Bei gekaufter Erde keine „Blumenerde" verwenden; sie könnte, da sie nur für Zierpflanzen vorgesehen ist, chemische Belastungen aufweisen. Im Handel ist eine spezielle Jungpflanzen-Anzuchterde erhältlich, die im Mistbeet ausgesprochen gute Dienste leistet. Erkundigen Sie sich bitte nach dieser speziellen Erde. Falls Ihre Gartenerde jedoch eine gute Qualität aufweist, können Sie diese sieben und verwenden.

Im Handel erhältliche Jungpflanzen-Anzuchterde leistet im Mistbeet gute Dienste.

Der Zwischenraum zwischen Mistbeeterde und Fensterauflage muss mindestens 30 cm betragen. Werfen Sie an die äußere Konstruktion die Erde an und achten Sie darauf, dass keine Hohlräume entstehen. Falls es noch kalt ist, können Sie von außen mit Mist/Stroh oder Pappe für mehr Wärme im Inneren sorgen. Nach dem Befüllen die Fenster auflegen und auf Dichtheit prüfen. Im Fachhandel gibt es Fensterkitt, der sich ähnlich Knetmasse gut verarbeiten lässt. Dichten Sie damit eventuelle Fugen ab.

Nach drei Tagen sollte sich das Mistbeet erwärmt haben.

Drei Tage später sollte das Mistbeet sich erwärmt haben bzw. sich die aufgeschüttete Erde etwas gesetzt haben. Ist die Erde feucht und warm, können Sie jetzt schon die ersten Gemüse einsäen. Falls die Erde im Mistbeet nicht genügend Feuchtigkeit aufweist, müssen Sie diese befeuchten.

> Vorsicht bei kaltem Wasser: Wenn Sie kaltes Wasser verwenden, warten Sie nach dem Befeuchten mit der Aussaat, bis der Erdboden sich wieder erwärmt hat.

Mein Rat

Damit die jungen Pflanzen sich im Mistbeet optimal entwickeln können, sollten Sie, auch wenn die Außentemperatur noch deutlich zu kalt ist, das nötige Gießwasser vor dem Befeuchten des Mistbeetes bzw. der Jungpflanzen temperieren. Stellen Sie es hierfür einfach für einen Tag an einen warmen Ort (Küche, Heizungsraum etc.).

Damit die Gemüseanzucht gelingt, empfiehlt sich einem Anfänger das Anbringen eines Thermometers im Mistbeet. Die Temperatur darf 20 °C nicht überschreiten. Dies kann bei starker Sonneneinwirkung schnell der Fall sein. Falls die Temperatur deutlich über diese Marke hinausgeht, muss das Mistbeet belüftet werden, da sonst die jungen Pflanzen erheblichen Schaden nehmen.

Wenn im Mistbeet Temperaturen von 20 °C erreicht werden, muss es belüftet (geöffnet) werden.

Das Mistbeet wird durch das einseitige Anheben der Fenster belüftet. Diese werden zum Belüften emporgehoben und auf einem Ziegelstein oder Ähnlichem gelagert.

Das Tomatenhaus

Es gibt verschiedene Sorten Tomaten. Mehr zum Thema Tomaten Seite 165. Viele von ihnen vertragen keine nassen Blätter und reagieren mit Kraut- oder Braunfäule auf Regen.

Die Krautfäule ist eine hochgradig ansteckende Krankheit. Ist die Krankheit erst einmal ausgebrochen, können auch Holzteile wie Stützpfosten oder Teile der Tomatenhauskonstruktion infektiös wirken.

Krautfäule ist hochansteckend und kann auch durch Holz übertragen werden.

Es gibt mehrere Möglichkeiten, das Beregnen der Tomaten zu verhindern. Der Fachhandel bietet Plastikhauben an, die schützend über die Tomatenpflanzen gestülpt werden. Der Vorteil dieser Hauben liegt in dem relativ günstigen Anschaffungspreis. Außerdem sind sie einfach in der Anwendung – sie werden wie ein Regenanzug über die Pflanze gestülpt. Von Nachteil bei dieser Regenschutzmethode ist, dass große kräftige Pflanzen schwerlich unverletzt unter diesen Überzug zu bringen sind. Außerdem gelangen Sie nicht mehr von allen Seiten an Ihre Tomatenpflanzen heran, um diese beobachten und gegebenenfalls „ausgeizen" (siehe hierzu Seite 170) zu können. Ähnliches gilt für Insekten, denen durch die Folie der Anflug erschwert wird. Eine weitere Gefahr geht von den Windverhältnissen aus, die in Schlechtwetterperioden vorherrschen: Die Plastikhaube bietet dem Wind viel Widerstand; anders als das leicht bewegliche, winddurchlässige Blattwerk der Tomatenpflanze. Um ein Abknicken der Pflanze zu verhindern, empfiehlt sich eine zusätzliche Sicherung der Plastikhaube, was das Beobachten/Bearbeiten weiter einschränkt.

Plastikhauben als Schutz vor Braunfäule haben einige Nachteile.

Eine andere Möglichkeit des Schutzes vor Regennässe bietet ein Tomatenhaus. Dieses kann ohne großes handwerkliches Geschick selbst errichtet werden und richtet sich in der Größe nach den Bedürfnissen der Gartenbesitzer.

Tomatenhaus

Außerdem sollte der Tomatenstandort jährlich gewechselt werden.

Nur bei Verwendung krautfäuletoleranter Tomatenpflanzen kann komplett auf einen Regenschutz verzichtet werden.

> **Mein Rat**
>
> Planen Sie das Tomatenhaus größer, als es der Platzbedarf der zu pflanzenden Tomatenpflanzen erfordert. Einmal haben Sie später genügend Freiraum, die Pflanzen zu pflegen, zum anderen bekommen die Pflanzen genügend Freiraum, sich auszudehnen, und drittens können Sie die Pflanzen richtig unter dem Dach Ihres Tomatenhauses platzieren, damit sie vollkommen vor dem Wetter geschützt sind.

Die Anlage eines Tomatenhauses

Optimal ist eine südliche Ausrichtung des Tomatenhauses, am besten an der Wand eines Hauses oder Schuppens.

Mit wenigen Handgriffen und dem richtigen Material haben Sie in kurzer Zeit ein Tomatenhaus selbst errichtet. Optimal wäre die südlich ausgerichtete Wand eines Hauses oder eines Schuppens, an der Sie das Tomatenhaus ausrichten können. Falls keine wärmende, schützende Wand zur Verfügung steht, empfiehlt sich das Verkleiden der Rückwand des Tomatenhauses mit durchscheinendem Material.

> **Material**
> - 2 Kanthölzer 2,5 m lang und 10 cm im Quadrat
> - 2 Kanthölzer 2,3 m lang und 10 cm im Quadrat
> - 2 Dachlatten, der Breite Ihres geplanten Tomatenhauses entsprechend (0,5 –0,8 m vollkommen ausreichend)
> - 2 Dachlatten und, der Länge Ihres geplanten Tomatenhauses entsprechend, lichtdurchlässige Dachplatten oder Folie

Wird Folie verwendet, sollte ein zusätzlicher Rahmen genagelt werden, der mit der Folie bespannt wird. Zum Imprägnieren des Holzes empfiehlt sich das Verwenden von Leinöl. Besonders sorgfältig sind die Kanthölzer mit dem Leinöl zu behandeln, damit die Feuchtigkeit im Boden nicht zu schnell erosiv wirken kann.

Der Bau des Tomatenhauses

Beim Tomatenhaus ähnlich wie beim Mistbeet ein Grube ausheben

Heben Sie eine Grube in der Größe Ihres geplanten Tomatenhauses aus, die zirka zwei Spatenstich tief ist.

Das Tomatenhaus soll z. B. 3 m lang und 70 cm breit werden. Spannen Sie eine Schnur und heben Sie eine Grube von 3 m Länge und 70 cm Breite aus.

Rammen Sie die Kanthölzer als Eckpfosten etwa 50 cm tief in einem Abstand von 3 m x 0,7 m hinein und verankern Sie diese. Messen Sie bitte mit einem Maßband oder Zollstock nach, dass die beiden vorderen Kanthölzer in gleicher Höhe aus dem Boden ragen; das Gleiche trifft auf die beiden hinteren Kanthölzer zu.

Der Nutzgarten und seine Helfer 47

Ein paar Millimeter Unterschied stören jedoch nicht. Durch die unterschiedliche Größe der Kanthölzer entsteht ein natürliches Dachgefälle.

Stabilität bringen die Dachlatten, mit denen Sie die Kanthölzer oben verbinden. Sie können die beiden Längs- und die beiden Querleisten gut auf der Oberfläche der Kanthölzer auflegen und dort anschrauben oder annageln. Auf den Dachlatten befestigen Sie schließlich die PVC-Dachplatten oder den Rahmen, der mit Folie bespannt wurde.

Optimal kann ein solches Tomatenhaus an der südöstlich oder südwestlich ausgerichteten Rückwand eines Schuppens errichtet werden. Die Rückwand speichert Wärme und bietet Stabilität.

Tiefschwarz und beinahe cremig – so lässt sich gut verrotteter Mist beschreiben.

Ist jedoch kein Schuppen oder Haus als Rückwandspender verfügbar, empfiehlt es sich, eine Rückwand an die Pfosten des Tomatenhauses anzubauen. Diese kann lichtdurchlässigen oder -undurchlässigen Charakter aufweisen. In diesem Fall ist es angezeigt, durch eine Rückwandverstärkung Stabilität in das Bauwerk zu bringen. Ein einfaches diagonal angebrachtes Holzlattenkreuz genügt oder das Einsetzen eines dritten Stützpfostens.

Die Seitenwände müssen nicht extra ausgebaut werden. Ist jedoch die Position des Tomatenhauses vollkommen ungeschützt, sollte die Wetterseite auf jeden Fall gegen Regeneintrag geschützt werden. Dies kann, so möglich, mittelbar durch Anbringen einer Folie kurz vor drohendem Regen erfolgen.

> Das Besondere am Tomatenhaus ist der Erdboden. Er sollte besonders nahrhaft sein. Tomaten lieben nahrhaften Boden und bedanken sich für einen solchen Standplatz mit einem üppigen Wachstum und reichem Ernteertrag.

Befüllen Sie zwei Drittel der Grube mit Pferdemist; falls Sie bereits einen stattlichen Kompost haben, können Sie die Grube auch damit befüllen. Auf dem Mist/Kompost verteilen Sie den Erdaushub. Die entstehende Fläche kann ruhig über die restliche Gartenfläche ragen. Formen Sie das höhergelegte Tomatenbeet rechteckig nach oben hin aus und klopfen Sie mit dem Rücken einer Schaufel die aufragenden Seiten fest. Selbstverständlich können Sie aus geeigneten Brettern auch einen Rahmen um das Tomatenhaus zimmern.

Die Grube zu zwei Drittel mit Pferdemist oder Kompost befüllen, darüber den Erdaushub

Einfaches Gerätehaus

Um Gartengeräte effektiv und günstig vor Witterungseinflüssen zu schützen, kann mit wenigen Handgriffen ein flacher Geräteschuppen schnell und günstig selbst errichtet werden. Hierfür benötigen Sie keine Baugenehmigung.

> **Material**
> - 4 Kanthölzer gleicher Länge
> - eine wetterfeste Dachkonstruktion: Wellpappe, Dachpappe oder ein Blech in ausreichender Größe
> - einige Holzlatten, die als Untergrund fungieren

Der Bau des Gerätehauses

Ähnlich dem Bau des Tomatenhauses rammen Sie die Kanthölzer in die Erde; Imprägnieren der Hölzer erhöht die Lebensdauer Ihres Bauwerkes. Die Maße richten sich nach den Geräten, die unter diesem Dach untergebracht werden sollen. Die Rückwand und die Wetterseite können zusätzlich gegen Niederschlag gesichert werden. Der Bau sollte jedoch nicht zu dicht sein, damit die Luft gut zirkulieren kann.

Imprägnieren der Hölzer erhöht die Lebensdauer

Die Bodenarbeit

Das Umgraben einer Gemüsebeetfläche

Im Herbst – nachdem die Laubgehölze die Blätter haben fallen lassen – wird mit einem Spaten die Gartenfläche umgegraben. Das Umgraben geschieht in der Breite des Gartens. Beginnen Sie an der äußeren und vorderen Grenze der Gemüsefläche. Setzen Sie Ihren Spaten etwa 10 cm von der vorderen Grenze und 1 bis 2 cm von der äußeren Grenze entfernt an, und treten Sie ihn zirka ein halbes Spatenblatt tief in die Erde. Wichtig für diese Arbeit ist, geeignetes Schuhwerk mit einer festen Sohle zu verwenden, die den Druck des Spatens, den Sie mit dem Fuß in die Erde treiben, mindert. Ausrangierte Wanderschuhe eignen sich gut, Pumps, Sandalen oder gar „High-Heels" sind hingegen ungeeignetes Schuhwerk. Auch Gummistiefel taugen für diese Tätigkeit nicht. Der Handel bietet eine Reihe Arbeitsschuhe an, die feste Sohlen aufweisen.

Stechen Sie mit dem Spaten Schollen von etwa 10 cm Stärke ab, heben Sie diese mit dem Spaten an und wenden Sie die Scholle, bevor Sie sie hinter der so entstandenen Aushubmulde ablegen.

Graben Sie grundsätzlich eine Reihe in der Breite. Wenn Sie am Ende der Gemüsefläche sind, setzen Sie den Spaten erneut, etwa 10 cm hinter der entstandenen Furche, an und setzen Sie den Vorgang in entgegengesetzter Richtung fort. So fortfahren, bis die komplette Fläche umgegraben ist.

> Wichtig ist die tiefgründige Lockerung des Erdbodens. Nur in einem tiefgründig lockeren Erdboden entwickeln sich die Wurzeln der Gemüse optimal. Optimale Wurzelentwicklung bedeutet optimale Aufnahme der Nährstoffe und des Wassers – daraus resultieren kräftige gesunde Gemüse.

Das Umgraben einer Gemüsebeetfläche

Das Umgraben einer Rasenfläche

Maßnahmen zur Regenwurmförderung für die Bodenverbesserung

Das Glattziehen des Saatbettes

Vor dem Umgraben einer Rasenfläche muss die oberste Schicht (Rasenbelag) entfernt werden.

Wird die Gemüsefläche im Herbst umgegraben, so können die Blätter der Laubgehölze mit eingegraben werden. Das Umgraben der Gartenfläche gelingt mit relativ geringem Kraftaufwand, wenn nicht zu viel Erde zum Umwerfen vor dem Spaten liegt – je nach Konstitution etwa 10–20 cm.

Das Umgraben einer Rasenfläche

In der Regel ist der Erdboden unter einer Rasenfläche gesund und nahrhaft. Man könnte sagen, dass er ausgeruht ist. Auch das Ökosystem konnte sich „ungestört" gut entwickeln; Regenwürmer werden den Erdboden tiefgründig durchbohrt haben. Besonders aufwendige Arbeiten werden somit nicht erforderlich sein.

Vor der Bodenbearbeitung den Rasenbelag entfernen

Jedoch muss der Rasenbelag vor der Bodenbearbeitung entfernt werden. Wird eine Rasenfläche zu einer Gemüsefläche umgewandelt, sollte dies am vorteilhaftesten im Herbst geschehen, damit der Erdboden sich in Ruhe setzen kann. Bevor Sie beginnen, stecken Sie mit einer Schnur die zukünftige Gartenfläche ab. Bedenken Sie die Größe der entstehenden Gemüseanbaufläche.

Danach stechen Sie mittelbar an der oberen und äußeren Grenze der Gartenfläche mit einem Spaten etwa 10 cm tief in das Erdreich und heben einen kleinen Graben entlang der Schnur aus. Sobald Sie eine Schnurbreite ausgehoben haben, benutzen Sie Ihren Spaten ähnlich einer Schaufel und stechen mit dem Spatenblatt beinah waagerecht, unterhalb der Wurzelkante, den Rasen in Stücken ab. Die Rasenstücke setzen Sie auf Ihrem Kompostplatz mit dem Wurzelwerk nach oben übereinander.

Die Bodenarbeit

Nach vollkommener Abtragung des Rasens wird der verbliebene Erdboden tief durchgegraben. Treten Sie das Blatt des Spatens mindestens zu zwei Dritteln in den Erdboden und brechen Sie die Erde um. Sie arbeiten vom Ende der Beetfläche zum Anfang, immer eine Reihe in der Breite.

> **Das sollten Sie beachten!**
>
> Beim Umgraben darauf schauen, dass die Stärke der umzugrabenden Schollen ähnlich ist! So bekommen Sie eine gerade Beetfläche, die sich dann gut bearbeiten lässt. Damit die Kraftreserven nicht zu schnell aufgebraucht werden, empfehle ich, schmale Schollen zu graben.

Beim Graben erkennen Sie bereits, mit welcher Bodenart Sie es in Ihrem Garten zu tun haben. Sandboden und sandhaltiger Boden haftet beim Graben, je nach Sandanteil, nicht in Schollenform aneinander. Falls Sie auf Steine stoßen, sammeln Sie diese heraus. Auch die Wurzeln von Beikräutern sollten aufgesammelt werden, besonders wenn es sich dabei um ausdauernde Wurzel-Beikräuter wie Giersch (*Aegopodium podagraria*), Quecken (*Elymus repens*), Brennnesseln oder Disteln handelt. Da Sie jedoch kaum die Wurzeln unterscheiden können, empfiehlt sich dem Einsteiger das Aufsammeln sämtlicher Wurzelteile.

Beim Graben erkennt man, mit welcher Bodenart man es zu tun hat.

Schon während des Grabens können Sie bereits – so erforderlich – erste Maßnahmen zur Bodenverbesserung ergreifen. Möglich wäre:
- **Kompost/Mist eingraben**
- **Sand/Kies einarbeiten**

Das Einarbeiten von Kompost oder Mist

Am einfachsten belassen Sie zum Einarbeiten des Düngers den Kompost/Mist in einer Schubkarre; so können Sie als Einsteiger die Abstände zwischen Arbeitsbereich und Lagerbereich am besten regulieren.

Beim Umgraben lässt sich Mist und Kompost am besten in den Boden einarbeiten.

Gehen Sie beim Einarbeiten wie folgt vor:

1. Graben Sie die erste Reihe der Beetfläche vollkommen durch.
2. Tragen Sie mit einer Mistgabel/Grabegabel den Dünger zur Hälfte auf die erste Scholle und zur anderen Hälfte in die beim Umgraben entstandene Furche auf. Achten Sie beim Auftragen des Düngers darauf, dass er tatsächlich lediglich etwa die Hälfte der entstandenen Schollen bedeckt. Nur so wird er im späteren Arbeitsgang vollkommen mit Gartenerde bedeckt.
3. Graben Sie die zweite Reihe der Gemüsefläche durch und legen die Schollen gegen die mit Dünger behafteten Schollen.
4. Tragen Sie Mist, wie im 2. Arbeitsgang beschrieben, auf diese Schollen auf. Wiederholen Sie den Vorgang, bis die Beetfläche komplett umgegraben ist.

Beim Umgraben lässt sich gut Mist oder Kompost einbringen.

Der Einfachheit halber können Sie, sobald Sie ein „bequemes" Maß der Abstandregulierung gefunden haben, den Mist/Kompost auch in Haufen auf der Gemüsebeetfläche ausbringen und ihn von dort aus verteilen.

> **Mein Rat**
>
> Kompost oder Mist sind gerade im Herbst oft sehr pampig und kleben am Schuhwerk fest, wenn Sie hineintreten müssen. Darum breiten Sie Kompost oder Mist vor dem Umgraben einer Beetfläche *nicht* auf der Beetfläche aus, sondern formen Sie Haufen, die beim Umgraben abgetragen und eingearbeitet werden.

Rigolen/Holländern

Rigolen oder Holländern sind zwei Möglichkeiten der Bodenverbesserung, mit dem Zweck, die tieferliegenden Erdschichten mit Sauerstoff zu versorgen und diese Schichten zu lockern, damit die Wurzeln der Gemüse tief im Erdreich Nahrung und Feuchtigkeit aufnehmen können. Im Prinzip bedeutet der Vorgang des tiefen Umgrabens weiter nichts als entweder eine Umverteilung – die untere Erdschicht wird nach oben geschafft, die Obere nach unten – oder es wird lediglich die tieferliegende Erdschicht aufgelockert. Für welche Variante Sie sich entscheiden, hängt von dem Gartenboden ab, den Sie in Ihrem Nutzgarten vorfinden.

Beim Rigolen bzw. Holländern werden die tieferen Bodenschichten gelockert und mit Sauerstoff versorgt.

Die Bodenarbeit

> **Merke!**
> Bei leichten Böden genügt das Holländern, das etwa bis in eine Tiefe von zwei Spaten (ca. 50 cm) den Erdboden lockert und die Humusschicht ordentlich durchmischt.

Schwere oder verfestigte Böden hingegen sollten tiefer aufgelockert werden. Verdichtungen erkennen Sie beispielsweise daran, wenn das Wasser des Regens lange auf der Nutzgartenfläche stehen bleibt oder der Boden des Nutzgartens sehr hart, beinah steinhart ist. Dann empfiehlt sich unbedingt eine sehr tiefgründige Lockerung des Erdbodens. Diesen Vorgang bezeichnet man als Rigolen. Das Rigolen lockert den Boden bis in eine Tiefe von etwa 75 cm (ca. drei Spaten tief). Jedoch möchte ich zu bedenken geben, dass das Rigolen nicht unbedingt für jeden Nutzgarten die perfekte Bodenverbesserungsmaßnahme darstellt.

Bodenlockerung bis auf eine Tiefe von 75 cm bezeichnet man als Rigolen.

Damit Sie Ihren Gartenboden optimal bearbeiten, sollte zuvor eine Bodenanalyse durchgeführt werden. Für diese Analyse benötigen Sie einen Spaten. Stechen Sie am besten mit diesem Spaten, bevor Sie sich für eine Variante entschieden haben, drei Spatenstich tief ein Loch in den Erdboden und betrachten Sie Ihren Gartenboden eingehend. Diese Analyse können und sollten Sie an mehreren Punkten Ihres Nutzgartens durchführen. So erfahren Sie etwas über die Beschaffenheit Ihres Gartenbodens. Johannes Görbing entwickelte 1930 eine „Spatendiagnose", die bis heute nichts an Aktualität eingebüßt hat und einfach durchzuführen ist.

Die Beschaffenheit des Bodens kann mittels Spatendiagnose überprüft werden.

Spatendiagnose

Stechen Sie mit einem Spaten ein Loch in den Boden, das mindestens 3 Spatenstiche tief ist. Die Erde, die bei jedem Stich zutage gefördert wird, wird sofort beäugt und betastet. Handschuhe sollten Sie beim Befühlen nicht tragen. Benutzen Sie zum Beurteilen des Gartenbodens auch die Nase. Gute Gartenerde riecht angenehm erdig, auf keinen Fall faulig oder muffig: Versuchen Sie Gemeinsamkeiten und Unterschiede zu finden.

Stellen Sie fest, welche Feuchtigkeit der obere Erdboden und welche der untere Erdboden aufweist. Nehmen Sie dafür eine Menge Boden in die Hand und fühlen Sie die Feuchtigkeit. Einen derartigen Test haben Sie sicherlich schon oft durchgeführt, wenn Sie herausfinden wollten, ob ein Kleidungsstück von der Leine genommen werden kann. Reicht die Feuchtigkeit bis in eine Tiefe von drei Spatenstichen?

Die Feuchtigkeit des Bodens überprüfen Sie am besten mit der Hand.

> **Das sollten Sie beachten!**
> Je tiefer der Boden durchfeuchtet ist, desto besser ist der Zustand. Vergleichen Sie die Färbung der drei Erdschichten.

Ist die letzte Erdschicht von vollkommen anderer Färbung als die obere? Oder differenzieren diese lediglich? Die obere Schicht, die Humusschicht, ist die dunklere Erdschicht. Überschauen Sie die Anzahl der zutage geförderten Insekten und Lebewesen. Wo endet der Bereich dieser Erdbewohner? Finden Sie auch in der unteren Erdschicht noch Regenwürmer? Sind Röhren von Regenwürmern vorhanden? In gesunden Erdböden können Regenwürmer mindestens 2 Meter tief in den Boden graben.

In einem gesunden Boden sind auch in den unteren Erdschichten noch Regenwürmer auffindbar.

> **Das sollten Sie beachten!**
>
> In einem gesunden Gartenboden finden sich unter 1 m² Erdboden bis zu 400 Regenwürmer.

Auch die Durchwurzelung muss verglichen werden. In welcher Tiefe finden Sie noch Wurzeln oder Wurzelreste? Auch Quecken können in eine Tiefe von etwa 2 Metern Tiefe ihre Wurzeln treiben. Und schließlich die Beschaffenheit: Ist der Erdboden locker? Bis in welche Tiefe finden Sie kleine Zwischenräume im Erdboden?

Nach dieser Analyse ist es ganz einfach, sich für die optimale Form der Bodenbearbeitung zu entscheiden.

> **Das sollten Sie beachten!**
>
> Ein tiefes Graben stört auch die Vorgänge im Erdboden. Wenn es nicht unbedingt erforderlich ist, sollte die untere Schicht der Gartenerde lediglich aufgelockert und nicht umgegraben werden.

Zum Auflockern benutzen Sie die Grabegabel, mit der Sie die untere Schicht aufbrechen, sofern diese nicht verdichtet ist. Wenn Ihr Gartenboden auch in tieferen Schichten noch recht krümelig und feucht ist und wenn Wurzeln und Erdbewohner dort anzutreffen sind, reicht es aus, den Erdboden durch einfaches Tiefgraben zu verbessern.

Sollte jedoch die Humusschicht sehr dünn ausgeprägt sein, die unteren Erdschichten fest, trocken und nicht durchwurzelt sein, sollte der Erdboden tüchtig aufgelockert werden. Beide Tiefgrabmethoden (Holländern, Rigolen) verbessern den Luftaustausch und die Bodenfruchtbarkeit erheblich.

Beide Tiefgrabmethoden verbessern den Lufthaushalt und dadurch die Bodenfruchtbarkeit.

Zur Bearbeitung benötigen Sie einen Spaten und eine ausreichend lange Schnur, die an zwei Pflöcken befestigt ist. Zum Lockern des Untergrundes eignet sich eine Grabegabel. Mit der Schnur stecken Sie denjenigen Teil der Beetfläche ab, der bearbeitet werden soll.

Holländern

Bei dieser Methode wird das Erdreich 2 Spaten tief umgegraben. Dieses tiefe Umgraben lockert den Erdboden und belüftet ihn. Dadurch verbessert man die

Die Bodenarbeit

Gesamtstruktur und die Bodengesundheit; die Wurzeln der Pflanzen können in tieferen Erdschichten Nahrung und Wasser aufnehmen. Die erste Schicht nennt man die „Humusschicht". Diese Schicht kann von sehr unterschiedlicher Stärke sein. Man erkennt sie an der dunkleren Farbe.

> Beim Holländern wird zwei Spatenstiche tief (etwa 50 cm) umgegraben. Analog zum einfachen Umgraben beginnt dies mit einer Furche. In der Furche wendet man die Erde nochmals etwa einen Spatenstich tief, bevor die Erde der nächsten Reihe in die erste Furche gegeben wird.

Im Ergebnis wird die untere – etwa bis 50 cm befindliche Erdschicht – gelockert und gewendet und die darüber befindliche Erdschicht wird umverteilt und ebenfalls gewendet und durchmischt. Das Ergebnis ist ein tief gelockerter, gemischter Kulturboden, der sich ausgesprochen vorteilhaft auf die Entwicklung der Pflanzen auswirkt. Ein derartig bearbeiteter Erdboden wird die Feuchtigkeit länger halten, weniger zum Verschlämmen neigen und sich schneller erwärmen.

Die obere Erdschicht wird umverteilt und wie die untere durchmischt und gelockert

So geht es

Es empfiehlt sich, das zu bearbeitende Stück Gartenfläche in Streifen von je einem Meter Breite abzustecken. Wird die Gartenfläche von einem Rasen bzw. einer Wiese bedeckt, muss zuallererst die Grasschicht des ersten Streifens samt der Wurzeln abgetragen und ans Ende der zu bearbeitenden Fläche gesetzt werden.

Vor dem Rigolen oder Holländern steckt man die Felder auf dem Beet am besten ab.

Im zweiten Arbeitsgang setzen Sie die Humusschicht des ersten Ein-Meter-Streifens an das Ende der umzugrabenden Gartenfläche. Danach graben Sie ganz normal den unteren Boden um.

Ist die untere Schicht des ersten Streifens umgegraben, stecken Sie den angrenzenden zweiten Streifen ab. Die Humusschicht des zweiten Streifens wird abgetragen. Diese legen Sie auf dem umgegrabenen ersten Streifen ab. Jedoch sollten Sie dabei diese Humusschicht wie beim Graben wenden und dafür sorgen, dass eine glatte Oberfläche im Nutzgarten entsteht.

Sollten Senken oder Gruben entstehen, müssen diese ein-

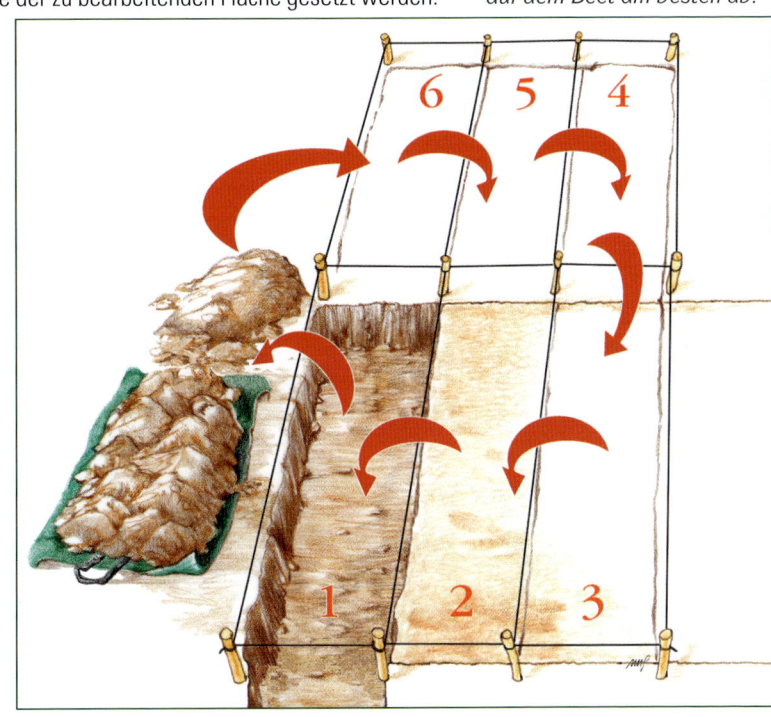

geebnet werden. Schollenbildung, wie sie beim Graben üblicherweise auftritt, stellt kein Problem dar.

Mit der Humusschicht des dritten Streifens füllen Sie die fehlende Humusschicht des zweiten Streifens auf. Dann graben Sie die untere Schicht des dritten Streifens um, stecken einen vierten Streifen ab und verwenden die Humusschicht dieses Streifens nun wieder zum Auffüllen des dritten Streifens. So fahren Sie fort, bis die gesamte Fläche bearbeitet wurde. Zum Schluss kommt der Humus des ersten Streifens auf die Unterschicht des letzten bearbeiteten Streifens.

Rigolen

ist eine schweißtreibende Tätigkeit. Wenn Sie bisher wenig Gelegenheit hatten in einem Nutzgarten tätig zu sein, empfehle ich Ihnen das Bearbeiten von nur kleiner Fläche! Falls bei Ihnen Muskelkater auftritt, ist die beste Gegenwehr, den Zucker in den Muskeln durch körperliche Betätigung zu verbrennen.

> Es ist aufgrund des Kraftaufwandes empfehlenswert, immer nur kleinere Flächen zu rigolen.

> Das Rigolen funktioniert wie beim Holländern beschrieben, mit dem Unterschied, dass zwei Streifen auf einmal zu bearbeiten sind und dass es noch einen Spatenstich tiefer in den Erdboden geht.

Beim Rigolen wird der Erdboden zwei Spatenstiche tief entfernt, und die Tiefe des dritten Spatenstiches wird gelockert. Nachfolgend heißt die erste Schicht „Humusschicht", die zweite „Mittelschicht" und die untere „Unterschicht".

So geht es

Stecken Sie die zu bearbeitende Gartenfläche wieder ab und unterteilen Sie diese in Streifen von je einem Meter Breite. Markieren Sie diese Streifen am besten mit einer Schnur. Von den ersten beiden Streifen entfernen Sie die fruchtbare Humusschicht einen Spatenstich tief und verbringen diese an das Ende des Streifens. Ebenso mit der Mittelschicht des ersten Streifens verfahren. Am besten lagern Sie den Aushub außerhalb der abgesteckten Gartenfläche.

Der freiliegende Untergrund des ersten Streifens wird umgegraben oder gelockert.

> Beim Rigolen werden die Erdschichten drei Spaten tief gelockert und gewendet.

Sind Sie damit fertig, tragen Sie die Mittelschicht des zweiten Streifens auf den gelockerten Untergrund des ersten Streifens.

Nun wird der zweite Streifen bearbeitet. Graben Sie die Unterschicht um.

Der dritte Streifen von einem Meter Breite wird nun mit der Schnur abgesteckt. Der Humus wird abgetragen. Jedoch wird diese Schicht nicht an das Ende der zu bearbeitenden Fläche verbracht, sondern auf dem ersten Streifen aufgetragen.

Wenn Sie damit fertig sind, ist der erste Meter Ihrer zu bearbeitenden Fläche rigolt.

Nun kommt die Mittelschicht des dritten Streifens als Mittelschicht auf den zweiten Streifen. Die Unterschicht des dritten Streifens wird gelockert. Danach stecken Sie den nächsten Streifen ab und wiederholen den beschriebenen Vorgang, bis Ihre Fläche vollkommen bearbeitet wurde. Zum Schluss wird die am Ende der zu bearbeitenden Fläche gelagerte Mittelschicht auf den Platz der fehlenden Mittelschicht des letzten Streifens verteilt, darüber geben Sie dann den restlichen Humus, den Sie auch für den vorletzten Streifen schon vom Ende der Fläche holen mussten.

Maßnahmen zur Regenwurmförderung für die Bodenverbesserung

Flächiges Auftragen von welken Pflanzenteilen, auch Rasen- oder Wiesenschnitt, fördert die Regenwurmtätigkeit. Von Verwendung von Kunstdünger ist abzuraten, da die darin enthaltenen Salze die empfindliche Haut der Würmer verletzen würden. Falls der Gartenboden kaum Regenwürmer beheimatet, sollte der pH-Wert des Bodens überprüft werden: Regenwürmer bevorzugen einen neutralen Erdboden. Ist der Boden zu sauer, muss durch Kalkung ein neutraler pH-Wert erreicht werden. Erst wenn sich der pH-Wert im neutralen Bereich einpendelt, können Regenwürmer dem Erdboden gezielt hinzugefügt werden. Bis dahin besteht die Möglichkeit, selbst Würmer im Kompost zu „züchten".

Auftragen von welken Pflanzenteilen (Mulch) fördert die Regenwurmtätigkeit.

Das Glattziehen des Saatbettes

Nachdem im Frühjahr der Boden abgetrocknet ist – Sie erkennen dies an der helleren Färbung und dem beginnenden Zerfall der Schollen –, muss das Beet für die erste Aussaat gut vorbereitet werden.

> Prüfen Sie, ob die Tiefe des Abtrocknens des Erdbodens ausreicht. Dies ist dann der Fall, wenn Sie den Rechen oder die Harke durch die Erde ziehen können, ohne dass Erdboden am Arbeitsgerät klebt.

Das Beet wird dabei mit dem Rechen von der oberen Beetgrenze gleichmäßig zur unteren Beetgrenze durchgezogen. Dadurch können Sie während der Bearbeitung inmitten der Beetfläche stehen und beim rückwärtigen Glattziehen Ihre Fußabdrücke in der Beetfläche entfernen. Erdklumpen werden mit dem Rücken des Rechens oder mit dem Rücken einer Hacke zertrümmert. Treten Sie beim Bearbeiten so wenig wie möglich von der Beetfläche fest.

Das sollten Sie beachten!
Die Saaterde sollte sehr feinkörnig sein, damit sie die Samen von allen Seiten optimal bedecken kann.

Glattziehen des Saatbeetes mittels Rechens

Vorbereitung

Richtig aussäen

Nach der Aussaat

Das Vorziehen der Gemüse

Das Pflanzen

Die Aussaat

Vorbereitung

Zum Aussäen brauchen Sie nun nur noch eine Rille (Riefe) in die feinkrümelige Erde ziehen. Dies können Sie mit dem Stiel Ihres Arbeitsgerätes (Hacke/Rechen) oder eines Riefenziehers bewerkstelligen. Wünschen Sie eine gerade Riefe, spannen Sie entweder eine Schnur, an der entlang Sie arbeiten können, oder fixieren Sie einen Punkt am Ende des Saatbeetes an, der eine gedachte gerade Linie zu Ihrer Riefe ergibt. Auf diesen Punkt arbeiten Sie nun zielgerichtet zu. – Sie werden überrascht feststellen, wie gerade man auf diese Art arbeiten kann. Ist die Riefe durch das Beet gezogen, markieren Sie diese am besten am Anfang und am Ende mit einem kleinen Stock. Falls Sie unsicher sind, ob Sie Ihre Saatriefe wiederfinden, können Sie diese Stöckchen auch nach der Aussaat an Ort und Stelle belassen, da Sie so wunderbar die Reihe erkennen können, in der in den kommenden Tagen das Gemüse aufgehen muss.

> Die Tiefe der Rille richtet sich nach dem Gemüse, das dort eingesät werden soll. Bitte beachten Sie die Empfehlung des Herstellers, die Sie auf der Samentüte vorfinden.

Für die Aussaat vorbereitetes Saatbeet

Die Aussaat

Richtig aussäen

Die Samen optimal in die Erde zu bringen, ist ganz einfach. Öffnen Sie die Samentüte so, dass die Tüte mit der Aufschrift, um welches Gemüse es sich handelt, nicht zu sehr beschädigt wird (wir benötigen diese noch), und gießen Sie so viel Samen in die Handfläche der linken Hand, wie Sie bequem darin halten können; Linkshänder gießen sie dementsprechend in die rechte Hand.

Greifen Sie nun mit den Fingerspitzen Ihres Daumens, Zeigefingers und des Mittelfingers in die Samen Ihrer Hand – so, als ob Sie in ein Salzgefäß greifen würden, und nehmen Sie eine geringe Anzahl Samen; Sie müssen diese Samen ganz bequem umfassen können. Auch hier ist am Anfang weniger mehr. Diese Samen streuen Sie gleichmäßig, ähnlich Salz, in die Riefe. Senken Sie Ihre Sähhand tief über die Riefe, damit die Samen schön gleichmäßig hineinfallen können und nicht vom Wind verweht werden. Falls zu viele Samen herausfallen, ist dies kein Problem, versäen Sie ganz entspannt den Inhalt Ihrer Fingerspitzen, und entfernen Sie, wenn kein Same mehr in der Sähhand ist, einige der zu dicht gesäten Gemüsesamen, die Sie an der Stelle erneut in die Riefe säen, an der noch kein Same liegt.

Die Samen der Roten Beete sind relativ groß.

> **Mein Rat**
>
> **Säen Sie nicht zu dicht. Denken Sie schon bei der Aussaat daran, welche Ausdehnung das Gemüse später einmal haben wird.**

Das Gemüse entwickelt sich später unterschiedlich. Bei Radieschen ist das sehr eindrucksvoll zu beobachten. Bereits zwei bis drei Wochen nach dem Aufgehen können erste Radieschen zum Verzehr geerntet werden.

Falls Sie eine Reihe nicht bis zu Ende säen bzw. das Beet/die Riefe kurz verlassen müssen, können Sie mit einem Erdklumpen, einem Stöckchen oder einem Papiertaschentuch das Ende einer halbfertig gesäten Riefe markieren. Bedecken Sie das Taschentuch aber mit etwas Erde, damit der Wind nicht dessen Position verändern kann. Die entleerte Samentüte wird abschließend verkehrt herum auf ein Stöckchen gespießt, mit dem das Beet oder die Gemüsereihe markiert wird. So wissen Sie, was sich an welcher Stelle befindet und können gegebenenfalls zu einem späteren Zeitpunkt eine wetterfeste Beschriftung anbringen.

Eine zu dichte Aussaat sollte möglichst durch Vereinzeln korrigiert werden.

Die Keimzeiten einiger Gemüse unter optimalen Bedingungen

Gemüse	Tage bis zum Aufgehen
Rettiche	2–4 Tage
Radieschen	2–5 Tage
Kohlarten	5–7 Tage
Rüben	5–7 Tage
Salate	5–7 Tage
Bohnen	10–14 Tage
Gemüse-Fenchel	8–12 Tage
Rote Beete	14–20 Tage
Erbsen	14–18 Tage
Gurken	12–15 Tage
Zucchini/Kürbis	12–15 Tage
Spinat	10–14 Tage
Porree	14–20 Tage
Möhren/Karotten	20–30 Tage
Sähzwiebeln	18–25 Tage
Sellerie	20–30 Tage
Petersilie	20–30 Tage

Nach der Aussaat

Nach dem Zuziehen der Riefen die Erde ein wenig andrücken

Sind alle Reihen mit Samen versehen, können die Riefen mit Erde aufgefüllt werden. Benutzen Sie hierfür die Hand oder den Rechen. Falls Sie den Rechen benutzen, achten Sie darauf, dass die Zähne des Arbeitsgerätes nicht zu tief in den Erdboden eindringen und versehentlich die Gemüsesamen aus der Riefe ziehen.

Abschließend können Sie mit dem Rücken des Rechens die Erde ein wenig andrücken.

Haben Sie Regenwasser zur Verfügung, können Sie mit einer Gießkanne, auf die Sie die Brause gesteckt haben, die Saat befeuchten. Schwämmen Sie nicht! Im Allgemeinen ist der Erdboden im Frühjahr feucht genug, so dass sich das Gießen erübrigt.

> **Mein Rat**
>
> Begießen Sie die Hälfte der Saat. Durch die erhöhte Feuchtigkeit im Erdboden werden die befeuchteten Samen bei warmer Witterung zu schnellerem Keimen und somit zu frühzeitigem Aufgehen angeregt. So gestalten Sie unterschiedliche Reifezeiten und verlängern die Saison.

Die Aussaat

Apropos ... Gießwasser

Wasser ist nicht gleich Wasser: Es gibt Quellwasser, Flusswasser, Regenwasser und Leitungswasser! Im Unterschied zu Quell-, Fluss- und Leitungswasser weist Regenwasser geringe Gehalte an mineralischen Bestandteilen auf; Regenwasser ist faktisch frei von Mineralien. Jedoch gibt es noch einen weiteren gravierenden Unterschied, nämlich die Temperatur. Die Natur hat Gießen de facto nicht vorgesehen: sie lässt es auf die Pflanzen regnen. Bis die Tropfen auf der Erde angelangt sind, haben sie die gegenwärtig herrschende Temperatur angenommen; manchmal ist Regen herrlich warm, dass es ein Vergnügen ist hindurchzugehen. Warmer Regen löst bei den Pflanzen – die mit Sinneszellen ausgestattet sind – keinerlei negative Irrrationen aus. Auch die Temperatur des Flusswassers ändert sich mit der Jahreszeit; Bewässerungssysteme, die Flusswasser nutzen, haben sich in der Geschichte bereits mehrfach bewährt. Auch das Gießwasser, das in der Landwirtschaft eingesetzt wird, stammt in der Regel nicht aus der Trinkwasserleitung, sondern wird aus Rückhaltebecken und Stauseen auf die Felder gepumpt.

> Ein wichtiger Faktor des Gießwassers ist die Temperatur.

Das Leitungswasser jedoch weist unter normalen Umständen eine gleichbleibende kühle Temperatur auf. Allein deshalb ist es unbrauchbar zum Gießen.

> Am besten ist es, wenn Regenwasser zum Gießen verwendet wird. Regenwasser ist ein „Naturprodukt", das bestens auf die Bedürfnisse der Pflanzen eingestellt ist. Außerdem kostet es nichts.

Die Investition für eine Regentonne ist gering: Alle wasserdichten, sauberen Gefäße können verwendet werden. Falls Brennnesseln in der Nähe zu finden sind, können darin wunderbare Gießjauchen angesetzt werden. Sollte keine Möglichkeit bestehen, Regenwasser aufzufangen, sollte das Leitungswasser unbedingt, bevor es zu den Pflanzen gelangt, in einem Gefäß auf Außentemperatur erwärmt werden. Das mit Leitungswasser gefüllte Gefäß muss hierfür lediglich ein bis zwei Tage – je nach Temperatur – im Freien stehen.

Da in der Regel Porree nicht so zahlreich verwendet wird, empfiehlt sich der Kauf von Jungpflanzen.

Das Vorziehen der Gemüse

Bei einer Reihe Gemüsearten empfiehlt sich das Vorziehen – dies ist vorteilhaft, wenn Platz gespart oder die Saison verlängert werden soll. In einem Mistbeet/Gewächshaus können Gemüse bereits gedeihen, obwohl die Außentemperaturen noch deutlich zu kalt sind. Auch bei einer Vorkultur in der Wohnung (Fensterbank) ist das der Fall.

Das Vorziehen im Beet ist eine optimale Methode, auf wenig Platz vorerst viel Gemüse zu kultivieren.

Zum Vorziehen im Gemüsebeet eignen sich:

- Kohlvarietäten
- Salatvarietäten
- Porree
- Sellerie
- Gurken
- Kürbis
- Zucchini

Zum Vorziehen in Mistbeet/Gewächshaus eignen sich neben den vorhin erwähnten auch noch Tomaten. Die anderen Gemüse sollten einfach ins Beet gesät werden. Späteres Vereinzeln einkalkulieren. Zum Erzielen einer langen Ernteperiode können schnell entwickelnde Gemüse – wie Kohlrabi, Blumenkohl, Mai- und Rote Rüben, Salat oder Gemüse und die, die eine längere Ernteperiode aufweisen, wie es bei Zucchini oder Mangold der Fall ist – in Abständen von 2–3 Wochen ausgesät werden. Die erste Aussaat sollte im zeitigen Frühjahr in einem Mistbeet/Gewächshaus erfolgen, weitere dann im Nutzgartenbereich im Freien.

Beim Vorziehen im Beet Vereinzeln unbedingt einkalkulieren

Vorziehen im Gewächshaus

Wer im Gewächshaus Gemüse vorziehen will, sollte entsprechende Aussaatgefäße benutzen. Dies können z. B. Eierkartonagen, Holzkisten oder im Fachhandel erhältliche Behältnisse sein. Entscheidend ist die Erde, mit denen diese Behältnisse gefüllt werden und die Temperatur derselben vor der Aussaat.

> Benutzen Sie eine Aussaat- oder Jungpflanzenerde aus dem Fachhandel. Diese sollte nach dem Befüllen der Aussaatgefäße für drei Tage an einem warmen Ort ruhen.

Säen Sie die Samen nicht zu dicht in diese Behältnisse – das erspart Ihnen das Umpflanzen in andere Behältnisse. Säen Sie auch nicht alle Samen aus. Außer bei Kübelpflanzen empfiehlt sich für alle Gemüse eine spätere Aussaat zusätzlich im Beet.

Vorziehen im Freiland

Das Vorziehen im Freiland bietet Gemüse vorerst auf engem Raum Platz. Außerdem können durch diese Vorkultur kranke Gemüsepflanzen selektiert werden. Gerade Jungpflanzen werden oft von Schädlingen befallen. Eine dichte Aussaat bietet die Möglichkeit optimalen Schutzes in diesem Stadium. Der Befall von Erdflöhen wird bei dichter Aussaat beispielsweise kurz nach dem Aufgehen der dicht stehenden Gemüsepflänzchen erkannt. Und ehe die Schädlinge zu großen Schaden anrichten konnten, können Gegenmaßnahmen eingeleitet werden (siehe: Apropos ... Erdfloh).

Je nach Entwicklungsstadium der Gemüse müssen die Pflanzen mehr Platz erhalten und verpflanzt werden. Dies kann auf bereits abgeernteten Flächen geschehen oder auf einem anderen vorbereiteten Beet.

Salat – im Freiland vorgezogen

Die Aussaat

Das Pflanzen

Das Pflanzen von Gemüsepflanzen ist nicht schwierig, wenn auf die Bewurzelung und die Herzblätter der jungen Pflanzen geachtet wird. Sie benötigen zum Auspflanzen der Setzlinge ein gut vorbereitetes tiefgründiges Beet, ein Gerät zum „Lochen" des Erdbodens – im Handel sind spezielle Pflanzhölzer oder Pflanzschaufeln erhältlich – und die Gemüsesetzlinge. Beim Pflanzen darauf achten, dass der Setzling gesund ist und nicht versehentlich verletzt wird.

> Beim Pflanzen darauf achten, dass der Setzling gesund ist und nicht verletzt wird!

Eine gesunde Pflanze hat einen gut ausgebildeten, leicht feuchten Wurzelballen, an dem am besten so viel Erde haftet, dass man die Wurzeln darin nicht entdecken kann. Außerdem hat ein gesunder Setzling knackige „Herzblätter".

Diese streben kraftvoll strotzend aus der Mitte des Blattzentrums empor. Sind diese Blättchen welk und/oder eingerollt bzw. gekräuselt, stimmt etwas mit dem Setzling nicht. Auf keinen Fall Setzlinge kaufen, bei denen die Herzblätter nicht in Ordnung sind.

Mein Rat

Unproblematisch lassen sich Kohl- und Salatvarietäten verpflanzen. Dies sind die richtigen Kandidaten, an denen Sie Ihre Fähigkeiten schulen können. Lediglich das Beschädigen der Wurzel sollte unterbleiben.

Ohne die Salatpflanzen zu begießen, erholen sie sich vom Umpflanzen (links). Zäher kann ein Gemüse nicht ums Überleben kämpfen – die Kohlrabiwurzel sucht allein den rettenden Kontakt zum Erdboden (rechts).

Selbstversorgt!

Die beste Zeit zum Pflanzen sind die Abendstunden. Auf keinen Fall sollte in der Mittagsglut gepflanzt werden. Bereiten Sie zum Pflanzen die Erde gut vor. Sie sollte locker sein und nicht zu trocken. Am besten verpflanzt man Gemüse vor Regen. Ist keiner in Sicht, kann der Erdboden mit der Gießkanne befeuchtet werden. Das Wasser muss in den Boden einziehen können.

Es ist unerheblich, ob Ihre Setzlinge aus der Gärtnerei stammen oder ob Sie diese selbst gezogen haben. Beachten Sie die Wurzel. Dieser sollte ein Erdballen anhaften.

> Kohlvarietäten können etwas tiefer, als der Erdballen dies anzeigt, gepflanzt werden. Salat sollte auf keinen Fall tiefer gesetzt werden, als dies der Wurzelballen erlaubt.

Zum Pflanzen bereiten Sie ein ausreichendes Loch im Erdboden. In dieses sollte der Wurzelballen des Setzlings ohne Probleme passen. Bei Salat (Pfahlwurzel) reicht das Loch, das ein Pflanzholz verursacht, wenn es in den Boden gerammt wird, aus. Kohlvarietäten hingegen bilden Wurzelballen. Bei diesen empfiehlt sich das Verwenden der Pflanzschaufel oder die Bereitung eines Loches mit der Hacke. Geübte Nutzgartenbetreiber dehnen das Pflanzloch, das ein Pflanzholz verursacht, durch Hin- und Herbewegen des Pflanzholzes im Erdreich aus. Entscheidend für den Erfolg ist, dass das Loch zur Wurzel passt.

Setzling mit schönem Wurzelballen

Pflanzloch

Ein Pflanzloch oder eine Pflanzmulde sollten unbedingt die richtige Breite und Tiefe aufweisen. Auf gar keinen Fall den Wurzelballen eines Setzlings in ein Pflanzloch zwängen. Hierdurch können empfindliche Wurzeln beschädigt werden. Ist das Pflanzloch zu tief ausgehoben worden, muss es – bevor der Setzling eingesetzt wird – auf die richtige Höhe mit lockerer Erde aufgefüllt werden.

Halten Sie mit der einen Hand den Setzling gerade in das Pflanzloch. Das Ende des Wurzelballens sollte den Boden des Pflanzloches berühren. Die Wurzeln sollten sich keinesfalls umbiegen oder dabei gar nach oben gedrückt werden.

Auf die richtige Größe des Pflanzloches achten!

Mit der anderen Hand bedecken Sie mit feinkrümeliger Erde die Wurzel. Bedecken Sie die Wurzel dabei nacheinander von allen Seiten! So rieselt die Erde gleichmäßig auf den Boden des Pflanzloches. Nachdem die Wurzel vollkommen bedeckt ist, drücken Sie die Erde nur leicht an. Nach dem Pflanzen muss der Setzling angegossen werden.

> Das Angießen geschieht mit der Gießkanne. Zum Angießen wird *keine* Brause verwendet! Gießen Sie einen wohldosierten Wasserstrahl aus nicht zu großer Höhe in einen engen Kreis um den Setzling.

Diese Methode schlemmt feine und feinste Erdpartikel an den Wurzelballen des Setzlings, ohne ihn zu verletzen. War der Wasserstrahl zu kräftig, kann er die feinkrümelige Erde weggespült haben. Werfen Sie in diesem Fall einfach noch einmal Erde an die Wurzel und wiederholen Sie das Prozedere.

Die Aussaat

So pflanzen Sie richtig: Die Wurzel ist vollkommen von Erde umschlossen. Das Pflanzloch hat die richtige Größe.

So pflanzen Sie falsch: Das Pflanzloch ist zu tief. Die Erde umschließt nicht die ganze Wurzel.

Die Tiere des Nutzgartens

Apropos ... Schnecken

Plinius empfiehlt Schneckenkot in Öl und Wein zubereitet als Aphrodisiakum (nicht zu erfahren, ob eingenommen oder eingerieben). Allgemein gilt die Schnecke generell als Mittel gegen Beschwerden der Atmungsorgane. Die Empfehlung der Verwendung schließt die Weinbergschnecke ein. Abkochen der Weinbergschnecke – Schnecken-Bouillon – gilt als probates Mittel bei Lungenleiden. Aber auch Warzen können dank Schnecken – jetzt ist die Rede von der Roten Wegschnecke – zum Verschwinden gebracht werden. Entweder man lässt eine Schnecke über die Warze kriechen, oder man bindet sie darauf fest. Stichwort Festbinden: Auf der Warze kann man natürlich auch eine rohe geschälte Knoblauchzehe festbinden – die schleimt nicht so. 24 Stunden später den Knoblauch entfernen – die Warze fällt in den nächsten Tagen aus.

Erfahrungsbericht: Nacktschnecken

Nacktschnecken gehören zu den Lungenschnecken. Schädlich soll die Spanische Wegschnecke *(Arion lusitanicus* oder *Arion vulgaris)* sein. Sie verdrängt die Rote Wegschnecke. Zugegeben: Nacktschnecken haben mich bisher nicht wirklich interessiert, traten sie zu stark auf, habe ich sie eingesammelt – geschälte Weidenruten übernehmen hier das Sammeln – und fortgetragen; ärgerten sie mich zu arg, habe ich Bierfallen im Garten verteilt, in denen sie schließlich ertranken ...

Schneckenexperiment

Im Herbst 2007 stellte eine Autorin im Fernsehen ein Buch vor. In diesem hatte sie über ihre Erfahrungen mit Nacktschnecken geschrieben. Die vor der Kamera geschilderten Experimente beeindruckten mich – ich konnte nicht glauben, dass

Die Tiere des Nutzgartens

Rote Nacktschnecke

Weinbergschnecke

sie tatsächlich derartige Experimente durchgeführt hatte. Und als im Juni 2008 nun ein ganzes Bataillon Nacktschnecken – vielleicht waren es auch zwei oder drei? – in meinen Garten Einzug hielt, erinnerte ich mich an diese Sendung. Zugegeben: Der Mensch ist ein Zweifler. Es hat mich sehr, sehr viel Überwindung gekostet, durch meinen Garten zu schlendern und die Nacktschnecken in Frieden zu lassen – nicht einmal geschälte Weidenruten hatte ich zum Ködern ausgelegt. Klar, bei diesem Maß an Überwindung hatte ich oft schmerzhaftes Kribbeln im Magenbereich. Dennoch habe ich mich auf die klebrigen, anmutigen Kriechtiere eingelassen, habe mit ihnen geredet und habe ihnen die Pflanzen genannt, die sie unbestraft befallen konnten und die genannt, die ihnen verboten waren. „Geht mir nicht an meine roten Rüben! Lasst die Bohnen in Ruhe!", habe ich gewarnt und ihnen stattdessen die Radieschen angeboten, die verholzt waren, Kohlrabi, der geplatzt war, und den Salat, der in Samen stand.

Mein Experiment verlief beeindruckend! Da die Schnecken sehr zahlreich auftraten – ich habe sie gezählt und es waren zirka 10–12 Schnecken auf 1 m^2; ich wusste manchmal nicht, wo ich meinen Fuß hinsetzen sollte – befahl mich die Sorge um mein Gemüse allabendlich in den Garten –, Magenkribbeln inklusive.

Den Schnecken schien dies alles einerlei – sie saßen und fraßen. Sie fraßen tatsächlich größtenteils das Beikraut, hockten dabei auf den Blättern des Kohlrabi und verzehrten die Blüten der Kamille, schmirgelten Löcher in die rote Haut der holzigen Radieschen – manchmal verzehrten sie auch ein Radieschen, das lieber ich verzehrt hätte ... Jedoch hat mich ein derartiger Einzelfall nicht von der Fortführung meines Experimentes abgehalten, und ich habe es nicht bereut: Von etwa 10 kg grünen Bohnen waren lediglich 4 Bohnenschoten von Fraßspuren der Schnecken gezeichnet.

Nacktschnecken gelten als gefürchtetes Ungeziefer, das mit allen Mitteln gleichwohl genauso erfolglos bekämpft wird, wie die Laus, die ins Getreide einfällt. Seit vierzig Jahren nun wird dieser Laus, in jedem Jahr aufs Neue, chemisch der Garaus bereitet – nur der Erfolg lässt auf sich warten. Kaum sprüht ein Landwirt die Chemikalien nicht rechtzeitig in das Getreide, kommen die Läuse und ruinieren die Ernte. Dass es auch anders geht, demonstriert und beweist die biologische Landwirtschaft. Mittlerweile haben sich zudem Unternehmen gegründet, die sich auf die Anzucht von „Nützlingen" spezialisiert haben – „Nützlingen", die den „Schädlingen" schaden.

Ich fand während des „Schneckenexperimentes" ganz wenig Fraßstellen am gehüteten Gemüse; die befürchtete „Katastrophe" blieb aus. Ich habe festgestellt, dass die Roten Nacktschnecken, die von der deutlich dunkleren und kleineren Spanischen Wegschnecke beinah verdrängt wurden, weniger aggressiv gegen Gartengemüse vorgehen – meistens waren es tatsächlich die dunkelbraunen, beinah schwarzen Tiere, die ich entfernen musste.

Die Roten aber saßen, beinah brav wirkend, in Trauben auf den welken Blättern der Kohlrabi, die ich ihnen in den Garten gelegt hatte. Im Internet erfuhr ich dann, dass diese „Schädlinge" gar nicht so schädlich sind. Dort ist zu lesen, dass die Nacktschnecken große Mengen Cadmium aus dem Boden aufnehmen.

Was tun, wenn sie kommen?

Ganz einfach: Ruhe bewahren, mit den Schnecken sprechen, sich auf sie einlassen.

Eine totsichere Barriere bietet Salz. Dieses kann auf Brettern verteilt, beispielsweise um die Keimlinge/Jungpflanzen der Zucchini, Gurken und Kürbisse ausgebracht werden. Auch Spargel oder Sellerie kann problemlos mit einem „Salzzaun" vor dem Hunger der Schnecken geschützt werden.

Mein Rat

Den Garten nicht „aufräumen". Nur so kann sich ein natürliches Gleichgewicht einstellen. Das setzt einen richtigen Garten voraus, der aus möglichst allen Pflanzen besteht, die die Natur hervorbringt; Kamille, Löwenzahn, Brennnessel und Beinwell etc. eingeschlossen. Dadurch lockt man sämtliche Tierarten an, die von diesen Pflanzen leben. Auf diese Weise stellt sich im Laufe der Zeit ein natürliches Gleichgewicht ein.

Nacktschnecken mögen außerdem das Aroma der Kamille, des Knöterich und des Löwenzahn. Ganz, ganz wichtig: Mischkulturen anpflanzen. Herausgerissene Pflanzen/Pflanzenteile zum Welken ins Beet legen – Nacktschnecken mögen Angewelktes. Dunkle Plätze (umgestülpte Blumentöpfe) schaffen, auf die sich die Nacktschnecken zurückziehen können – so kann man sie leichter aufspüren und beobachten. Falls „Gauner" getötet werden müssen, sollten sie nicht im Garten belassen werden – tote Schnecken locken noch mehr Schnecken an. Da die Nacktschnecken keinen wirklichen natürlichen Feind haben – eines meiner Hühner wäre beinah einmal an einer Nacktschnecke, die es verschluckt hatte, erstickt (im Hals/Kropf hatte sich derart viel Schleim, den die Schnecken bei

Tote Schnecken locken noch mehr Schnecken an.

Gefahr produzieren, gebildet, dass er zum Schnabel herausquoll und dem Huhn das Atmen unmöglich machte) –, wird ihnen gern chemisch zu Leibe gerückt. Hierfür gibt es im Handel Bekämpfungsmittel – Schneckenkorn zum Beispiel – oder Hausmittel, wie Salz, kochendes Wasser oder diese miesen Bierfallen. Alle diese Mittel haben jedoch einen unerwünschten Nebeneffekt: Sie töten auch die Weinbergschnecken. Die beste Methode ist das Einsammeln, wenn die Schnecken überhandnehmen, und das Fortragen. Am besten setzt man sie unter einem Obstbaum wieder aus oder in einer Wiese.

Selbstverständlich haben aber auch die Nacktschnecken einen Feind. Dies ist ein kleiner (bis 20 mm) schlanker schwarzer Käfer, der es ebenfalls dunkel mag – im Erdboden, unter Totholzhaufen oder unter nicht zu großen Steinplatten ist er zu finden. Die Rede ist vom Grabkäfer, der in 35 Arten vorkommt. Diese Käferart verzehrt die Gelege der Nacktschnecken. Grabkäfer kommen gewöhnlich in einem Garten vor, der nicht gänzlich aus einer geschlossenen Rasendecke besteht.

> Chemische Schneckenbekämpfungsmittel töten auch die Weinbergschnecken.

Apropos ... Kartoffelkäfer *(Leptinotarsa decemlineata)*

Der Kartoffelkäfer, auch Koloradokäfer genannt, ist der gefährlichste Schädling, der die Kartoffelanpflanzung befallen kann. Er ist ein auffälliger, beinah schöner, knapp 1 cm langer Käfer, der auf seinen gelben Flügeldecken 10 schwarze Längsstreifen trägt. Sobald die Temperaturen im Mai moderat werden, verlässt der Käfer sein Winterquartier und beginnt seinen Fraß an den jungen Kartoffelpflanzen. Ende Mai paart sich der Kartoffelkäfer. Kurze Zeit später beginnt die Eiablage.

> Seine dunkelgelben Eier legt er oft an die Unterseite der Kartoffelblätter ab oder er injiziert diese in die Blütenknospenanlagen der Kartoffelpflanze.

Ausgewachsener Kartoffelkäfer

Gerade dieser Bereich liegt sehr geschützt; man kann die Eier darin nicht erkennen, ohne dass man die empfindlichen Blätter verletzt. Durch den kräftigen Geruch der Blätter wird auch den natürlichen Feinden das Aufspüren erschwert. Die ausschlüpfenden Larven sind tief- bis braunrot und haben einen prallen rundgeformten Körper. In den ersten Tagen ihrer Entwicklung verbirgt sich ein Großteil von ihnen in den Blütenknospen. Wenn sie dann endlich daraus entweichen,

Kartoffelkäferlarven stellen eine Gefahr für den gesamten Nutzgarten dar, da sie auch andere Gemüse befallen.

treten sie in einer kleinen Invasion zutage. Mit zunehmendem Alter vervielfachen die Larven ihr Volumen und erreichen innerhalb von zwei bis drei Wochen die Größe eines Bohnenkerns. Zudem verblassen sie, bis sie beinah ockergelb sind. Die Larven in diesem Stadium fallen bald zu Boden, verpuppen sich und krabbeln als fertig ausgebildete Käfer innerhalb weniger Tage aus dem Boden hervor und befallen die Kartoffelpflanzen oder das Gemüse und/oder die Blumen von Neuem. In warmen Sommern folgt noch eine dritte Generation. Die Käfer überwintern im Boden. Wenn der Schädling sich ungehemmt ausbreiten kann, werden die Kartoffelfelder bis auf die Strünke kahlgefressen. Sind die Kartoffelbestände geplündert, befallen Kartoffelkäfer und deren Larven Gemüsepflanzen.

Wenn sich der Kartoffelkäfer ungehemmt ausbreiten kann, werden ganze Kartoffelfelder kahl gefressen.

Vorbeugung und Bekämpfung
Von Region zu Region verschieden treten Kartoffelkäfer auf. Ist Ihre Region betroffen, sollten die Kartoffelpflanzen vorbeugend mit Gesteinsmehl gekräftigt werden. Es hilft, wenn zudem Brennnesseljauche in den Abendstunden auf das grüne Kraut gespritzt wird. Finden sich Käfer ein, verhindert ein rechtzeitiges Absammeln der Käfer, später auch der Eier und Larven, eine Invasion. Die Larven können auch mit Gesteinsmehl überstäubt und so abgetötet werden.

Das Absammeln der Käfer geschieht am besten in der Mittagszeit bei trockenem Wetter; sie lieben es warm und sonnig. An Regentagen und vor/nach Sonnenauf und -untergang krabbeln sie tief in die Blattachsen und verschwinden aus dem Blickfeld.

Das Einsammeln der Käfer erfolgt am besten in der Mittagszeit.

> Wurde Befall festgestellt, sollte den Käfern täglich – bei starkem Befall sogar zweimal täglich – zu Leibe gerückt werden.

Das sollten Sie beachten!
Käfer und Larven lassen sich von den Blättern fallen, sobald sie Gefahr wittern – den Erdboden um befallene Pflanzen herum deshalb ebenfalls gründlich absuchen.

Zum Einsammeln eignet sich ein verschließbares Gefäß – etwa ein Einmachglas.

Wer nicht sammeln will, muss nicht unbedingt tatenlos zusehen, wie die Kartoffeln der Blätter beraubt werden: Es gibt in jedem Gartenfachmarkt ein biologisches Mittel, das über die Pflanzen gesprüht werden kann.

Merke!
Dieses biologische Mittel, das aus dem Neembaum hergestellt wird, wirkt ausschließlich bei den kleinen Kartoffelkäferlarven; die Käfer sollten unbedingt weiter entfernt werden. Eine Wartezeit ist nach dem Ausbringen einzuhalten.

Die Tiere des Nutzgartens

Biologische „Waffe" im Kampf gegen den gefürchteten Kartoffelkäfer ist der Marienkäfer, genau genommen dessen Larve. Die Larven des Marienkäfers sind dunkel, beinahe schwarz und länglich oval. Sie können ebenfalls an den Blättern von Kartoffel und Co sitzen. Junge Marienkäfer erkennt man an ihrer gelblichen bis orangen Farbe und an dem Fehlen der typischen schwarzen Tupfen auf den Flügeln.

> Die Larve des Marienkäfers dient als „biologische" Waffe gegen den Kartoffelkäfer.

Apropos ... Erdflöhe

Erdflöhe sind winzige blauschwarze Käfer – etwa 4 mm –, die verheerenden Schaden im Garten anrichten können. Am häufigsten treten Erdflöhe auf, die sich auf Kohl spezialisiert haben. Besonders die ersten Kohlgemüse – allen voran die Radieschen – werden gern und häufig befallen.

> Der Befall ist leicht an den löchrigen Schadstellen von ein bis zwei Millimeter Durchmesser im Blatt der Jungpflanzen zu erkennen. Wird bei Befall nicht reagiert, können diese Käfer die ganze Aussaat vernichten.

Gegenmaßnahmen sind mit einfachen Mitteln zu ergreifen: den Erdboden bewegen, sprich öfters Hacken. Die Weibchen leben im Erdboden und legen dort ihre Eier ab, aus denen sich Larven entwickeln, die die zarten Wurzeln befallen. Durch das häufige Bewegen des Erdbodens werden sie vertrieben. Eine andere Möglichkeit ist das Besprengen des Erdbodens (nicht der Pflänzchen) mit kaltem Wasser (Erdflöhe mögen es warm) oder das Besprengen des Erdbodens mit stinkenden Jauchen (z. B. Brennnesseljauche, Beinwelljauche). Weiters hilft das „Fegen" des Erdbodens – durch das Aufscheuchen mit einem Besen können die Käfer vertrieben werden. Schwefelhaltige Streichhölzer in die Erde zu stecken, ist auch eine Möglichkeit, die Schädlinge zuverlässig zu vertreiben.

Typisches Fraßbild des Erdflohs

Apropos ... Regenwürmer

Eine französische Bauernweisheit lautet: „Der liebe Gott weiß, wie man fruchtbare Erde macht, und er hat sein Geheimnis den Regenwürmern anvertraut." Regenwürmer sind nicht nur die fleißigen Helfer im Garten, sondern lassen auch Rückschlüsse auf die Bodenqualität zu: Im Normalfall finden sich beim Umgraben des Bodens etwa 12 Regenwürmer pro Quadratmeter – es dürfen auch weitaus mehr sein. Regenwürmer sind sehr nützlich. Sie durchlüften den Erdboden, verbessern so auch die Wasseraufnahmefähigkeit, und sie düngen ihn teils durch die Pflanzenteile, die sie in ihre Gänge ziehen, und teils durch die Stoffwechsel-Endprodukte, die in kleinen kugeligen Gebilden den Wurm verlas-

> Im Normalfall finden sich bis zu 12 Regenwürmer pro m².

Regenwürmer

sen und häufig an der Erdoberfläche zu beobachten sind. Darwin hat errechnet, dass sich auf einem Hektar Erdboden 45 Tonnen Wurmkot verteilen. Regenwurmkot ist reich an Magnesium, Kalium, Phosphor und Stickstoff.

> Neben der Düngung des Erdbodens durchlüften sie ihn aber auch. Das optimale Mikroklima, das im Inneren der Gartenerde herrschen sollte, wird nur erreicht, wenn die Gartenerde ausgeglichen ist, sprich: wenn die Zusammensetzung des Bodens mit den Mikroorganismen im Gleichgewicht ist.

Das Besondere an den Regenwürmern ist, dass die Bekanntschaft mit Spaten oder Hacke nicht zwangsläufig zum Tode führen muss: Falls sie in zwei Hälften geteilt wurden, kann der vordere Teil, wenn die Trennung hinter dem zehnten Segment erfolgte, wieder einen After bilden und kann so überleben. Das abgetrennte hintere Ende ist nicht überlebensfähig.

Regenwürmer zählen zur Ordnung der „Wenigborstler". Innerhalb des Stammes der „Ringelwürmer" werden sie zur Klasse der „Gürtelwürmer" gezählt. Es gibt den Tau-, den Regen- und den Kompostwurm; in Deutschland leben etwa 39 Arten von Regenwürmern. Der Tauwurm ist der bekannteste und kann eine Länge von knapp 30 cm erreichen, darum wird er im Volksmund auch gern Aalwurm genannt. Er kann bis zu 3 Meter tief in den Erdboden seine Röhren bauen. Er ist auch der Vertreter, der bei Regen nach oben kommt. Regenwürmer können erstaunlich alt werden. In Fachbüchern steht, dass sie ein Alter von 3–8 Jahren erreichen können.

Apropos ... Ohrwürmchen

Betrachtet man einen Ohrwurm/Ohrkneifer, dann ist das sechsbeinige Tier schon eine eigenwillige anatomische Kreation. Eigenwilliger noch ist der Name, der regional sehr verschieden ist. Der Name rührt aus den frühen Tagen der Medizin. Ohrwürmer wurden pulverisiert bei Problemen mit den Ohren verabreicht.

Der Ohrwurm ist ein vielseitiger Nützling im Gemüsegarten.

Mancherorts ist der unauffällige Helfer im Garten leider schon recht rar geworden. Kaum zu glauben, dass dieses kleine Insekt ein vielseitiger Nützling ist, der in keinem Gemüsegarten fehlen sollte.

> Neben Spinnmilben, Insekten- und Schneckeneiern kann der Ohrwurm über 100 Blattläuse pro Nacht vertilgen.

Der Ohrwurm jagt ab der Dämmerung und ist nachtaktiv. Tagsüber sucht er Schutz. Diesen Schutz bietet ihm ein schattiger Platz, der gut gegen seine Feinde gesichert ist. Ein umgestülpter Blumentopf, der mit Schafwolle gepolstert ist, wird gern als Versteck und als Quartier für die kalte Jahreszeit angenommen. Anstelle der Schafwolle können andere wärmende und trockene Materialien wie Putzwolle, Watte, Hanffasern, Sisalstricke, unbehandelte Stoffreste oder Ähnlichem verwendet werden.

Die Tiere des Nutzgartens

Apropos ... Ameisen *(Laurius niger)*

Etwa 180 Arten Ameisen kommen in Europa vor. Die bekannteste Vertreterin dieser Gattung ist wahrscheinlich die Schwarze Wegameise oder auch Schwarze Gartenameise. Die Frage nach dem Sinn der Ameise in der Kulturlandschaft „Gemüsegarten" ist ganz einfach zu beantworten: sie ist ein Segen; auch wenn sie manchmal ein wenig Schaden anrichten kann. Jedoch sollte man sie auch dann nicht vertreiben, sondern sollte ihr eine Chance geben den Nutzen, den sie darstellen kann, zu beweisen: Ein von Ameisen aufgesuchtes Pflänzchen wird von keiner Raupe angefressen werden, kein Kohlweißling wird am Kohlrabi anzutreffen sein. Lediglich die Blattlaus wird von den Ameisen verschont, da die beiden Tierarten eine Art der Symbiose eingegangen sind: Blattläuse liefern den Ameisen „Nektar". Deshalb ist es wichtig, im Garten Pflanzen zu belassen, an denen Blattläuse sich niederlassen können, um den Ameisen das „Revier" attraktiv zu machen. Die Ameisen schützen die Pflanzen, auf denen ihre „Kühe" weiden und sind überdies ständig auf Nahrungssuche in ihrem Revier, wodurch zahlreiche Pflanzenschädlinge kostenlos auf ein Minimum reduziert werden.

> Ein von Ameisen aufgesuchtes Pflänzchen wird von keiner Raupe angefressen.

Die grünen Teile des ausschiebenden Holunders werden besonders gern von Blattläusen befallen. Falls es einen Platz im Garten gibt, der nicht genutzt wird, sollte er mit einem Holunderstrauch bepflanzt werden.

Auch die Kratzdistel und der Rote Heinrich werden von Blattläusen gern aufgesucht, wobei bei diesen Pflanzen die Gefahr einer unkontrollierbaren Ausbreitung gegeben ist.

Apropos ... Blattläuse

Blattläuse sind saugende Insekten. Sie saugen den Pflanzensaft verschiedener Pflanzen mit unterschiedlichen Folgen für die Pflanzen. Während sich das Schadbild einer „Johannisbeer-Blasenlaus" lediglich im ästhetischen Rahmen bewegt – die Blätter wölben sich, jedoch werden Pflanze und Ernte kaum geschädigt –, können Blattläuse an Kohlgewächsen erheblichen Schaden anrichten. Während einige Blattläuse lediglich einzelne Zellen aussaugen, saugen andere Arten gezielt an den zuckerreichen Leitungsbahnen der Pflanzen. Die Konzentration des Zuckers ist oft so hoch, dass die Blattläuse diesen nicht vollständig verwerten können und deshalb „Honig" ausscheiden, der wiederum die Ameisen anlockt. Auf dem „Honig" siedelt sich zudem häufig ein Rußtaupilz an, der sich von dem „Honig" ernährt. Dieser Pilz sorgt für die dunklen Verfärbungen der Blätter, ist jedoch unschädlich.

> Blattläuse können sich an geschwächten Pflanzen sehr gut ernähren, da diese eine für die Laus günstigere Zusammensetzung des Pflanzensaftes aufweisen. Gleiches gilt bei sehr stark mit Stickstoff versorgten Pflanzen.

Deshalb spielen die richtige Standortwahl und maßvolle Düngung eine Rolle. Die Ansiedlung von natürlichen Blattlaus-Gegenspielern wie Marienkäfer, Flor- und Schwebfliegen sowie Schlupfwespen sollte gefördert werden. Zum Teil lassen

Blattläuse zählen zu den Pflanzensaugern.

Typisches Schadbild der Blasenlaus

sich Blattlaus-Kolonien einfach durch Rückschnitt der Pflanze oder durch Abspülen entfernen. Blattläuse, die offen an der Pflanze sitzen und sich nicht durch Wachsausscheidungen oder Ähnlichem schützen, können leicht durch Mittel auf Basis von Rapsöl, Kali-Seife oder Tee aus „Mutterkrautblüten" (Blüten der Falschen Kamille) bekämpft werden.

Apropos ... Maulwürfe

Vor dem Ersten Weltkrieg gab es derart viele Maulwürfe (*Talpa europaea*), dass das Jagen und Erlegen der cleveren Tiere honoriert wurde; Maulwürfe traten in dieser Zeit als Plage auf. In den zurückliegenden Jahren hat sich das allerdings gravierend geändert: Heute steht der Europäische Maulwurf unter Naturschutz. Es ist verboten, einen Maulwurf zu töten oder ihn zu stören. Im Garten ist er wegen seiner Erdhügel und unterirdischen Gänge ein Störenfried. Dabei ist er keineswegs Vegetarier, sondern vertilgt Schnecken, Engerlinge, Regenwürmer, Insekten und deren Larven. Maulwürfe fungieren als Zeigetiere! Seine Existenz im Garten zeigt an, dass der Boden gesund ist, dass das ökologische System funktioniert und viele Kleinlebewesen vorhanden sind.

Maulwurfshügel sind im Garten lästig.

> Neben den Insekten stehen auch kleinere Wirbeltiere wie Echsen oder Nagetiere auf seiner Speisekarte, so dass ein Maulwurf in Bezug auf die Reduzierung von Nagetieren im Garten nützliche Dienste leisten kann.

Auch wenn die Maulwürfe sich nicht am Gemüse vergreifen, können ihre Gänge Schaden anrichten, indem sie die Wurzelverbindungen des Gemüses stören. Übrigens dehnt sich das Revier eines Maulwurfes über etwa 2000 m^2 aus, was bedeutet, dass all die vielen Erdhaufen, die sich in einer solchen Fläche befinden, von einem einzigen Winzling (Maulwürfe sind Einzelgänger) von etwa 10 cm Länge und zirka 100 g Gewicht geschaffen wurden.

Apropos ... Wühlmäuse

Aufgeschichtete Erdhügel in Garten- und Feldbereichen können durch Wühlmäuse (*Arvicolinae*) verursacht werden, die in etwa 150 Arten vorkommen. Die bekanntesten sind hier sicherlich die Feld- und die Ostschermäuse. Während der Maulwurf seine rundlichen Hügel in annähernd gleichen Abständen aufwirft, bedecken die flachen Erdhaufen der Ostschermaus anscheinend systemlos den Boden. Die Haufen werden zudem von sichtbar erhöhten unterirdischen Gängen verbunden. Die Wühlmäuse sind Vegetarier und lieben Wurzeln. Da sie keinen Winterschlaf halten, legen sie Vorräte an. Dafür bauen sie relativ tief im Erdreich – mitunter einen halben Meter tief – Kammern, in die sie neben Polstermaterial wie trockenen Grashalmen auch Futtervorräte fein säuberlich bis unter die „Decke" stapeln. Die bevorrateten Wurzeln werden vor der Einlagerung in Stücke zerteilt und vom Schmutz befreit. Ostschermäuse können eine stattliche Größe von bis zu 20 cm Länge erreichen und sehen Ratten zum Verwechseln ähnlich.

Die Tiere des Nutzgartens 75

Der Schaden, den Wühlmäuse im Garten anrichten können, kann beträchtlich hoch ausfallen. Einerseits bestehen erhebliche Ausfälle durch das unterirdische Gängesystem, das den Wurzeln die Verbindung zum Erdboden raubt. Andererseits fressen die Nager nicht nur die Wurzeln der Gemüse, sondern ziehen Gemüse in ihre Kammern.

So ist es durchaus nicht selten, dass Gemüse entweder von einem Tag zum anderen eintrocknet – die Wurzeln von Mangold, Petersilie und Haferwurzel sind für Wühlmäuse Delikatessen – oder sogar beim Verschwinden beobachtet werden kann: Das Gemüse bebt bis in die letzte Blattspitze, wackelt, und plötzlich versinkt es in der Erde.

Abhilfe schafft das Eingraben von leeren Glasflaschen. Diese werden so tief in das Erdreich verbracht, dass der Hals herausragt. Außerdem müssen die Flaschen schräg in das Erdreich gesteckt werden. Sobald Wind sich in den Öffnungen fängt, pfeifen die Flaschen geheimnisvoll. Die Schwingungen, die dabei entstehen, vertreiben die Schädlinge.

Keine Angst – das Pfeifen wird Ihren Nachbarn nicht belästigen, da es sehr leise ist. Im Handel gibt es auch Geräte, die mit Schall arbeiten. Erkundigen Sie sich bei Wühlmausbefall bitte im Fachmarkt. Das Pflanzen von „Kaiserkronen" und anderen wühlmausabweisenden Gewächsen hat sich in meiner Gartenpraxis nicht bewährt – im Gegenteil: Die Zwiebeln der Kaiserkronen wurden von den Nagern verzehrt.

Ganz typisch für Wühlmäuse ist der an der Erdoberfläche gut erkennbare unterirdische Gang.

Apropos ... Haustiere

Alle Haustiere lieben die Bewegung an der frischen Luft im Garten und können so ganz nah bei ihrem Herrchen sein. Bei der Planung des Gartens für den Hund ein Stück abteilen, wo er seine Knochen vergraben und sich räkeln kann – Hunde ruhen gern an einem schattigen Ort. Auch des Nachbars Katze liebt nichts so sehr wie krümelig zarte Gartenerde, in der sie ihre „Liebesgaben" hingebungsvoll vergraben kann.

Auch für Haustiere soll im Garten ein Platz vorgesehen werden.

Mein Rat

Aufregen nützt nichts – Katzen werden Sie nicht verstehen. Reichern Sie bei Problemen mit Katzen den Boden mit Holzspänen an oder bauen Sie im Garten ein Katzenklo. Dafür brauchen Sie nur an einer Stelle im Garten eine kleine Mulde von zirka einem halben Quadratmeter auszuheben und mit Sand aufzufüllen.

Wenn die Katze dieses Angebot ausschlägt, können Sie im Gartenmarkt nach chemischen „Vertreibern" fragen. Dort wird man Sie gern beraten.

Apropos ... „Schafskälte"

Dieser Kälteeinbruch im Juni verdankt seinen Namen dem Umstand, dass Ende Mai Anfang Juni die Schafe geschoren wurden, die unter dem plötzlichen möglichen Temperatursturz von 5 °C und mehr zu dieser Zeit sehr zu leiden hatten.

Apropos ... Buchsbaum

Der Buchsbaum *(Buxus sempervirens)* wird eng mit dem Bauerngarten in Verbindung gebracht. In einem Bauerngarten kann eine Beeteinfassung aus Buchs als natürlicher Schneckenzaun dienen. Der Gattungsname Buxus kommt von dem griechischen Wort *pyxos* und steht für „fest", womit sich ein Teil des Namen auf das feste Holz des Strauches bezieht, das früher, gerade wegen der enormen Härte, zum Drechseln verwendet wurde, und heute noch für Flöten Verwendung findet. Der Artname *sempervirens* heißt in der direkten Übersetzung „immer lebend" (*semper* = immer, *vivus* = lebend), und auf die Pflanze bezogen bedeutet er „immergrün". Im Volksglauben werden den Zweigen besondere Wirkungen gegen allerlei Unwetter und böse Krankheiten nachgesagt; deswegen hatte man sie, obwohl sie einen unangenehmen Geruch verbreiten, im Wohnhaus und im Stall aufgehangen. Weihnachten begrünten sie das Fest, am Palmsonntag waren die Zweige Bestandteil des Palmbusches.

> Vor allem die unscheinbaren kleinen geruchlosen gelben Blüten, die von März bis Mai zu mehreren in den Blattachseln sitzen, sowie die junge Rinde sind giftig.

Sie enthalten das Alkaloid Cyclobuxin. Die Symptome einer Vergiftung sind Erbrechen, Durchfälle, Übererregbarkeit und Krämpfe. Bei starker Vergiftung kann es auch zu Lähmungen und sogar zum Tod durch Atemlähmung kommen. In der Homöopathie dagegen findet der Buchsbaum noch heute bei Rheuma und Fieber Anwendung; früher wurde der Buchsbaum auch als Chininersatz gegen Malaria eingesetzt.

> Falls sich Kinder im Garten aufhalten, sollte auf diese Pflanze verzichtet werden. Der Buchsbaum ist giftig, und zwar derart, dass sich Schnecken nicht unter ihm hindurchwagen.

Vor allem die Buchsbaumblüte enthält das Gift Cyclobuxin.

Genug der Theorie:
Der Planung folgt die Tat

Sie haben sich überlegt, was Sie anpflanzen wollen? Das ist wichtig, um mit der Umsetzung der Theorie beginnen zu können. Ich empfehle der Einfachheit halber eine Auswahl:

Der Kräutergarten – *Erntefrische Kräuter für jede Gelegenheit*
Bringt Entspannung und versorgt mit Würz- und Duftkräutern.

Der Frühgemüsegarten – *Qualität zu einem sagenhaft günstigen Preis*
Pünktlich vor Beginn der Hauptsaison frisches Gemüse, in einer ausgesprochen guten Qualität, aus dem eigenen kleinen Garten ernten.

Der Küchengarten – *Für jeden Geschmack das Richtige*
Die Fülle des kulinarischen Lebens in vollen Zügen genießen können und immer richtig gespart dabei. Und da Qualität ganz wichtig ist, wird nur das Beste vom Besten geerntet.

Der Selbstversorgergarten – *Für selbstbewusste Alleskönner*
Die Freiheit, entscheiden zu können, was auf den Tisch gelangt; frei von Etikettenschwindel.

Der Kräutergarten

Die Kräuter

Der Frühgemüsegarten für den Einsteiger

Der Küchengarten für den Anfänger

Der Selbstversorgergarten

Der Kräutergarten

Unter den Kräutern gibt es einjährige und mehrjährige Sorten, unter den mehrjährigen Sorten sind auch Kräuter, die nicht winterhart sind. Nicht winterharte Kräuter erhöhen den erforderlichen Arbeitsaufwand erheblich und bedürfen eines frostfreien Winterquartiers.

Für welche Kräuter Sie sich entscheiden, hängt von Ihren Wünschen und Bedürfnissen ab. Bedenken Sie bei der Anlage eines Kräutergartens, dass Sie ihn bei jedem Wetter gut erreichen können sollten. Bedenken Sie auch, dass Kräuter, die sie rege gebrauchen möchten, in den gut erreichbaren Teil des Kräutergartens gelegt werden; es nützt nichts, wenn aus Furcht vor verschmutztem Schuhwerk Petersilie bei Regenwetter nicht geerntet werden kann. Außerdem sollten die hoch aufschießenden Kräuter, wie Liebstöckel, Estragon, Lorbeer, Pastinak und Zitronenverbene, in den hinteren Teil des Kräutergartens integriert werden.

Viele Kräuter sind wärmeliebend. Zitronenmelisse und Lavendel mögen es warm und bevorzugen, wie z. B. Thymian und Quendel, auch einen kalkhaltigen Boden. Mehrjährige Kräuter bilden meistens ganze Pflanzengruppen, Horste oder Sträucher. Beim Pflanzen dieser Kräuter unbedingt den Platzbedarf einkalkulieren, den die Pflanze in fünf Jahren haben wird.

> *Der Kräutergarten sollte bei jedem Wetter gut erreichbar sein.*

- Empfohlene Größe: wenige Quadratmeter bis 50 m²
- Zeitaufwand: gering – mittel
- kaum arbeitsintensiv

Artenreicher Kräutergarten

So erzielt man kräftige Kräuter

Die mehrjährigen Kräuter werden in der Regel über Wurzelteile oder Stecklinge vermehrt. Es ist für jeden mit ein wenig Erfahrung ganz einfach, selbst Stecklinge zu ziehen. Es bedarf lediglich frisch geschnittener grüner Triebe, die in die Erde gesteckt werden. Damit diese Triebe sich bewurzeln, muss der Erdboden feucht gehalten werden. Außerdem ist es wichtig, diese Triebe noch im Frühling/Frühsommer zu stecken, damit die jungen Stecklinge zum Überwintern Blätter bilden können und kräftig genug sind. Dazu einen tiefgründigen Steckplatz gut durchfeuchten, den Steckling etwa 10 cm tief in die feuchte Erde stecken und über ihn ein großes Einweckglas stülpen. Der Erdboden um das Einweckglas sollte regelmäßig befeuchtet werden, das Glas selbst wird nicht angehoben, sondern erst entfernt, wenn sich im Inneren erste Blätter bilden. Zu intensive Sonneneinstrahlung sollte vermieden werden. Ein lichter Platz unter einem Baum, der die Mittagssonne abfängt, wäre optimal.

Damit sich die Stecklinge bewurzeln, muss der Boden feucht gehalten werden.

> **Übrigens...**
>
> **Diese Methode funktioniert auch bei der Vermehrung von Rosen.**

Wenn Sie eine Rose vermehren möchten – bei seltenen historischen Rosen ist dies mitunter sehr lohnend –, schneiden Sie einen ausgeblühte Rosentrieb auf einer Länge von etwa 20 cm ab und stecken Sie diese sobald wie möglich (Transport in feuchtem Küchenpapier möglich) mindestens 10 cm tief in die vorbereitete nasse Gartenerde. Über diesen Rosenzweig wird das Weckglas gestülpt – fertig. Meine Erfahrung: Von drei Stecklingen wachsen zwei an.

Gewürz- und Heilkräuter empfehlenswert

Vollaromatische Kräuter, wann immer Sie sie brauchen, sind eine Liebeserklärung an Ihre Sinne. Kräutergärten sind einfach herrlich; besonders wenn Sie wenig Platz zur Verfügung haben und diesen sinnvoll nutzen möchten.

> Die Ansprüche an den Boden sind bei den Kräutern sehr unterschiedlich. Der Bau einer dekorativen Kräuterspirale bietet sich an, da Sie hier auf einfache Weise die „Böden" variieren können.

Sollen Heilkräuter den Kräutergarten ergänzen, kann die Ausdehnung an die Größe eines Frühgemüsegartens reichen. Ansonsten variiert die Größe je nach Bedarf. Kräuter verursachen wenig Arbeitsaufwand; einmal angelegt, entwickeln sich die Kräuter fast von allein. Einschränkend muss allerdings darauf hingewiesen werden, dass bei Gemüse möglicherweise kein Platz mehr vorhanden ist.

Die Größe eines Kräutergartens variiert je nach Bedarf.

So geht es

Gut geplant ist schon halb gewonnen. Entscheiden Sie, welche Kräuter den Kräutergarten bereichern sollen. Bedenken Sie, dass auch Heilpflanzen integriert werden sollen.

Schnittlauchblüten (oben links), Petersilie (oben rechts) und Pfefferminze (unten)

Für kleinwüchsige Küchenkräuter benötigen Sie nur wenige Quadratmeter.

Bekannte kleinwüchsige Küchenkräuter sind **Petersilie** *(Petroselinum crispum)*, **Bohnenkraut** *(Satureja hortensis)*, **Basilikum** *(Ocimum basilicum)* und **Schnittlauch** *(Allium schoenoprasum)*.

Mit diesen vier unproblematisch zu kultivierenden Vertretern können zahlreiche Gerichte bereichert und verfeinert werden. Außerdem kann man aus ihnen schon ein wunderbares Pesto bereiten – Bohnenkraut gehört nicht ausschließlich zu den Bohnengerichten. Streuen Sie es einmal über die Pizza.

Diese vier Gartenkräuter verbindet neben der Kleinwüchsigkeit der Anspruch an den Erdboden. Tiefgründig und nahrhaft sollte er sein und nicht zu trocken. Damit der Schnittlauch sich als mehrjähriges Küchenkraut gut entwickeln kann, sollte die Pflanze einen Standort zugewiesen bekommen, an dem sie sich im Lauf der Zeit ausbreiten kann. Die anderen Kräuter – außer der zweijährigen Petersilie – säen Sie in jedem Jahr neu aus. Sollte die Petersilie den Winter überdauern – das Problem stellen die Nager dar, die die Wurzeln der Pflanze in der kargen Jahreszeit verspeisen –, werden sich die Wurzeln bereits im zeitigen Frühjahr erneut begrünen. Dieser Vorgang kann durch das Auflegen eines Folie-Tunnels, eines kleinen „Petersilien-Gewächshauses" (einfach aus einem kleinen Fenster selbst herzustellen), beschleunigt werden.

Dieses kleine „Gewächshaus" ermöglicht Ihnen zudem eine längere Ernteperiode bis tief in den Winter hinein. Auch wenn der Garten unter einer Schneedecke begraben ruht, schützt das Fenster die Petersilie und Sie können Blätter ernten.

Petersilie-Gewächshaus

Um die Petersilie, die geschützt werden soll, legen Sie einen Rahmen, der von vier Kanthölzern von etwa 10 cm Durchmesser gebildet wird. Sie können die Abstände der Hölzer von der Petersilie etwas größer wählen und den Zwischenraum mit trockenem Laub füllen, was zusätzlich Wärme und Isolation bringt. Wichtig ist, dass die Hölzer gut auf dem Erdboden aufliegen. Am besten arbeiten Sie ihn zuvor durch und ebnen die Fläche, damit die Hölzer gerade liegen;

eine Wasserwaage brauchen Sie jedoch nicht zu benutzen. Auf diese Hölzer legen Sie das Fenster. Es kann ruhig überstehen. Wichtig ist, dass es mit den Hölzern einen Verbund bildet. Falls es eine Schräge bildet, kann der Regen ablaufen. Ist die Petersilie darunter höher, als es die Hölzer sind, legen Sie zwei Hölzer als Rahmen übereinander. Sie können anstelle der Hölzer auch Steine verwenden. Wichtig ist, dass das Ergebnis relativ dicht ist. Von außen mit trockenem Laub oder Stroh abdichten. Das schafft ein gutes Klima, in dem die Petersilie lange dem Winter trotzen kann.

In einem solchen Gewächshaus kann Petersilie dem Winter lange trotzen.

Die reifen Samen der Petersilie arbeiten Sie am besten in den Erdboden ein. Sie werden überrascht sein, wie zeitig im Frühjahr die ersten Samen keimen werden. Falls die Petersilie im Sommer kümmert, liegt es wahrscheinlich am Boden – Petersilie mag es feucht. Auch die Luftfeuchtigkeit ist ein wichtiges Kriterium: An sehr heißen und trockenen Tagen können Sie die Blätter der Petersilie mit Regenwasser oder abgestandenem Leitungswasser benetzen. Die Pflanze dankt Ihnen diese Mühe mit einem guten Gedeihen.

Der **Schnittlauch** überwintert im Garten an Ort und Stelle. Es empfiehlt sich jedoch bei trockenen, lang anhaltenden Frösten eine Laubdecke auch über seine Wurzeln zu decken. So friert der Lauch nicht aus. Im Frühling können Sie ebenfalls, wie bei der Petersilie beschrieben, dem Wachstum ein wenig auf die Sprünge helfen.

Mein Rat
Wer nicht auf den Frühling warten will, kann ein Stück Wurzelballen des Schnittlauchs in einen Blumentopf pflanzen.

Der Wurzelballen sollte jedoch erst erste Fröste überstanden haben – eine Nacht in einer Gefriertruhe erfüllt den gleichen Zweck. Danach bekommt der Blumentopf einen hellen und warmen Platz an einem Fenster zugewiesen. Bald schon treiben aus der Wurzel der ersten Sprossen.

Den Wurzelballen über Nacht in eine Gefriertruhe zu legen, hilft dem Schnittlauch auf die Sprünge.

Übrigens ...
Ein heller, nicht zu warmer Platz an einem Fenster kann auch Herberge für einen kleinen Zimmerkräutergarten sein. Befüllen Sie Saatgefäße mit guter Erde und säen Sie doch einmal Dill, Borretsch, Basilikum und Kresse aus. Kresse kann auch gut auf einem „Wasserbeet" gezogen werden.

So geht es
Ein flacher Teller wird befeuchtet und darauf werden die Kressesamen dicht gestreut. Anschließend befeuchten Sie bitte auch den Kressesamen mit lauwarmem Wasser.

Mehrjährige Kräuter benötigen einen tiefgründigen und nahrhaften Erdboden. Nur durch eine ausreichende Ernährung entwickeln sie sich gut. Falls Ihr Kräutergarten die nötigen Ausmaße aufweist, können Sie, neben dem beliebten „Maggikraut" – das garantiert kein künstliches Glutamat enthält –, auch Estragon pflanzen. Wichtig ist, dass die mehrjährigen Kräuter im Herbst Kompostgaben erhalten. Werden sie zurückgeschnitten, darf der Zeitpunkt nicht zu nah an die Frostperiode gelegt werden. Empfindliche mehrjährige Kräuter können bei starken trockenen Frösten durch das Abdecken des Wurzelballens vorm Ausfrieren geschützt werden.

Mehrjährige Kräuter im Herbst mit Kompost versorgen

Die Kräuter

Basilikum *(Ocimum basilicum)*

Das Kraut wird vor allem als Mittel gegen Blähungen verwendet. Kohlsalate oder Topinambur-Rohspeisen können durch Zugabe frischen Krautes leichter verdaulich werden. Besonders häufig wird die herrliche grüne Pflanze – es gibt auch Varietäten in Rot – zu Pesto oder einem Bestandteil des aromatischen Kräutersalzes verarbeitet.

Basilikum

- Größe: bis etwa 60 cm hoch
- Standort: humusreicher, sandiger Lehmboden, sonnig
- Besonderheit: extrem kälteempfindlich
- Lagerfähigkeit: nicht vorhanden
- zahlreiche Sorten in Grün und Rot
- Für den Balkon eignen sich der „Bubikopf"
- Kübelkultur: „Großes Grünes", „Genoveser"
- Direktsaat ab Anfang Juni
- Keimdauer: 14–21 Tage
- dichte Aussaat empfohlen
- Reihenabstand: 30–40 cm
- Pflanzabstand: 25 cm
- Ernte: bei einsetzender Blüte, 1–1,7 kg/m^2
- Pflegeaufwand: hoch, reichlich Feuchtigkeit und relative Beikrautfreiheit zur Entwicklung erforderlich

Bohnenkraut *(Satureja hortensis)*

Bohnenkraut kann als Tee gegen Blähungen und zur Appetitanregung verwendet werden. Das Kraut wird frisch oder getrocknet verarbeitet. Besonders Bohnengerichte profitieren von dem würzigen, leicht bitteren und etwas scharfen Geschmack. Doch auch zum Würzen von Frischkäsezubereitungen, Fleischspeisen oder für mediterrane Gerichte empfiehlt sich Bohnenkraut als Ingredienz.

- Größe: bis etwa 60 cm
- Standort: leichter, aber nahrhafter, im Herbst reich gedüngter Sandboden, sonnig
- Besonderheit: winterharte, mehrjährige Varietät „Bergbohnen- oder Winterbohnenkraut" (*Satureja montana*)
- Lagerfähigkeit: getrocknetes Kraut ist gut lagerfähig
- Sortenauswahl: diverse Sorten im Fachhandel
- Direktsaat ab Ende April bis Anfang Mai oder als Zweitfrucht ab Ende Juli bis Anfang August. – Keimdauer: 14–21 Tage
- Dichte Aussaat und später vereinzeln
- Reihenabstand: 30–40 cm
- Pflanzabstand: 30 cm
- Ernte: bei einsetzender Blüte, 1,5–3 kg/m²

Dill *(Anethum graveolens)*

Dill ist das Universalküchenkraut. Die Verwendungsmöglichkeiten sind sehr zahlreich. Besonders Salate, Soßen, Suppen und Fischgerichte bekommen durch Beigabe dieses grünen Krautes einen herrlich frischen, würzig aromatischen Beigeschmack. Doch auch beim Einwecken und Einlegen ist Dill das Multitalent. Der Dill samt sich im Herbst oft selbst aus; die Samen reifen sehr unproblematisch und sind „erntereif", sobald sie sich kaffeebraun gefärbt haben. In diesem Stadium fallen die Samen bei leichtem Wind herunter und können mit der Hand ohne Probleme abgestreift werden. Umfassen Sie hierzu von unten die trockene Dolde mit der Hand, lassen Sie dabei den Stängel durch die Finger gleiten und fahren Sie mit der Hand am Stängel empor, bis die Dolde komplett darin verschwunden ist. Sicher spüren Sie schon die Samen, die sich gelöst haben und nun in Ihrer Hand ruhen. Samen kühl und trocken überwintern.

Verwendet werden die grünen Teile und die Samen. Die Samen sind sehr aromatisch und können bei Kohlgerichten zur Geschmacksverbesserung mitgekocht werden.

Junger Dill (links)

Dill zwischen Riesenspinatbaum (rechts)

Achtung: Dill neigt mitunter zum „Kümmern", die Blätter färben sich rötlich und welken. Ursache hierfür kann die Bohnenfliege sein oder verschiedene Pilze oder Würmer im Erdboden. Dill sollte, wie Sellerie oder Möhren/Karotten auch nicht hintereinander auf dem gleichen Standort angebaut werden. Wechseln Sie die Standorte zu jeder Saison.

- Größe: bis etwa 1 Meter
- Standort: sonnig, nicht zu nass, nicht sauer, nicht zu trockene Böden
- Lagerfähigkeit: trockene und reife Samen gut haltbar, gefrorenes grünes Kraut ist problemlos aufzubewahren
- Sortenauswahl: Im Fachhandel sind Dillsamen verschiedener Sorten problemlos zu beziehen.
- Direktsaat: ab März. Dill bevorzugt ein sehr feinkrümeliges Saatbeet und sollte dicht ausgesät werden. Verdichten Sie den Erdboden über den Samen nach der Aussaat mit dem Rücken des Rechens, damit der Dill gleichmäßig aufgeht. Dichte Aussaat und später vereinzeln. Einige Dillsamen unbedingt mit ins Gurkenbeet säen.
- Keimdauer: 10–17 Tage
- Reihenabstand: 30 cm
- Pflanzabstand: dicht
- Ernte: Frischkraut (Dillspitzen) ab 20 cm Höhe – ab 30 cm können die Stängel bereits verholzen –, reife Samen, sobald diese trocken und braun sind. Für Konservierungszwecke (Dillkraut) werden die Blütendolden mitsamt den hohlen Stängeln geerntet.
- Ernteertrag: 1 kg/m²

Oregano *(Origanum vulgare)*

Der „Wilde Majoran", auch unter dem Namen „Dost" bekannt, wurde im Mittelalter unter das Essen der Landbevölkerung gemischt. Diese Beimengung sollte die Menschen bei guter Laune halten, während sie ihren Frondienst versahen: Dost macht frohgemut. Der Geschmack ist würzig, ein wenig bitter und erinnert an den Geschmack des Majorans. Verwendet werden die Blätter, solange die Blütenbildung noch nicht eingesetzt hat, oder die Stängel samt den Blüten. Vor der Verwendung der Blätter sollten diese getrocknet werden, damit das ätherische Ölpotpourri sich entfalten kann. Die violett-rosa-braunen Blüten können getrocknet zu Trockensträußen verwendet werden. An der Blütenfarbe kann der Geschmack abgelesen werden: Je heller die Blütenfarbe – bis beinahe Weiß ist möglich –, desto schärfer der Geschmack.

Oregano kann als Würzmittel, zu Teemischungen, aber auch als leichte Medizin, besonders bei leichtem Husten, verwendet werden. Oregano liefert auch ätherische Öle für die Parfümindustrie. Oregano ist mehrjährig.

Damit sich das Ölpotpouri entfalten kann, sollte Oregano vor der Verwendung getrocknet werden.

- Größe: Die blühenden Pflanzen erreichen eine Höhe von etwa einem halben Meter. Ältere Horste können ein Ausmaß von etwa einem Quadratmeter Ausdehnung erreichen.
- Besonderheit: Je heller die Blütenfarbe, desto schärfer der Geschmack.
- Standort: sonnig-trockener, kalkreicher Standort bevorzugt
- Lagerfähigkeit: trockenes Kraut problemlos lagerbar
- Sortenauswahl: Oregano kommt in unzähligen Formen vor, auch als Wildstaude.
- Direktsaat ab Ende April, besser aber Pflanzen setzen. Wegen der kleinen Samen sollte das Saatbeet sehr feinkrümelig sein. 1 Gramm Samen ergibt 1000 Pflanzen.
- Oregano ist ein Lichtkeimer. Am besten streuen Sie die Samen einfach auf das vorbereitete Saatbeet und drücken diese lediglich mit dem Rücken des Rechens an. Keimdauer: bis zu einem Monat.
- Reihenabstand: breitwürfig
- Verpflanzt werden die Setzlinge auf 50 x 50 cm
- Pflegemaßnahmen: beikrautfrei halten, zweimal im Jahr zurückschneiden
- Ernte: Im ersten Jahr wenig ernten. Im zweiten Jahr sind mehrere Ernten möglich. Frischkrautertrag etwa 0,5 kg/m².

Bei der Ernte können mit einer Schere sämtliche Stängel 3–5 cm über dem Boden abgeschnitten werden.

Frischkraut vor der Blütenbildung, Teekraut während der Blütenbildung ernten, Kraut an einem schattigen und luftigen Ort trocknen und kühl und trocken aufbewahren.

Da Oregano mehrjährig ist, sollte im Herbst eine Düngung erfolgen. Außerdem sollte der Boden relativ beikrautfrei und offengehalten werden. Lockern Sie regelmäßig den Erdboden mit einer leichten Hacke auf.

Das Kraut an einem schattigen und luftigen Ort trocknen

Mein Rat
Aussicht auf Erfolg verspricht die Stockteilung. Diese sollte im Frühjahr vorgenommen werden. Bei der Stockteilung wird von einer Pflanze ein Teil mit einem Spaten abgestochen und eingepflanzt.

Estragon *(Artemisia dracunulus)*
Hauptsächlich in der französischen Küche wird der Estragon zu Geflügel- und Fleischgerichten verwendet. Doch auch für Saucen, zur Aromatisierung von Kräuteressig oder in der Parfümindustrie findet die Pflanze Verwendung. Estragon ist mehrjährig.

- Größe: bis zu 1,5 m
- Standort: sonnige Lagen, guter humoser Boden, keine Staunässe
- Besonderheit: Nach dem Schneiden des Krautes sollte für ausreichend Feuchtigkeit im Boden gesorgt werden.
- Lagerfähigkeit: Mazeration (Aufweichung) in Essig problemlos; frisches Kraut wie Petersilie, getrocknetes Kraut kühl und trocken aufbewahren.
- Sortenauswahl: Nur Sorten Russischen Estragons sind als Saatgut im Handel erhältlich. Der Französische Estragon ist als Topfware erhältlich. Eine sichere Vermehrung erfolgt durch Stockteilung.
- Reihenabstand: Estragon entwickelt stattliche Horste von etwa 1 m Durchmesser. Meist genügt für einen Haushalt eine Pflanze.
- Pflege: regelmäßig düngen, zweimal im Jahr zurückschneiden
- Ernte: Das grüne Kraut wird ab dem zweiten Standjahr zweimal pro Jahr geerntet.

Der Schnitt erfolgt bei einer Wuchshöhe von etwa einem halben Meter. Das Kraut wird in mindestens 10 cm Höhe über dem Erdboden abgetrennt.

Kerbel *(Anthriscus cerifolium)*

Im frischen Zustand wird der Gartenkerbel in der französischen Küche vor allem gern zu Suppen, Salaten und Soßen verwendet. Das frische Kraut schmeckt leicht süßlich und erinnert ein wenig an Petersilie. Frischverbrauch empfehlenswert. Kerbel ist einjährig.

- Größe: etwa 70 cm
- Standort: Die Ansprüche sind gering. Halbschatten ist möglich. Volle Sonne und große Hitze verträgt Kerbel schlecht.
- Direktaussaat ab März in geschützten Lagen möglich
- Reihenabstand: 20 cm
- Pflanzenabstand: 5 cm
- Ernteertrag: 0,5–0,7 kg per m²

Aussaat ab Ende Juni Erfolg versprechender, da die Blütenbildung auf diese Weise unterdrückt wird. Für den Eigenbedarf empfiehlt sich eine fortlaufende Aussaat. Sobald die Pflanzen zirka 15 cm hoch sind, werden sie bei Bedarf geschnitten. Pflanzen sollten bei der Ernte ohne Blüten sein.

Meerrettich/Kren *(Armoracia rusticana)*

Die kräftigen, schwertförmigen Blätter erinnern im Jugendstadium an die Blätter des Roten Heinrich. Jedoch verströmen die zerriebenen Blätter des Meerrettichs einen würzigen, leicht brennenden, senfartigen Geruch.

In jungem Zustand können die Blätter verzehrt werden. In China bereitet man daraus ein scharfbrennendes Gemüse, das im Kreis der ganzen Familie unter viel

Genug der Theorie: Der Planung folgt die Tat　　　　　　　　　　87

Halali verzehrt wird. Die Chinesen genießen die tränendrückende Eigenschaft des Meerrettichs. Meerrettich ist mehrjährig – wenn nicht alle Wurzeln mit einem Mal geerntet werden.

- Größe: etwa einen halben Meter hoch. Horste dehnen sich auf etwa 1 Quadratmeter und mehr Fläche aus.
- Standort: humose, mittelschwere, warme Böden. Ausreichende Wasserversorgung muss gewährleistet sein. Flussniederungen optimal. Meerrettich wird durch Wurzelstecklinge (Fechser, zirka 1 cm Durchmesser) vermehrt.
- Steckzeit: Anfang April–Anfang Mai
- Reihenabstand (Fechser): 80 cm
- Pflanzenabstand (Fechser): 15–20 cm
- Pflege: regelmäßig düngen
- Ernte: nach dem Absterben des Laubes von Herbst–Frühjahr
- Ertrag: 1–1,5 kg/m²

Als Würzmittel zum Einlegen von Gurken und Co können auch zu einem früheren Zeitpunkt die Wurzeln vorsichtig entfernt werden.

Lavendel *(Lavandula augustifolia)*

Rosenzüchtern ist die blattlausabweisende Eigenschaft des Lavendels bekannt. Vom Lavendel heißt es, dass er den Geist klärt und das Unsichtbare sichtbar werden lassen kann. Mit Trockensträußen im Wäscheschrank kann das Geld für den Weichspüler gespart werden. Getrocknete Lavendelblüten eignen sich für Trockengestecke und für Dekorationsartikel. Doch auch kulinarisch bietet der Lavendel zahlreiche Möglichkeiten der Verwendung.

Lavendel ist mehrjährig und wird durch Stecklinge oder durch Wurzelteilung vermehrt. Die Gewinnung geeigneter Stecklinge ist einfach: Ein nichtblühendes, etwa 10–15 cm langes, gut entwickeltes Triebende von der Stammpflanze mittelbar am Haupttrieb abbrechen und in ein tiefgründiges, ausreichend befeuchtetes Saatbeet stecken. Ordentlich angießen. Danach den Boden feucht halten, bis sich erste Blattknospen gebildet haben.

Junge Triebe eines stark zurückgeschnittenen Lavendelstockes

Mein Rat

Beim Angießen von Stecklingen sollte niemals die Brause der Gießkanne verwendet werden. Mit etwas Übung kann der Steckling eingeschlämmt werden, ohne dass er den Halt verliert.

- Größe: je nach Alter und Sorte etwa einen halber Meter hoch. Alte, gut entwickelte Pflanzen können sich auf bis zu 2 m² Fläche ausdehnen.
- Standort: kalkige Böden und trockener, sonniger Standort bevorzugt. Keine Staunässe!
- Aussaat: Lavendel keimt sehr unregelmäßig. Dem Einsteiger empfiehlt sich deshalb, Topfware im Fachhandel zu erwerben. Vor dem Pflanzen kann der Standort ordentlich gedüngt werden, jedoch ist bei einer Stickstoffdüngung Vorsicht geboten, da Stickstoff die Blüten zu schwer werden lässt und diese sich dann zu Boden neigen.
- Pflege: Ausgeblühte Triebenden sollten im Herbst ausgeschnitten werden. Ein kräftiger Rückschnitt der Pflanze nach 4–5 Jahren Standzeit regt das Wachstum und die Blütenbildung an.
- Reihenabstand: 1 x 1 m
- Ernte: die Blüten, bevor sie sich öffnen

Lavendel ist frostempfindlich. Bei späten Frösten im Frühjahr oder starken Frösten im Winter empfiehlt sich das Abdecken der Pflanze oder das Bedecken des Wurzelstockes.

Liebstöckel *(Levisticum officinale)*

Liebstöckel

Den vielversprechenden Namen „Stock der Liebe" trägt dieser Doldenblütler zu Recht. Anders als dem Sellerie unterstellt, wirkt Liebstöckel tatsächlich aphrodisierend, außerdem ist die Pflanze nach altem Glauben eine „Sympathie-Pflanze": Ein Stück der Wurzel in der Tasche eines Kleidungsstückes getragen, soll den Träger bei jedermann sympathisch machen. Volksgesundheitlich werden der Wurzel Heileigenschaften bei Magen- und Verdauungsbeschwerden zugeschrieben. Auch wirkt ein Tee daraus harntreibend (Diuretikum).

In der Küche finden vorwiegend die grünen Pflanzenteile Verwendung und erinnern im Geschmack an Maggi; aus diesem Grund wird Liebstöckel oft auch „Maggikraut" genannt. Liebstöckel ist mehrjährig.

Aus den grünen Teilen kann ein aphrodisierendes „Liebstöckelbad" bereitet werden. Hierfür wird 1 kg frisches Kraut in 3 l Wasser 15 Minuten (5 Minuten kochen + 10 Minuten ziehen) gekocht und gesiebt dem Badewasser hinzugefügt.

Mein Rat

Für eine ganzjährige Verwendung das Maggikraut zur Konservierung trocknen oder gefrieren.

- Größe: bis 2 m aufragend – gute „Sichtschutzfunktion". Bildet Horste bis 1,5 m im Durchmesser.
- Standort: tiefgründig humoser Boden, auch Sandboden, bei ausreichender Gießarbeit. Liebstöckel wird durch Samen oder durch Wurzelteilung vermehrt. Im Samenhandel ist lediglich eine Sorte erhältlich. Direktaussaat ab Mitte April möglich.
- Durch Wurzelteilung gewonnene Stecklinge können während der gesamten Vegetationsperiode oder im zeitigen Frühjahr ab etwa Mitte März gepflanzt werden.
- Pflanzenabstand: 50 cm.
- Pflegemaßnahmen: regelmäßig düngen, Boden gelegentlich zum Durchlüften auflockern, mit ausreichend Feuchtigkeit versorgen
- Ernte: Das grüne Kraut während der Vegetationsperiode (Stängelanteil gering halten), Wurzeln im Herbst ernten. Die Wurzeln können, je nach Standort, einen wesentlich höheren ätherischen Ölgehalt aufweisen.

Majoran *(Majorana hortensis)*

Zählt zu den wichtigsten Küchenkräutern und wird sowohl für herkömmliche Gerichte wie Suppen, Salate, Soßen, aber auch zu Wurstwaren, gebraucht.

- Größe: bis 50 cm
- Besonderheiten: Frosttoleranz bis max. −7 °C. Im Mittelmeerraum erreicht die Pflanze ein Alter von 5 Jahren.
- Standort: mittelschwerer humoser bis kalkiger Boden, sonnige Lage
- Majoran kann durch Samen gezogen oder als Topfware gepflanzt werden. Kübelbepflanzung möglich.
- Direktsaat ab Anfang Mai ins feinkrümelige Saatbeet. Nicht zu tief säen – etwa 0,5 cm.
- Reihenabstand: 25–30 cm
- Pflanzenabstand: 25–30 cm
- Ernte: zweimal bei guten Böden möglich; erste Ernte im Juli, zweite Ernte ca. Mitte September, etwa 1 kg frisches Kraut/m².

Majoran

Mein Rat
Gießen Sie Ihren Majoran fleißig und erzielen Sie dadurch drei Ernten.

Zitronen-Melisse *(Melissa officinalis)*

Im Garten ist die Melisse unverzichtbar. Ein weiterer Name weist deutlich auf den Segen hin: „Bienenkraut". Die Kultur der Pflanze ist sehr einfach und darum

Zitronenmelisse

ist sie jedem Liebhaber des guten Geschmacks und des erlesenen Duftes nur zu empfehlen – dieses feine Aroma wird nur durch die „Zitronenverbene" überboten. Besonders bekannt ist die Melisse in ihrer volksgesundheitlichen Bedeutung. Ein Tee aus Melisse wird gern zur Stressbewältigung oder bei Verdauungsstörungen getrunken. Auch in der Küche überzeugt das leicht zitronenartige Aroma der Pflanze. Zitronenmelisse ist mehrjährig.

- Größe: bis 80 cm, Horste bilden mitunter 1 m Durchmesser. Sie können mit einem Band – keinen Strick verwenden, weil der schnüren würde – in Form gebunden werden.
- Standort: nährstoffreicher, nicht zu trockener und warmer Erdboden. Direktaussaat nicht empfohlen.
- Zitronenmelisse wird am besten durch Wurzelteilung vermehrt. Topfware im Fachhandel problemlos erhältlich.
- Pflanzabstand: 50 x 40 cm
- Pflegemaßnahmen: im Herbst zurückschneiden, regelmäßig düngen, Boden öfter auflockern, für ausreichend Feuchtigkeit sorgen.
- Ernte: das grüne Kraut vor der Blüte, Stängel etwa 10 cm über dem Boden abtrennen.

Besonders saftige, gut entwickelte Blätter können als Dessert mit Schokolade überzogen werden. Mit diesen Blättern können feine Backwaren oder raffinierte Desserts dekoriert werden.

Zitronenverbene *(Aloysia citrodora)*

Die Zitronenverbene ist ebenfalls eine mehrjährige Pflanze, die ähnlich der Zitronenmelisse verwendet werden kann; sie eignet sich ausgesprochen gut zur Bepflanzung von Kübeln und gedeiht problemlos auf jedem Balkon – selbst im Halbschatten!

Zitronenverbene ist jedoch nicht winterhart und sollte frostfrei (kühler Schlafraum, Wintergarten, Keller) überwintert werden. Für ein regelmäßiges Düngen und Gießen bedankt sich die Pflanze mit einem kräftigen Wuchs. Falls Sie Ihre Kosmetik selbst bereiten, ist diese Pflanze für Sie unverzichtbar.

Mein Rat

Legen Sie einige Blätter oder einen Stängel über Nacht in Apfelsaft ein – eventuell mit einem Zweig Lavendel. Am nächsten Tag durchseihen und kühlstellen. Genießen Sie das Ergebnis mit einem Schuss kohlensäureversetzten Mineralwasser (Mischverhältnis etwa 1:1).

Zitronenverbene

Petersilie *(Petrosilinum crispum)*

Alle Pflanzenteile der Petersilie können als Würzmittel verwendet werden. Besonders häufig finden die Wurzel und das grüne Kraut Gebrauch. Aus diesem Grund sollte Petersilie in jedem Nutzgarten reichlich vorhanden sein. Neben der Verwendung als Küchenkraut wird die Petersilie auch in der Volksheilkunde geschätzt. Ein Tee aus dem Kraut ist hilfreich bei Blasenproblemen und kann auch bei Nierenerkrankungen hilfreich sein.

In der Küche wird das grüne Kraut so frisch wie möglich verwendet. Petersilie sollte nicht mitgegart, sondern den Speisen kurz vor dem Servieren hinzugefügt werden. Petersilie ist zweijährig.

Die in der Petersilie enthaltenen Furanocumarine können bei empfindlichen Personen unter Sonneneinstrahlung juckenden Ausschlag hervorrufen. In der Petersilie kommen neben einem sehr hohen Gehalt an Vitamin C auch das Vitamin A, C, B1, B2 und zudem auch Eisen und Calcium vor; sie bauen sich während der Lagerung ab. Am besten werden Küchenkräuter kurz vor Gebrauch geerntet. Petersilie wird in der Regel in „Sträußen" (Bedarfsgröße) geerntet. Hierbei werden bevorzugt junge und saftige zarten Stängel abgezupft. Schneiden Sie, ähnlich dem Schnittlauch, nach der Ernte die verbliebene und unbrauchbare Petersilie mit einem scharfen Messer 3–4 cm über dem Erdboden ab. So schieben die Wurzeln junge Stängel nach.

Blütenstand und Blätter (oben) der Petersilie

- Besonderheit: besonders im Herbst Magnet für Nagetiere
- Standort: relativ anspruchslos. Gedeiht sogar noch im Halbschatten, bevorzugt humose, mittelschwere Böden; winterhart bei normalen Frösten
- Größe: bis 40 cm
- Direktsaat ab März möglich
- Reihenabstand: 25–30 cm
- Saattiefe: 2,5–3 cm. Dichte Aussaat. Später vereinzeln. Petersilie kann sehr langsam keimen – bis zu vier Wochen sind möglich.
- Pflegemaßnahmen: ausreichend düngen, für entsprechend Feuchtigkeit sorgen, gute Durchlüftung durch regelmäßiges Hacken gewährleisten und relativ beikrautfrei halten.
- Ernte: während der Vegetationsperiode das grüne Kraut, Wurzeln bei entsprechender Größe oder im Herbst
- Ernteertrag: Kraut: 1,5–2 kg/m² (3–4 Ernten im Jahr); Wurzeln: 2–2,5 kg/m²

Für einen schnelleren Aufgang keimen Sie das Saatgut über einen Zeitraum von 18 Stunden bei Zimmertemperatur in lauwarmen (20 °C) Wasser vor und trocknen Sie die Samen anschließend bei 30 °C.

Pfefferminze *(Mentha x piperita)*

Pfefferminze

Die Pfefferminze, die ihren Namen dem scharfen (Pfeffer-)Geschmack verdankt, wurde 2004 zur Arzneipflanze des Jahres gewählt. Das Kraut wird zur Anregung des Gallenflusses verwendet und wirkt anregend auf die Gallensaftproduktion sowie krampflösend bei Beschwerden im Magen-Darm-Bereich. Daher wird der Konsum bei Gallenbeschwerden (auch leichteren Gallenkoliken) und bei „verdorbenem Magen" empfohlen. Pfefferminze wird häufig nur als Teepflanze genutzt, obwohl das aromatische Kraut auch gut zu Kochzwecken verwendet werden kann und gerade frischen Salaten eine neuartige und besondere Note verleiht. Pfefferminze wird durch Stolonen oder Kopfstecklinge vermehrt.

Im Handel ist Topfware erhältlich. Beste Pflanzzeit für Stecklinge: September/Oktober oder April/Mai. Topfware kann während der gesamten Vegetationsperiode an einem vorbereiteten Standort umgepflanzt werden.

Vor dem Umpflanzen sollte der Boden gut mit verrottetem Stallmist oder stickstoffhaltigem Dünger angereichert werden.

Es gibt zahlreiche Sorten in verschiedenen Geschmacksrichtungen. Zudem variieren die Sorten in Winterhärte, Blattfarbe und Resistenzeigenschaften. Im Handel bitte genau informieren!

- Größe: bis etwa 80 cm
- Reihenabstand: 50–60 cm
- Pflanzabstand: 30–40 cm
- Standort: humoser, sandiger Lehmboden in warmen und windgeschützten Lagen. Wächst gut an halbschattigen Standorten. Reichliche Stickstoffgaben erhöhen den Ernteertrag. Balkonkultur ist nur erschwert möglich!
- Lagerfähigkeit: in getrocknetem Zustand gut haltbar. Frisch ähnlich wie Petersilie.
- Ernte: Pfefferminze sollte vor der Blütenbildung geerntet werden. Jedoch kann bereits ab einer gewünschten Wuchshöhe die Ernte beginnen.
- Ernteertrag: pro Quadratmeter 1,5–2 kg Krautware

Der Pflegeaufwand ist je nach Sortenwahl unterschiedlich. Kälteempfindliche Sorten können durch Strohhäcksel oder Auflegen von Tannenreisig vor dem Ausfrieren geschützt werden. Während der Vegetationsperiode ausreichend mit Feuchtigkeit versorgen! Wurzelhaltige Beikräuter (Quecke oder Giersch) sollten unbedingt entfernt werden!

Salbei *(Salvia officinalis)*

Seit dem Altertum gilt Salbei als die „Wunderpflanze", als „König unter den Kräutern". Salbei sollte in keinem Garten fehlen, er vertreibt den Mehltau. In der Küche ist Salbei ein Künstler. Ein altes Sprichwort aus England besagt: „Wer ewig leben will, muss Salbei im Mai essen." Das ist nicht schwer, zum Beispiel durch frische Blätter in Kräuterquarkzubereitungen, als Fleischwürze, als Zugabe zum Frühstückstee, aber auch zum Ausbacken in Eierkuchenteig. Wem das mit den kleinen Blättern zu viel Arbeit ist, der zerkleinere und rühre sie der Einfachheit halber in den Teig. Zusammen mit ein paar Spitzen des Lavendels sind sie äußerst delikat.

Salbei ist mehrjährig aber nicht absolut winterfest. Ab −15 °C sollten die Pflanzen unbedingt geschützt werden. Bedecken Sie den Wurzelstock am besten vor extremen Minustemperaturen mit reichlich Stroh oder trockenem Laub. Zur Sicherheit bedecken Sie die ganze und immergrüne Pflanze mit einem Fließ.

Salbei

- Größe: bis 1 m. Ältere Horste können mehr als 1 m² beanspruchen.
- Standort: Warme, windgeschütze Lagen, kalkige/sandige Böden sind humosen vorzuziehen. Staunässe vermeiden.
- Direktsaat nicht empfohlen. Im Mistbeet ab März aussäen und ab Ende Mai auspflanzen. Topfware im Handel erhältlich.
- Reihenabstand: 70 cm
- Pflanzenabstand 70 cm
- Pflege: Großzügige Stickstoffgaben von 100 Gramm pro m², auf zwei Gaben pro Jahr verteilt (1. Gabe vor Einsetzen der Vegetationsperiode, 2. Gabe nach dem Schneiden), können ab dem zweiten Standjahr deutlich ertragssteigernd wirken. Der Boden sollte regelmäßig durchlüftet werden. Trockenheit schadet in der Regel nicht.
- Ernte: Im Garten sollten Stängel von Hand geschnitten werden. Schneiden Sie nicht unterhalb einer Höhe von 10 cm über dem Erdboden.
- Ertrag: 1,5–2 kg/m²

Schnittlauch *(Allium schoeneprasum)*

Sogar auf der Fensterbank kann Schnittlauch ordentliche Ernteerträge liefern. Diese Erträge werden im Garten deutlich übertroffen. Schnittlauch zählt zu den beliebtesten Küchenkräutern und wird vorwiegend roh verzehrt. Gerade im zeitigen Frühjahr, wenn das Angebot an frischen Kräutern noch sehr begrenzt ist, bietet das Zwiebelgewächs Abwechslung. Schnittlauch ist mehrjährig und bildet Polster, die mit der Hacke in Form gebracht werden können. Er ist sehr winterhart.

Schnittlauchblüten

Thymian

- Größe: 30 cm
- Standort: anspruchslos. Humose, warme, kalkige und sonnige Standorte werden bevorzugt. Humusgaben am Ende der Ernteperiode empfehlenswert.
- Pflege: Wichtig ist die Versorgung mit Nährstoffen – vorwiegend Stickstoff – und ausreichend Flüssigkeit. Stallmist und Kompostgaben sollten während der Vegetationsperiode nicht verabreicht werde. Regelmäßiges Durchlüften des Bodens und eine ausreichende Beikrautregulierung sollten nicht vernachlässigt werden.
- Ernte: die grünen Schloten, sobald sie eine Höhe von etwa 15–20 cm erreicht haben. Ab dem zweiten Standjahr können, je nach Entwicklung, bis zu fünf Ernten durchgeführt werden. Am sichersten schneiden Sie bei der Ernte eine ganze Breite mit einem scharfen Messer etwa 2 cm über dem Erdboden ab und sortieren die Schloten aus, die sich nicht zum Verzehr eignen.
- Ernteertrag: 2–3 kg

Thymian *(Thymus vulgaris)*

In der Volksmedizin wird Thymian gern als Hustenlöser zur Förderung des Auswurfes genutzt. Hierzu können Tee oder Extrakt bereitet werden. In der Küche wird Thymian vielseitig genutzt. Fischgerichte, Teigspeisen, Fleisch- und Wurstwaren, auch Kartoffelgerichte oder Salate und Soßen werden durch das aromatische Kraut gewürzt. Thymian ist mehrjährig.

- Größe: bis einen halben Meter
- Standort: leichte, kalkhaltige Böden, verträgt Tonböden, jedoch Staunässe vermeiden.
- Direktsaat nicht empfohlen. Vorkultur im Mistbeet möglich. Topfware im Fachhandel erhältlich.
- Stecklinge durch Stockteilung. Stecklinge können ganzjährig gepflanzt werden. Sichere Pflanzung erfolgt jedoch im Frühjahr. Die Bewurzelung kann bis zu vier Wochen dauern.
- Reihenabstand: 40 cm
- Pflanzenabstand: 40 cm
- Pflege: regelmäßiges Durchlüften des Erdbodens. Anspruchslos in der Düngung. Reichliche Stallmist- oder Humusgaben fördern den Ertrag und die Pflanzengesundheit. Nicht empfindlich bei Trockenheit.
- Ernte: im ersten Standjahr nur einen Schnitt ernten. Ab dem zweiten Jahr im Juni und September. (Achtung: Nicht nach Mitte September ernten.) Der Schnitt sollte in einer Höhe von mindestens 10 cm über dem Erdboden erfolgen.
- Ernteertrag: im ersten Jahr etwa 1 kg, im zweiten Jahr 2–3,5 kg

> **Übrigens...**
>
> Thymian eignet sich ausgesprochen gut zur Bereitung alkoholischer Getränke.

Apropos ... Kräutergarten

Ein Kräutergarten kann sehr gut auf einem Dach angelegt werden. Ein Flachdach bietet eine optimale Platz sparende Möglichkeit. Wichtig ist, dass dieses Flachdach gut erreichbar ist. Wenn Sie erst eine akrobatische Ausbildung absolvieren müssen, um an die Kräuter zu gelangen, sollten Sie lieber eine andere Örtlichkeit für Ihre Kräuter suchen.

Die Anlage eines Dachgartens ist komplex; es gibt Unternehmen, die sich auf Dachgärten spezialisiert haben.

Bei der Anlage eines Dachgartens ist eine Vielzahl von Aspekten zu beachten.

> Wenn Sie selber kreativ werden wollen, müssen Sie wissen, ob Ihr Dach belastbar ist. Sie sollten es isolieren, damit die Nässe nicht durchschlägt und Schäden anrichtet, und durch Auftragen verschiedener Schichten dafür sorgen, dass keine Staunässe entstehen kann.

Das Dach muss bei Anlage eines Kräutergartens mindestens 100 kg Last pro Quadratmeter standhalten können. Begehbare Dachgärten sind genehmigungspflichtig. Bevor Sie beginnen, sollten Sie es nicht versäumen, sich beim zuständigen Amt über die einzuhaltenden Auflagen zu erkundigen.

Der Frühgemüsegarten für den Einsteiger

Empfohlene Größe für einen 1–4 Personenhaushalt: 30–100 m², arbeitsintensiv

Wegen der geringen Größe des Nutzgartenbereiches empfiehlt sich das Kaufen von einigen Jungpflanzen bei Kohl/Fenchel/Porree/Tomaten/Paprika/Zucchini – so bekommen Sie Vielfalt in den Garten. Allein der Kohl kommt in derart zahlreichen Sortenvarietäten vor, dass es schade wäre, wenn Sie nur eine Sorte in Ihrem Gartenparadies haben würden. Sollte eines dieser Gemüse bevorzugt verzehrt werden, kann es selbstverständlich mittelbar in den Frühgemüsegarten zur Jungpflanzenanzucht gesät werden – wie zum Beispiel der Knollenfenchel, den es nicht in Varietäten gibt.

Bei geringer Gartengröße empfiehlt sich bei einigen Gemüsearten der Kauf von Jungpflanzen.

- Empfohlene Frühgemüse: häufig verwendete Küchenkräuter, Salatvarietäten, Möhren/Karotten, Kartoffeln, Radieschen, Kohlrabi, Kohlvarietäten, Schalotten/Zwiebeln, Gewächshausgurken
- Nachbau-Gemüse: Bohnen, Kohlvarietäten, Endivien, Hülsenfrüchte, Tomaten, Aubergine, Paprika, Rüben

Pro: Dieser Garten ist der Platz sparende unter den Gärten. Er versorgt Sie mit einer Fülle an frischem Frühlingsgemüse und ist optimal für die Sparsamen unter den Gärtnern. Gerade kurz vor der Saison ist das qualitativ hochwertige Gemüse im Handel relativ teuer. Diesen Engpass können Sie umgehen, wenn Sie rechtzeitig alle Vorbereitungen für die Aussaat Ihres Gemüses treffen.

Contra: Ein Frühgemüsegarten bedarf eines Frühbeets oder eines Gewächshauses sowie Folie zum Bedecken der Frühkartoffeln. Ein Frühbeet ist eine relativ einfache Konstruktion, während der Bau eines Gewächshauses schon einiges Können verlangt.

Frühbeete und Gewächshäuser sind im Fachhandel erhältlich. Viele Gemüse können aus Platzmangel nicht angebaut werden. Keine Dauerkulturen.

Planbeispiel Frühgemüsegarten Typ „Zwischenfruchtbau" (30 m^2)

Größe:	10 x 3 m
Gewächshaus:	1,5 x 2 m
Kompost:	1 x 1 m
Weg:	0,6 x 10 m
Beetfläche:	zirka 20 m^2

Platz für 2 Reihen Kartoffeln/à 7 m Länge, links vom Weg
Platz für 4 Reihen Gemüse/à 7 m Länge, rechts vom Weg

Aus Platzgründen wird auf einen Weg zwischen den Kulturen/Gemüsereihen verzichtet, der Boden darf jedoch zwischen den Pflanzen nicht festgetreten werden. Das Verfestigen des Bodens wird durch Auflegen von Brettern oder das Auslegen einzelner Gehwegplatten, über die man gehen kann, weitestgehend verhindert. Optimal wäre es natürlich, den Boden nicht zu betreten, damit die Pflanzen bei einer derart intensiven Bepflanzung tief ins Erdreich wurzeln können.

Der Boden zwischen den Pflanzen darf nicht festgetreten werden.

Saatgutbedarf Kartoffeln

Frühkartoffeln	23 Stück/etwa 1,5 kg
mittelfrühe Kartoffeln	23 Stück/etwa 1,5 kg

Saatgutbedarf Gemüse 1. Aussaat

1 Pck Salatsamen	ergibt zirka 500 Pflanzen
1 Pck Radieschensamen	ergibt zirka 80
1 Pck Möhren/Karotten	ergibt zirka 600
1 Pck Kohlrabi	ergibt zirka 100
1 Pck Kohl	ergibt zirka 60
2 Pck (500g) Steckzwiebeln/Schalotten	ergibt zirka 100

1 Pck Erbsen, kleinwüchsig	ergibt zirka 5 m
2 Pck Dicke Bohnen	ergeben 60
1 Pck Knollenfenchel	ergeben zirka 30
Kräuter individuell	

Saatgutbedarf Gemüse für Folgeaussaaten

1–2 Pck Rote Beete	ergibt zirka 35–80
1 Pck Mangold	ergibt zirka 35
1–2 Pck Buschbohnen	ergibt zirka 20–50 Büsche
1 Pck Endivien	ergibt zirka 500
1 Pck Rettich (Herbst/Winter)	ergibt zirka 80
1 Pck Zuckermais	ergibt zirka 15
1 Pck Gartenmelde	ergibt zirka 150

Pflanzen Gewächshaus
Zucchini, Tomaten, Paprika, Aubergine, Gewächshausgurken

Mehrjährige Pflanzen
Rhabarber

Bestellbeispiel der vier Gemüsereihen
Aussaatzeitpunkt je nach Region etwa Mitte/Ende März bis Anfang April.
1. Reihe Möhren/Karotten – dichte Aussaat (etwa je cm 1 Same). In die 1. Reihe zusätzlich in dünner Aussaat Radieschen (etwa alle 4 cm ein Samenkorn).
2. Reihe Steckzwiebeln/Schalotten. In die Steckzwiebel-Zwischenräume der 2. Reihe wird punktuell dünn Salat gesät.
3. Reihe Kohlrabi, Knollenfenchel und Kohl, dicht säen und mit Folie bedecken.
4. Reihe Erbsen/etwas Platz für Küchenkräuter wie Petersilie/Dill.

Ernteertrag
Der Ernteertrag, den Sie von etwa 30 m² Gartenland gewinnen können, ist erstaunlich (die Mengenangaben sind als Zirka-Werte zu verstehen):

30 kg Frühkartoffeln (ca. 300 Stück)
5 kg Möhren und Karotten (ca. 50 Stück)
5 kg Kopfsalat (ca. 100 Stück)
1–2 kg Radieschen (ca. 10 Bund)
5 kg Kohlrabi (ca. 20 Stück)
4–7 kg Buschbohnen (ca. 10–15 x Gerichte für 4 Personen)
1 kg Dicke Bohnen (ca. 4 x Suppengerichte für 4 Personen)
2–4 kg Zwiebeln (ca. 15–20 Stück)

2 kg Schalotten
5–15 kg Kohl (Kohlköpfe variieren im Gewicht von 1 kg [üblich] bis 5 kg)
2 kg Knollenfenchel (5 Stück = etwa 1 kg)
2 kg Zuckermais
5–10 kg Rote Beete (3 Stück = etwa 1 kg)
2–8 kg Mangold, je nach Erntevariante und Witterung
Kürbisse (falls der Kompost sich bepflanzen ließ)
Und: Erbsen, Endivien, Herbstrüben, Mairüben … Kräuter

Hinzu kommen die Erträge aus Gewächshaus/Frühbeet/Kompost und Kübeln, zuzüglich der Erträge, die durch Vereinzeln erzielt wurden. Sicher fragen Sie sich nun, wie das möglich ist, von einer kleinen Fläche eine so gewichtige Ernte zu erzielen? Die Antwort lautet:

> In einem Garten sind im Lauf einer Vegetationsperiode mehrere Ernten zu erzielen, besonders, wenn Sie eine aktive „Frühgemüsekultur" betreiben.

Um dies zu verstehen, versuchen Sie Ihren Garten einmal als Wiese zu betrachten. Auf einer Wiese stehen viele Pflanzen dicht beieinander. Diese sind hoch oder niedrig, krautig oder eher halmig und sie entwickeln sich grundverschieden voneinander. Erst blüht der Löwenzahn, Wochen später erfüllt der narkotische Duft des Labkrautes die Luft, bis dann im Herbst die letzten Blütenköpfe der Flockenblume im Regengrau wippen. Selbst an kalten Wintertagen trotzt letztlich das Gänseblümchen den Widrigkeiten des Wetters. In einem Garten kann ebenfalls während der gesamten Vegetationsperiode vieles neben- und untereinander wachsen und gedeihen.

Im Garten kann während der gesamten Vegetationsperiode vieles neben- und untereinander wachsen.

Gut vorbereitet ist der halbe Erfolg
Treffen Sie Ihre Vorbereitungen bereits im Februar. Die Saatkartoffeln können Sie in einer Kiste, nicht zu hoch übereinander lagernd, an einem warmen Ort vorkeimen. Dadurch entwickeln sich die Kartoffeln später schneller, außerdem können Sie die Exemplare entfernen, die nicht keimen. Sie haben damit später keine Fehlstellen in der Kartoffelreihe.

Bei der Wahl der Gemüsesamen sollten Sie auf den Samentüten nachlesen, welche Sorten sich für einen Frühanbau eignen. Erkundigen Sie sich nach bewährten Sorten. Wählen Sie überdies unterschiedliche Sorten, das bringt nicht nur Vielfalt in Ihren Garten, sondern entwickelt Ihr gärtnerisches Können.

> Auch wenn es im Gewächshaus noch kalt ist, können Sie die Tomaten, Zucchini, Paprika und Auberginen schon jetzt an einem warmen Ort in Ihrer Wohnung vorziehen.

Eierkarton eignet sich gut zum Vorziehen von Gemüsepflanzen in der Wohnung.

Einfacher Eierkarton leistet hierbei gute und preiswerte Dienste. Holen Sie aus Ihrem Garten etwas Erde, füllen Sie diese in die Eierkartonagen und lassen Sie

Genug der Theorie: Der Planung folgt die Tat

diese befüllten „Saatgefäße" einige Tage an einem warmen Ort durchwärmen. Säen Sie die Samen Ihrer Kübelpflanzen ein und befeuchten Sie sie leicht. Hell und warm stellen! Achten Sie auf einen wasserfesten Untergrund! Anstelle der Gartenerde können Sie natürlich ebenfalls die im Handel erhältliche Spezialerde zur Jungpflanzenanzucht verwenden.

Wenn der Erdboden abgetrocknet ist und mittelbar keine Kälte bringende Schlechtwetterfront in Sicht ist, wird er bei trockenem Wetter grob zur Aussaat vorbereitet.

Die Saaterde sollte sehr feinkrümelig sein.

> Machen Sie das Saatbeet noch nicht zu fein, damit es bei starkem Niederschlag nicht verschlammt.

Einige Gemüsesorten (Radieschen, Möhren, Salat) können bereits – wenn das Wetter dies erlaubt – im Februar im Garten ausgesät werden.

Die Kartoffeln werden bereits im März gelegt. (Der Erdboden sollte warm sein – eventuell einige Tage vor dem Legen den Boden mit Folie bedecken.) Legen Sie der Einfachheit halber 2 x 1/2 Reihe Frühe und 2 x 1/2 Reihe Mittelfrühe. Die Kartoffeln mit Folie abdecken.

> Die Folie bewirkt eine Erwärmung des Erdbodens und treibt die Entwicklung der Kartoffeln voran. Sobald die kühlen Nächte (Eisheiligen) vorüber sind, kann die Folie entfernt werden, und kräftige Pflanzen recken sich in der Sonne. Mehr zum Thema unter der Rubrik „Kartoffel", Seite 126.

Ebenfalls im März werden die Möhren/Karotten in den Erdboden gesät – eine Herbstaussaat wäre möglich gewesen. In die Saatreihe werden Radieschen mit eingesät.

> Da Radieschen bei günstigem Wetter bereits binnen weniger Tage aufgehen, die Möhren hingegen bis zu 3 Wochen nach der Aussaat auf sich warten lassen, kann Unkraut reguliert werden, ohne dass man versehentlich in der Saatreihe werkt.

Radieschensamen

Bei einer frühen Aussaat Mitte bis Ende März können bereits Anfang Mai die ersten kräftigen Radieschen geerntet werden, die fortlaufend zu ernten sind, damit sie nicht die Entwicklung der zarten Möhrenpflänzchen behindern. Wer anstelle Radieschen Salat zwischen die Möhren gesät hat, kann sich über erste in der Küche verwendbare Salatpflanzen freuen.

Zudem bieten Zwiebeln und Schalotten bereits viele herrlich zarte Schloten, von denen einige vorsichtig geerntet werden können und Salate oder Butterbrot bereichern.

Plan des Frühgemüsegartens nach der ersten Aussaat

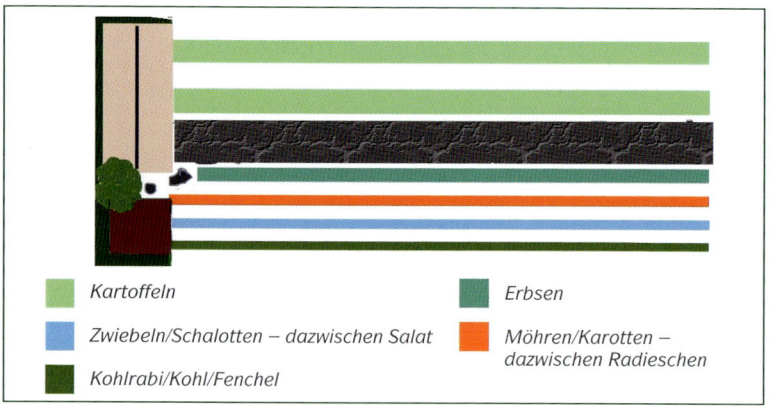

- Kartoffeln
- Zwiebeln/Schalotten – dazwischen Salat
- Kohlrabi/Kohl/Fenchel
- Erbsen
- Möhren/Karotten – dazwischen Radieschen

Stecken Sie die Zwiebeln/Schalotten in einem Abstand von etwa 10 cm. Sie müssen jedoch die Schalotten noch während der Entwicklungszeit ausdünnen; entfernen Sie darum bei Bedarf jede zweite.

Anfang April werden die Erbsen gesät. Die Erbsen können, sofern Sie zarte grüne Erbsen bevorzugen, bereits im Juni geerntet werden.

Mitte April säen Sie Kohl, Kohlrabi und Fenchel. Säen Sie grundsätzlich nur in einen abgetrockneten Boden.

> Gegen Erdflöhe hilft, Senfsaat mit einzusäen. Jedoch empfehle ich dem Nichtversierten anstelle des Senfes eine sehr dichte Aussaat: Viele junge Kohlpflanzen werden so nicht befallen.

Gut entwickelte Kohlrabi – die stärkeren Pflanzen sollten jetzt umgepflanzt werden.

Sobald die Pflanzen im mittleren Bereich erste gelbe Blätter aufweisen, können die mittlerweile kräftigen Pflanzen aus der dicht gesäten Kohl- und Kohlrabi-Reihe mittelbar davor gepflanzt werden. Beim Auswählen des Umpflanzgutes darauf achten, dass die am besten entwickelten Pflanzen unbeschadet – manchmal hebt man die Nachbarpflanzen versehentlich mit an – im Erdreich verbleiben.

Schadhafte Pflanzen, die beispielsweise beim Unkrautjäten mit einer Hacke verletzt wurden, werden entfernt und auf dem Kompost entsorgt. Auf diese Weise entstehen bereits im Juni zwei Reihen für Kohl, Kohlrabi und Fenchel.

Mitte Mai legen Sie die Maissamen in großzügigem Abstand von etwa 30–40 cm Entfernung innerhalb der Reihe als Begrenzung der Kartoffeln mittelbar an die Gemüsegartengrenze.

Die Möhren/Karotten werden bei Bedarf ab Ende Juli geerntet; sie werden verzogen, damit sich zwischen den Pflanzen die Abstände vergrößern und die Wurzeln optimal ausdehnen können.

Genug der Theorie: Der Planung folgt die Tat

Sollen für den Herbst stärkere Exemplare – bis 1 kg Gewicht möglich – für Salat oder Saftgewinnung erzielt werden, muss dementsprechend beim Vereinzeln selektiert werden.

Selektion der Möhren

Gesunde und stärkere Möhren werden in einem großzügigen Abstand zu den anderen Möhren im Erdboden belassen. Auf Schneckenbefall achten. Aus dem Erdreich ragende Wurzelköpfe werden durch Behäufeln vor dem unliebsamen „Grünwerden" geschützt.

In die entstehenden Reihenlücken der Möhrenreihe werden ebenfalls kräftige Pflanzen aus der dicht gesäten Kohlreihe oder der Salat gepflanzt, der zwischen den Zwiebeln verzogen werden muss.

Ab etwa Mitte Juni kann mit der Ernte der Kartoffeln begonnen werden. Ernten Sie, wenn Sie Kartoffeln verwenden wollen; die im Erdboden verbleibenden wachsen weiter. Zu Beginn werden die Frühkartoffeln geerntet. Bitte immer gleichzeitig aus beiden Reihen Speisekartoffeln entnehmen. Durch eine derartige Erntemethode entsteht ein Platzangebot für drei neue Gemüsereihen. Da die Zwischenräume der Kartoffelpflanzen bereits von den kräftigen Dicken Bohnen ausgefüllt sind, muss die Ernte sehr vorsichtig vonstattengehen. Diese Bohnen beschatten die Gartenfläche optimal, versorgen sie mit Nährstoffen – das Ergeb-

Gut entwickelte Karottenpflanzen (links) und Kohlrabipflanzen (rechts)

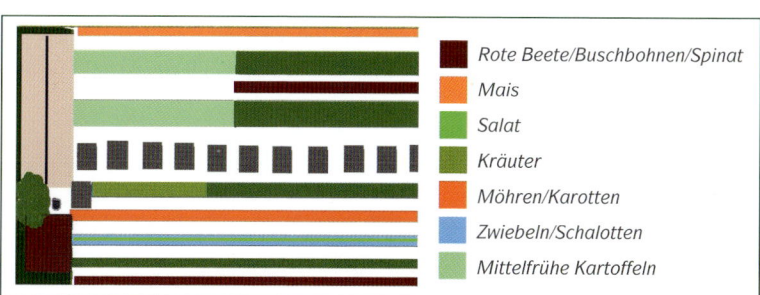

Plan des Frühgemüsegartens im Juni

nis dieser optimalen Versorgung haben Sie schon an den prächtigen Kartoffeln ablesen können – und verhindern das schnelle Austrocknen des Erdreiches.

Wer die Dicke Bohne nicht als Gemüse mag, kann den Pflanzenstängel über dem Erdboden abtrennen und das Grün auf den Kompost geben. Denken Sie, bevor Sie das tun, bitte auch an die Insekten, die sehr gern die Blüten der Dicken Bohnen aufsuchen, und lassen Sie deshalb bitte einige Exemplare stehen.

Harken Sie den Boden nach der Kartoffelernte gut durch, damit er wieder schön locker und feinkrümelig wird. Diesen abgeernteten Platz werden nun 3 Reihen Gemüse Ihrer Wahl füllen. Säen Sie dort Rote Beete, Buschbohnen bzw. Portulak hinein oder stecken Sie Ihre Kohl- und Kohlrabipflanzen. Bitte daran denken, dass die Kohl- oder Fenchelpflanzen einen größeren Platzbedarf als die Kohlrabipflanzen aufweisen.

Nach der Kartoffelernte den Boden gut durchharken, damit er locker und feinkrümelig wird.

Mein Rat

Nicht das gesamte Saatgut auf einmal auszubringen! Das Nachlegen ermöglicht bei Bohnen und Rüben nämlich eine wesentliche länger fortdauernde Erntezeit.

Die letzten Gemüse werden Juli/August auf der abgeernteten Fläche ausgesät. Dies sind Endivien, Rettiche, Herbstrüben, Pflücksalat sowie Gartenmelde.

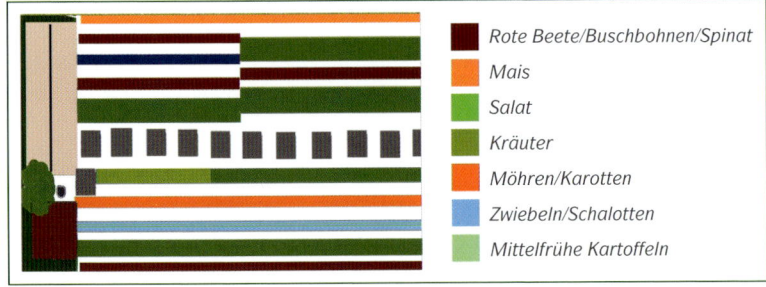

Frühgemüsegarten im August

Rote Beete/Buschbohnen/Spinat
Mais
Salat
Kräuter
Möhren/Karotten
Zwiebeln/Schalotten
Mittelfrühe Kartoffeln

Apropos ... Kübelpflanzen

Wer träumt nicht von schmackhaften, sonnengereiften Tomaten, köstlichem Paprika und Salatgurken, wann immer Lust auf derartige Delikatessen besteht?

In Kübeln wächst jedoch weit mehr als nur die bekannten Vertreter ahnen lassen ... Kartoffeln können genauso in Kübeln kultiviert werden wie Mangold, Bohnen oder Salat.

Wichtig für den Erfolg ist der Standort und womit Sie Ihre Kübelpflanzen verwöhnen. Gönnen Sie ihnen Beinwell- und Brennnesseljauche und Sie werden – auch wenn diese Jauchen empfindlichen Nasen sehr zuwider sind – mit fulminanten Ernteergebnissen belohnt werden.

Arbeitskalender für das Planbeispiel „Frühgemüsegarten"

Monat	Arbeit
Februar	Kübelpflanzen an warmen Ort vorziehen – Saatkartoffeln vorkeimen – Beetfläche bearbeiten.
März	Möhren/Karotten säen – Zwiebeln/Schalotten stecken – Radieschen/Salat zwischen Möhren und Zwiebeln säen – Kartoffelbeet vorbereiten und mit Folie bedecken, eventuell erste Kartoffeln setzen – Rhabarber pflanzen
April	Kartoffeln pflanzen – Kohl/Fenchel aussäen – Erbsen säen, eventuell Rankhilfe aufstellen – Kübelpflanzen ins Frühbeet/Gewächshaus übersiedeln – Küchenkräuter säen
Mai	Mais säen – bei den Kartoffeln die Folie entfernen, die Pflanzen bearbeiten und Dicke Bohnen in die Kartoffelreihen säen – Radieschen ernten – Salat vereinzeln – Erbsen durchpflücken – eine Kürbispflanze auf den Kompost pflanzen – Unkraut jäten und auf Schädlinge achten
Juni	Erste Kartoffelernte, Möhren/Karotten vereinzeln – Salat ernten – Kohlvarietäten verpflanzen – Buschbohnen, Rote Beete, Portulak, Mangold/Spinat in frei gewordene Beetfläche säen – Unkraut jäten und auf Schädlinge achten
Juli	Kartoffeln ernten – Möhren/Karotten ernten – Salat ernten – Erste Schalotten ernten – Kohlrabi ernten – Zwiebelschloten von Zwiebeln, die nicht zu groß werden sollen, umtreten – Buschbohnen, Rote Beete, Portulak, Mangold/Spinat in frei gewordene Beetfläche säen – im Juni ausgesäte Gemüse vereinzeln – Kübelpflanzen ernten – Erbsenreihe räumen – Unkraut jäten und auf Schädlinge achten
August	Rettich, Endivien, Herbstrüben, Portulak und Gartenmelde auf frei gewordene Beetfläche aussäen und feucht halten – Kübelpflanzen ernten – Rote Beete, Buschbohnen, Spinat und Mangold ernten – Möhren ernten – Zwiebeln und Schalotten bündeln und an einem luftigen, trockenen Ort nachtrocknen

Tomaten eignen sich gut als Kübelpflanzen.

Johannisbeertomaten

Gießen Sie jedoch nicht zu reichlich. Staunässe führt zum Faulen der Wurzeln. Dies hätte das Absterben der Kübelpflanzen zur Folge. Und bedenken Sie: Ein Kübel ist immer nur ein Kübel. Kübel können einen richtigen Nutzgarten nicht ersetzen.

Kann ein Kübel einen naturnahen Standort erhalten, wird er ausreichend mit Feuchtigkeit versorgt und weist er eine nahrhafte Pflanzenerde auf, werden sich die Pflanzen relativ gut und kräftig entwickeln, was dem Ernteertrag sehr dienlich ist.

Kübel auf Balkonen stellen für den „Kübel-Gärtner" eine Herausforderung dar. Führt kein Weg am Balkongarten vorüber, sei dem Einsteiger ans Herz gelegt, sich vorerst der bewährten Sorten, wie Tomaten und Paprika oder verschiedenen Kräutern, zu widmen. Auf diese Weise können Sie sich wunderbar das erforderliche praktische Wissen aneignen.

Zwei Möglichkeiten des Bepflanzens

Sie können Ihre Kübel durch Stecklinge bepflanzen oder das Gemüse mittels Samen in die Erde bringen. Als Kübel eignet sich jedes Gefäß, das im unteren Boden ein genügend großes Loch hat, damit Staunässe nicht entstehen kann. Metallgefäße, die nicht beschichtet sind und rosten, eignen sich nicht.

Für die Aussaat benötigen Sie, außer Gemüsesamen und einem relativ großen Kübel, guten Erdboden. Befüllen Sie den Kübel mit diesem Erdboden und lassen Sie die Erde einige Tage absetzen.

Nach drei bis vier Tagen können Sie die Samen in die Erde geben. Drücken Sie die Samen leicht an und befeuchten Sie den Erdboden. Der Erdboden darf nicht austrocknen. Die Pflanzen – auch die Samen – reagieren negativ auf einen ständigen Mangel an Feuchtigkeit.

In Afrika kultivieren Menschen Gemüse in Sisalsäcken. Hierfür werden Säcke mit Erde gefüllt. Die Säcke werden mehrfach gelöchert. In diese Löcher werden die Samen der Gemüse gesteckt. Die Säcke stehen vor den Hütten und bilden schon bald einen Kranz verschiedener Blätter.

Falls Sie diese Methode ausprobieren möchten, empfehle ich als Gemüse Mangold, Kartoffeln, Kopf-

Genug der Theorie: Der Planung folgt die Tat

salat, Kohlrabi. Diese Gemüse kommen mit weniger Feuchtigkeit gut zurecht. Allerdings darf die Erde im Sack auch nicht gänzlich austrocknen. Am besten kombinieren Sie den Gemüsesack mit der Gießvorrichtung auf Seite 207 und halten den Erdboden so ständig feucht.

> Die Erde im Sack oder Kübel darf nie ganz austrocknen.

> Sollen Kübel mit Gemüsepflanzen versehen werden, eignen sich für den Einsteiger: Andenbeere, Heidelbeere (bei der Heidelbeere eine saure Rhododendronerde benutzen), Kohlrabi, Kopfsalat, Paprika, Peperoni, Tomaten, Zucchini.

Schwieriger sind in der Kübelkultur: Aubergine (im Garten ist die Kultur wesentlich ertragreicher), Erdbeeren, Gurken, Kartoffeln, Stangenbohnen oder rankende Erbsen (zum Begrünen des Balkons).

Falls Sie Kübel mit Stecklingen bepflanzen möchten, empfehle ich Ihnen Pflanzen im Fachhandel zu erwerben. Es besteht die Möglichkeit, einige Pflanzen auch in Ampeln zu kultivieren. Wie bei den Pflanzenkübeln auch ist bei den Ampelbepflanzungen ebenfalls dafür zu sorgen, dass der Erdboden die richtige Qualität und genügend Feuchtigkeit aufweist.

Für Ampelbepflanzungen eignen sich: Die Wildtomate – Johannisbeertomate – eignet sich gut für die Kultur in einer Ampel. Jedoch sind für eine reiche und fortwährende Ernte reichlich Feuchtigkeit und ein nahrhafter Boden erforderlich.

Da die Pflanze auch in einer Ampel stattliche Ausmaße erreichen kann, sollte sie ab einer bestimmten Größe auch in der Ampel ein wenig gestützt werden.

Je nach Standort kann dies mit festen Stützen, wie Bambusstäben oder Ähnlichem, oder mit Seilen geschehen. Denken Sie bei der Verwendung von Bindematerial daran, dass dies nicht die Pflanzenteile abschnürt oder abschneidet.

Rankende Erdbeeren, im Fachhandel erhältlich, sind ein toller Blickfang. Allerdings zahlt sich der Preis für die Anschaffung nicht im Ertrag aus. Wer Erdbeeren gern auf dem Balkon kultivieren möchte, sollte einen Balkonkasten mit ganz normalen, im Fachhandel erhältlichen Erdbeerpflanzen bepflanzen.

Kräuter können sowohl in Kübeln als auch in Ampeln kultiviert werden.

Wildtomaten

> Empfehlenswert für den Einsteiger sind die kleinwüchsigen Kräuter wie Petersilie, Schnittlauch, Oregano, Basilikum. Doch auch Dill, Brennnessel, Taubnessel, Pfefferminze, Lavendel und Zitronenmelisse können gut in Kübeln kultiviert werden. Entscheidend sind die Wahl des richtigen Standortes und des Bodens.

Bitte informieren Sie sich darüber im speziellen Kräuterteil auf S. 197.

Der Küchengarten für den Anfänger

Empfohlene Größe für einen 1–4 Personenhaushalt: 100–200 m²

> Empfohlene Gemüse:
> - alle Gemüse, die gern verzehrt werden
> - meistgebrauchte Küchenkräuter
> - Beerenobst
> - Dauerkulturen

Pro: Vielfalt pur! Ein Meer an Gemüse, Kräutern und Blumen (wenn Sie das wollen). Bietet dem Gourmet alle Möglichkeiten, seinen Neigungen nachzugehen. Während der gesamten Vegetationsperiode sind ständig saisonale Gemüse, Kräuter und Beerenobst vorrätig. Pilz- und Spargelkultur kann integriert werden. Außerdem gibt es reichlich Platz zum Ausprobieren neuer Gemüse. Selbst Obstbäume können wunderbar in einen Küchengarten integriert werden.

Contra: Einen Küchengarten zu betreiben ist mit Arbeit verbunden und bedarf bereits eines umfangreichen Wissens. Außerdem sind Investitionen nötig: Frühbeet/Gewächshaus sollten Bestandteil des Küchengartens sein. Der Kompost ist unverzichtbar. Für den Anfänger empfiehlt es sich, eine gründliche Planung durchzuführen. Wasser- und Stromanschluss sollten vorhanden sein und wenigstens eine Regentonne für das Gießwasser.

Gemüseauswahl

> Salat (Kopfsalat, Eisbergsalat, Spargelsalat, Radicchio, Chicorée, Endivien, Eichblattsalat, Lollosalat) Radieschen, Sellerie, Spinat, Mangold, Gartenmelde, Grünkohl, Mais, Möhren/Karotten, Pastinaken, Gurken (Gewächshausgurken), Freilandgurken (Nostranogurken, Einlegegurken), Rettiche, Sommerrettiche, Winterrettiche, Schwarzwurzeln/Haferwurzeln, Tomaten (*Solanum lycopersicum*), Ochsenherz, Cherrytomaten, Fleischtomaten, Perettitomaten, Rispentomaten), Kohlrabi (Gigant-, Schmelz-, Bodenkohlrabi), Kohlvarietäten (Blumenkohl, Weißkohl, Rotkohl, Rosenkohl, Wirsing, Brokkoli), Zwiebeln/Schalotten, Porree, Kartoffeln (Früh- bzw. Spätkartoffeln), Knoblauch, Hülsenfrüchte (Buschbohnen, Stangenbohnen, Auskernbohnen, Erbsen, Dicke Bohnen, Spargelerbsen)
>
> *Empfohlene Kräuter:* Basilikum, Bohnenkraut, Borretsch, Dill, Kresse, Liebstöckel, Majoran, Petersilie, Pfefferminze, Salbei, Schnittlauch
>
> *Empfohlene Dauerkulturen:* Erdbeeren, Rhabarber, Spargel (grün), Topinambur, Meerrettich
>
> *Empfohlenes Beerenobst:* Andenbeeren, Johannisbeeren, Stachelbeeren

Jetzt wird es interessant: Freuen Sie sich auf unvergessliche Momente. Orientieren Sie sich bitte zuerst im vorliegenden Buch, doch dann werfen Sie bitte zusätzlich einen inspirierenden Blick in die Kataloge der Saatgutunternehmen. Besonders raffinierte Gemüse finden Sie bei den Außenseitern (siehe Anhang). Bevor Sie sich an das Werk machen und eine zu großzügig bemessene Fläche planen, überdenken Sie Ihr Wissen und die Zeit, die Sie investieren wollen. Ein Garten ist wie eine Wiese, überall wächst und gedeiht etwas.

> Ein Blick in die Kataloge der Saatgutfirmen kann sehr inspirierend sein.

> Ein hoher Wassergehalt im Gemüse (Gurken, Tomaten, Eisbergsalat) bedeutet einen hohen Wasserbedarf der Gemüse – sprich: vermehrte Gießarbeit ist erforderlich.

Außerdem verlangen bestimmte Kulturen mehr Zeitinvestition als andere: Blumenkohl muss beispielsweise anders behandelt werden als Weißkohl, Porree und Sellerie entwickeln sich ebenfalls nur optimal, wenn sie eingehend gepflegt werden. Orientieren Sie sich bitte an der Tabelle auf Seite 118. Überlegen Sie, was Sie ernten wollen; die Nachbarn nehmen zwar immer gern dankbar den Überschuss an, doch man sollte diese Form der Nettigkeit nicht übertreiben. Außerdem überdenken Sie, dass in den Monaten ab Ende Mai bis Anfang August ein wahrer Ernteregen auf Sie niedergehen wird, wenn Sie zu viel Samen auf einmal in die Erde geben. Weniger ist wirklich mehr. Säen Sie am besten in wöchentlichem Turnus.

> Bedenken Sie, dass ab Ende Mai bis Anfang August ein wahrer Ernteregen auf Sie niedergeht.

Planbeispiel Küchengarten (100 m²)
Typus: Reihenaussaatgarten im Zwischenfruchtanbau

Größe:	10 x 10 m
Gewächshaus/Frühbeet:	2 x 2 m
Kompost:	1,5 x 2 m
Regentonne:	1 x 1 m
Weg:	17 x 0,6 m
Weiterer Platzverlust durch:	
Beerenobstanpflanzung	8 x 1,5 m
Erdbeerreihen	8 x 0,8 m
Rhabarber	1 x 1 m
Kräuterbeet	3 x 3 m
Die Gemüseanbaufläche beträgt zirka 50 m².	

Empfohlene Gemüse (plus Saatgutbedarf):

Kartoffeln
    Frühkartoffeln 50 Stück (etwa 3 kg)
    Späte Sorte 25 Stück (etwa 1,5 kg)

Fortsetzung auf der nächsten Seite

3 Pck Salatvarietäten
2 Pck Möhren/Karotten
3 Pck Radieschen
1 Pck Kohlrabi
2 Pck Kohlvarietäten
Schalotten/Zwiebeln – etwa 300 g Steckzwiebeln
Porree
Gewächshausgurken
2 Pck Freilandgurken
Tomaten/Aubergine/Paprika
1 Pck Pastinaken
Je 1 Pck Schwarzwurzeln/Haferwurzeln
1 Pck Zucchini

Nachbau-Gemüse
2 Pck Buschbohnen
1 Pck Dicke Bohne
1 Pck Mangold (oder Spinat/Melde)
2 Pck Kohlvarietäten
1 Pck Endivien
1 Pck Rote Beete
1 Pck Rüben
2 Pck Rettiche
1 Pck Mais
Salatvarietäten

Empfohlene Kräuter
Petersilie, Dill, Bohnenkraut, Liebstöckel, Schnittlauch

Empfohlenes Beerenobst
Andenbeere, Stachelbeere, Johannisbeere, Erdbeere

Bestellbeispiel der Gemüsefläche zwischen Beerenobstanpflanzung und Kompost

Aussaatzeitpunkt je nach Region etwa Mitte/Ende März bis Anfang April
1. Reihe Möhren/Karotten (Nantaisemöhre) – dichte Aussaat (etwa je cm 1 Samen). In die 1. Reihe zusätzlich in dünner Aussaat Radieschen (etwa alle 4 cm ein Samenkorn).
2. Reihe Steckzwiebeln/Schalotten
3. Reihe Möhren für Saft o. Ä. – mitteldichte Aussaat (etwa alle 5 cm 1 Samen) In die 3. Reihe zusätzlich in dünner Aussaat Radieschen (etwa alle 4 cm ein Samenkorn).
4. Reihe Steckzwiebeln/Schalotten
5. Reihe Möhren Pariser Karotte
6. Reihe Kohlvarietäten/Knollenfenchel

7. Reihe Erbsen/Zuckererbsen und Markerbsen
8. Reihe – nach dem Weg – Salat (siehe Grafik S. 102)

Bestellbeispiel der Gemüsefläche beim Gewächshaus

Aussaatzeitpunkt je nach Region etwa Mitte/Ende März bis Anfang April
1. Reihe – außen – Schwarzwurzeln/Haferwurzeln
2. Reihe Pastinaken
2 Reihen Kartoffeln/spät
5. Reihe Frühkartoffeln
6.–7. Reihe Erdbeeren, und zwar 1 Reihe einmaltragende Erdbeeren und 1 Reihe immertragende Erdbeeren

Ernteertrag

Der Ernteertrag, den Sie von etwa 55 m² Gartenland gewinnen können, ist erstaunlich (die Mengenangaben sind als Zirka-Werte zu verstehen):

50 kg Kartoffeln, davon 30 kg Frühkartoffeln (ca. 300 Stück)	
10 kg Möhren und Karotten	(ca. 100 Möhren)
7 kg Kopfsalat	(ca. 35–45 Stück)
2–3 kg Radieschen	(ca. 15 Bund)
2–3 kg Rettiche	(ca. 20 Stück)
5 kg Kohlrabi	(ca. 20 Stück)
6–10 kg Buschbohnen	(ca. 13–20 Gerichte für 4 Personen)
1 kg Dicke Bohnen	(ca. 4 Suppengerichte für 4 Personen)
2 kg Zwiebeln	
2 kg Schalotten	
30–50 kg Kohl	(ca. 20–60 Gerichte für 4 Personen)
2 kg Knollenfenchel	(ca. 4–8 Gerichte für 4 Personen)
3–4 kg Zuckermaiskolben	(ca. 15–20 Kolben)
4–7 kg Rote Beete	(ca. 3 Stück etwa 1 kg)
8–20 kg Mangold	(etwa 1 kg pro Gericht)
10–15 kg Pastinaken	(ca. 15–30 Gerichte für 4 Personen)
5–10 kg Schwarzwurzeln/Haferwurzeln	
4–10 kg Freilandgurken	
5–10 kg Zucchini	
Beerenobst individuell	
8–10 kg Erdbeeren (im zweiten Jahr – im ersten Jahr geringer Ertrag)	
Kürbisse (falls der Kompost sich bepflanzen ließ)	
Gewächshausgurken und Tomaten/Aubergine/Paprika	
Und: Erbsen, Endivien, Herbstrüben, Mairüben … Kräuter	

Ende März sollte Stroh in die Erdbeerreihen eingebracht werden.

Mit den (Früh-)kartoffeln, den Tomaten, Zucchini, Paprika, Auberginen und Andenbeeren verfahren Sie so, wie es im Kapitel „Der Frühgemüsegarten für den Einsteiger" auf S. 95 beschrieben ist. Das Gleiche gilt für Radieschen, Möhren/Karotten, Salat, Zwiebeln und Schalotten.

Die Pastinaken werden ähnlich den Buschbohnen am effektivsten in Abständen gesät. Legen Sie hierfür 2–3 Samen pro Pflanzstelle in 15 cm Abstand in die Reihe. Es schadet nichts, wenn Sie die Pastinakenreihe ebenfalls durch das Hinzufügen einiger Radieschen- oder Salatsamen – in die Abstände zwischen den Pastinakensamen – frühzeitig „sichtbar" machen.

Ende März/Anfang April können die Schwarz- und Haferwurzeln gesät werden. Säen Sie nicht zu dicht. Für schwere Böden empfehle ich die ausschließliche Verwendung der Haferwurzel: sie wurzelt nicht so tief in das Erdreich und erleichtert dadurch die Ernte erheblich.

Die Erdbeeren müssen ab etwa Mitte März vom Unkraut befreit werden. Danach ist die richtige Zeit, das Stroh zwischen den beiden Reihen auszubringen. Wenn die Pflanzen blühen, dürfen sie nicht mehr bearbeitet werden, da sie sonst keine Früchte entwickeln!

Anfang April werden die Erbsen gesät. Hohe Sorten bedürfen einer Rankhilfe, die erst bei beginnender Entwicklung kräftiger Pflanzen aufgestellt werden braucht. Versuchen Sie mehrere Sorten.

> Falls Sie sich noch keine Erdbeerpflanzen besorgt haben, wird es jetzt Zeit. Erdbeeren müssen, wenn im August des Vorjahres kein Erdbeerbeet angelegt wurde, im April gepflanzt werden.

Gegen Erdflöhe hilft das Miteinsäen von Senfsaat.

Säen Sie Mitte April Kohl, Kohlrabi und Fenchel grundsätzlich nur in einen abgetrockneten Boden. Gegen Erdflöhe hilft das Miteinsäen von Senfsaat. Jedoch empfehle ich dem Nichtversierten anstelle des Senfes eine sehr dichte Aussaat des Kohls: viele junge Kohlpflanzen werden so nicht befallen (natürliche Selektion).

Mitte April sollten die Radieschen in den Möhren- und Pastinakenreihen geerntet werden.

> Übrigens sind immer Pflanzen darunter, die keine Wurzelverdickung bilden! Diese Pflanzen kann man schon im Jugendstadium gut daran erkennen, dass sie im Gegensatz zu den anderen einen langen Spross bilden, der den Eindruck erweckt, dass die Blätter die ganze Energie aus der Wurzel ziehen. Diese Pflanzen gehören auf den Kompost.

Genug der Theorie: Der Planung folgt die Tat

Plan eines Küchengartens Ende März

Ab Juni können Erbsen bereits geerntet werden.

Die Erbsen können – je nach Sorte – bereits im Juni geerntet werden. Sobald die Pflanzen im mittleren Bereich erste gelbe Blätter aufweisen, können die mittlerweile kräftigen Pflanzen aus der dicht gesäten Kohl- und Kohlrabireihe mittelbar davorgepflanzt werden. Erbsen und Kohl sind die optimale Mischung. Beim Auswählen des Umpflanzgutes darauf achten, dass die am besten entwickelten Pflanzen unbeschadet – manchmal hebt man die Nachbarpflanzen versehentlich mit an – im Erdreich verbleiben; also die Selektion anders betrieben wird: Die Besten bleiben im Beet. Schadhafte Pflanzen, die beispielsweise beim Unkrautjäten mit einer Hacke verletzt wurden, werden entfernt und auf dem Kompost entsorgt. Auf diese Weise entstehen bereits im Juni zwei Reihen für Kohl, Kohlrabi und Fenchel.

Die Möhren/Karotten werden bei Bedarf ab Ende Juli geerntet; sie werden ausgedünnt, damit sich zwischen den Pflanzen die Abstände vergrößern und die Wurzeln sich optimal ausdehnen können. Sollen für den Herbst stärkere Exemplare – bis 1 kg Gewicht möglich – für Salat oder Saftgewinnung erzielt werden, muss dementsprechend beim Vereinzeln selektiert werden (Selektion der Möhren: siehe Seite 101).

> **Mein Rat**
>
> Das Umpflanzen der Gemüse gelingt problemlos, wenn dies während einer Regenperiode geschieht. Jedoch sollte der Erdboden nicht zu sehr kleben. Außerdem sollte nach Möglichkeit abends umgepflanzt werden.

Ende April/Mitte Mai sollten die Kartoffeln letztmalig bearbeitet werden. Entfernen Sie das Beikraut und häufeln Sie die Kartoffeln an, als ob sie Spargel wären – nur nicht so groß. Um besonders großwüchsige Exemplare zu erzielen, stecken Sie nach dem Häufeln rechts und links in die Sohle der Kartoffelbänke zu jeder Pflanze einen Samen der „Dicken Bohne". Bei aller Sympathie für große Kartoffeln: Bedenken Sie, dass Sie wahrscheinlich nicht nur „Pommes-Kartoffeln" ernten wollen – guter Kartoffelsalat zum Beispiel bedarf mittelgroßer Kartoffeln.

Ab etwa Mitte Juni kann mit der Ernte der Frühkartoffeln begonnen werden. Ernten Sie, wenn Sie Kartoffeln verwenden wollen; es macht nichts, dass das Kartoffelkraut noch grün ist – die im Erdboden verbleibenden Kartoffeln wachsen weiter. Sind Sie mit der Größe der Frühkartoffeln zufrieden, können Sie ein paar Kartoffelpflanzen mehr, als für den Verbrauch nötig ist, ausgraben. So schaffen Sie Platz für weitere Gemüse.

Bevor Sie den Platz neu einsäen oder bepflanzen, arbeiten Sie den Boden gut durch.

Mitte Mai sollten die Kartoffeln letztmalig bearbeitet werden.

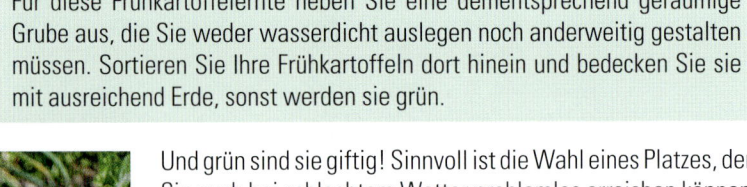

Für diese Frühkartoffelernte heben Sie eine dementsprechend geräumige Grube aus, die Sie weder wasserdicht auslegen noch anderweitig gestalten müssen. Sortieren Sie Ihre Frühkartoffeln dort hinein und bedecken Sie sie mit ausreichend Erde, sonst werden sie grün.

Herbstrüben werden auf den Ende Juli abgeernteten Flächen ausgesät.

Und grün sind sie giftig! Sinnvoll ist die Wahl eines Platzes, den Sie auch bei schlechtem Wetter problemlos erreichen können. Verfahren Sie auch derart, wenn im Herbst eine Regenperiode die Ernte der Kartoffeln unnötig erschweren würde. Schadhafte Kartoffeln dürfen jedoch nicht derartig zwischengelagert werden, da sie faulen könnten.

Die letzten Gemüse werden Juli/August auf der abgeernteten Fläche ausgesät. Dies sind Endivien, Rettiche, Herbstrüben, Pflücksalat, Gartenmelde und bis in den Oktober hinein der Feldsalat. Eine Aussaat der Gemüse im Juli/August ermöglicht eine fortlaufende Ernte bis zum Frosteintritt. Jedoch fällt die Erntemenge deutlich geringer aus als bei einer Aussaat im Frühling.

Genug der Theorie: Der Planung folgt die Tat

> **Das sollten Sie beachten!**
>
> Eine Grundregel im Umgang mit den Kartoffeln ist zu beachten: Sobald die Blühphase einsetzt, dürfen Kartoffeln nicht mehr bearbeitet werden. Beim Ernten der Frühkartoffeln darauf achten, dass die Dämme der späteren Sorte unversehrt bleiben.

Mehrere Gemüse im „Experimentierbereich" eines Feldes:
1 = Rote Rübe,
2 = Buschbohnen,
3 = Möhren/Karotten.
Daneben werden Zwiebeln, Kartoffeln und Kohlrabi gepflanzt.

Planen Sie Ihren Küchengarten ruhig etwas großzügiger. Falls Sie die Fläche verdoppeln können, können Sie von einem deutlich höheren Ernteertrag profitieren.

> Pflanzen Sie jedoch nur Gemüse, die auch gern verzehrt werden, und entscheiden Sie sich für jene Gemüsearten, die sich gut und lange lagern lassen.

Wichtig ist auch zu bedenken, dass in den Monaten Juni bis August sehr viele Gemüse im Überfluss zu ernten sind. Planen Sie auf einer größeren Fläche Gemüse, das später reifen und verzehrt werden kann.

Bei einem höheren Platzangebot erhöhen Sie das Platzangebot für Kartoffeln. Pflanzen Sie neben der frühen und der späten Sorte mindestens zwei oder mehr Delikatesskartoffelsorten, zum Beispiel Kipfler, „Le Ratte" oder „Bamberger Hörnle" sowie ein bis zwei farbige Kartoffelsorten. Besonders attraktiv sind die buntfleischigen Sorten. Es gibt Kartoffeln mit intensiv gefärbter Fleischfarbe. Eine gute blaufleischige Sorte heißt „Blue Kongo" oder „Blaue Mauritius". Neben den blaufleischigen Sorten gibt es natürlich auch eine Sorte, die ein rotes Fleisch aufweist. Ihr Name lautet „Red Cardinal" und sie stammt aus Schottland.

Während die späteren Kartoffelsorten erst aufgehen, haben die früheren Sorten bereits stattliche Horste entwickelt.

Arbeitskalender für das Planbeispiel „Küchengarten"

Monat	Arbeit
Februar	Kübelpflanzen an warmen Ort vorziehen – Saatkartoffeln vorkeimen – Beetfläche bearbeiten.
März	Möhren/Karotten säen – Zwiebeln/Schalotten stecken – Pastinaken säen – Haferwurzel säen – Radieschen/Salat zwischen Möhren, Pastinaken und Zwiebeln säen – Petersilie kann in den Boden – Kartoffelbeet vorbereiten und mit Folie bedecken – unter günstigen Bedingungen eventuell schon einige Kartoffel pflanzen und gut mit Folie bedecken – Rhabarber pflanzen
April	Alle Kartoffeln pflanzen – Kohlvarietäten und Fenchel aussäen – Erbsen säen, eventuell Rankhilfe aufstellen – Schwarzwurzeln säen – Kübelpflanzen ins Frühbeet/Gewächshaus übersiedeln – Küchenkräuter säen
Mai	Mais säen – bei den Kartoffeln die Folie entfernen, die Pflanzen häufeln und Dicke Bohnen in die Kartoffelreihen der fertigen Dämme säen – Radieschen ernten – Salat vereinzeln – Zwiebeln/Schalotten vereinzeln – Erbsen durchpflücken – nach den Eisheiligen eine Kürbispflanze auf dem Kompost und die Zucchini an einem sonnigen Standort pflanzen – Unkraut jäten und auf Schädlinge achten
Juni	Erste Kartoffelernte – Möhren/Karotten vereinzeln – Salat ernten – Kohlvarietäten verpflanzen – Buschbohnen, Rote Beete, Portulak, Mangold/Spinat in frei gewordene Beetfläche säen – Unkraut jäten und auf Schädlinge achten
Juli	Kartoffeln ernten – Möhren/Karotten ernten – Salat ernten – Zwiebeln/Schalotten verziehen – Kohlrabi ernten – Zwiebelschloten von Zwiebeln, die nicht zu groß werden sollen, umtreten – erste Buschbohnenernte – Rote Beete vereinzeln – Spinat vereinzeln – Buschbohnen, Rote Beete, Mangold/Spinat in frei gewordene Beetfläche säen – Kübelpflanzen ernten – Erbsenreihe räumen – Unkraut jäten und auf Schädlinge achten
August	Rettich, Endivien und Gartenmelde auf frei gewordene Beetfläche aussäen und feucht halten – Kübelpflanzen ernten – Rote Beete, Buschbohnen, Spinat und Mangold ernten – Möhren ernten – Zwiebeln und Schalotten bündeln und an einem luftigen, trockenen Ort nachtrocknen – Zeit zum Anlegen eines Erdbeerbeetes

Genug der Theorie: Der Planung folgt die Tat

Rotschalige Sorten gibt es mehrere. Die farbigen Kartoffeln haben den Vorteil, dass sie sich nicht grün verfärben, wenn sie einmal einige Tage an der Oberfläche des Kartoffelbeetes liegen. Diese Spezialitätensorten eignen sich ausschließlich zum Garen in der Schale. Nach dem Garen können aus den farbigen Sorten Pürees bereitet werden, die, angerichtet mit dem Püree gelbfleischiger Sorten, wunderbare Dekorationsmöglichkeiten auf dem Teller bieten.

> Ein größerer Nutzgarten bedeutet auch Platz für Platzfresser wie Blumenkohl oder Romanesco. Mit einem Mehr an Platz könnte auch ein Beet für Kürbisse geschaffen werden. Kürbisse lassen sich gut lagern und sind darüber hinaus absolut vielseitig in der Verwendung.

Denken Sie – falls Sie nicht zu den eingefleischten Kürbisanbetern gehören – an die Möglichkeit, den „Ölkürbis" im Nutzgarten zu kultivieren. Der Ölkürbis liefert die Samen, die körnige Frühstücksbrötchen und Kürbiskernbrot so delikat machen. Lassen Sie den Ölkürbis aber bis zum Frostbeginn im Freien. Dann werden die Kerne geerntet, indem der Ölkürbis aufgeschlagen wird. Die schalenlosen Kürbiskerne gründlich waschen und auf einem Tuch im Freien trocknen. Vergessen Sie bitte nicht, die Kerne alle 3–5 Tage zu wenden.

Auf einer zusätzlichen Fläche von 100 m² können Sie zum Ernteertrag aus dem **Planbeispiel Küchengarten 100 m²** zusätzlich ernten:

Neben den gelben Kartoffelsorten gibt es auch andersfarbige (oben).

Reifer Ölkürbis (unten)

Neues Platzangebot für Kürbis (2 m²/Pflanze) sowie Dauerkulturen wie Meerrettich (etwa 2 m²) und Gemüse auf einer Fläche von 10 x 8 m

1 Kräuterbeet 1 m breit	
1 Reihe Blumenkohl/Romanesco (50 cm breit)	= 15 Pflanzen
1 Reihe Rosenkohl 60 x 60	= 13 Pflanzen
1 Reihe Grünkohl 50 x 50	= 16 Pflanzen
1 Reihe Ölkürbis	= 4 Pflanzen
2 Reihen Spezialitätenkartoffeln	= 50 Stück

1 Reihe Späte Sorte Kartoffeln	= 25 Stück
1 Reihe Tomaten	= 10 Pflanzen
1 Reihe Paprika	= 16 Pflanzen
1 Reihe Aubergine	= 13 Pflanzen
1 Reihe Freilandgurken	= 8 x 3 Pflanzen
1 Reihe Erbsen	= 150 Pflanzen

Ernteertrag von der Zusatzfläche

Verschiedene Kräuter, auch zum Tiefgefrieren	
15 Stück Blumenkohl à 500 g	ca. 15 Gerichte
13 x 0,8 kg Rosenkohlrosen	ca. 20 Gerichte
16 x 1 kg Grünkohl	ca. 30 Gerichte
50 x 0,8 kg Spezialitätenkartoffeln	ca. 40 Kilogramm
25 x 1 kg Kartoffeln, spät	ca. 25 kg
10 x 5 kg reife Tomaten	ca. 50 kg
16 x 2 kg Gemüsepaprika	ca. 30 kg
13 x 2 kg Aubergine	ca. 25 kg
Gurken 16 m²	ca. 35 kg
Ölkürbiskerne	ca. 1,5 kg
Erbsenernteertrag variabel in Körnern oder Schoten, grün oder trocken	

Die Ertragsangaben sind lediglich als Anhaltspunkt zu verstehen und können deutlich vom erzielten Ergebnis im eigenen Nutzgarten abweichen. Zusätzlich sollten Zwiebeln, Knoblauch und andere bevorzugt gebrauchte Gemüse auf freie Plätze gepflanzt werden.

Denken Sie auch daran, einen Nebenweg zur zusätzlichen Fläche anzulegen.

Mein Rat

Nebenwege können problemlos durch Auflegen von Stroh geschaffen werden. Bei Verschmutzung nach ergiebigen Niederschlägen wird einfach eine neue Lage Stroh aufgelegt.

Finanzielle Aspekte

Die Bewirtschaftung eines großen Nutzgartens, auch ohne Betreiben der Selbstversorgung, würde sich auf jeden Fall finanziell positiv auswirken; ausgehend von Zirka-Preisen wie etwa:

Blumenkohl, Stück	ab 1 Euro
Netz Rosenkohl, à 500 g	etwa 0,70 Euro
Spezialitätenkartoffeln, per Kilo	etwa 3,50 Euro
Tomaten, per kg (Hauptsaison)	ab 1 Euro
Tomaten, per kg (Nebensaison)	ab 2 Euro
Gemüsepaprika, per kg	ab 1,50 Euro
Aubergine, per kg	ab 1,50 Euro
Einlegegurken, per kg (Hauptsaison)	ab 2,00 Euro
Einlegegurken, Senfgurken	nicht erhältlich!
Zuckererbsenschoten, per 500 g	ab 3,00 Euro

Für die meisten, im Fachhandel erhältlichen Jungpflanzen bezahlt man derzeit etwa 0,10 Euro per Stück. Die Preise für Jungpflanzen von Tomaten/Paprika/Aubergine schwanken per Jungpflanze zwischen 1,00 Euro bis 4,00 Euro.

Es lohnt also auch die Vorkultur bei:

- Tomatenpflanzenanzucht – normale Sorten für Salat- oder Ketchupbereitung
- Gemüsepaprika für Frischverbrauch und Konserve
- Aubergine
- Weißkohl zu Frischverzehr und Konservierung
- Salat

Im Fachhandel sollten die Jungpflanzen bevorzugt erworben werden, die
- als Spezialitäten Verwendung finden sollen,
- in geringer Stückzahl gebraucht werden,
- problematisch in der Anzucht sind.

Der Zeitaufwand

Einen Nutzgarten zu bewirtschaften, macht definitiv viel Arbeit und raubt einen erheblichen Teil der Freizeit. Jedoch ist der zu betreibende Aufwand innerhalb der einzelnen Gemüse recht unterschiedlich.

Die nachfolgende Aufstellung soll Ihnen bei der Planung Ihres Nutzgartens mit Blick auf die Auswahl der Gemüse behilflich sein:

Hoher Zeitaufwand	
Aubergine	viel Gießen, spezielles gärtnerisches Verfahren erforderlich
Eisbergsalat	häufige Beikrautregulierung, Gießarbeit
Gurken	Gießarbeit, Düngen, Pflanzenschutzmaßnahmen
Tomaten	Gießarbeit, Düngen, spezielles gärtnerisches Verfahren erforderlich, Pflanzenschutzmaßnahmen
Kartoffeln	viel Hackarbeit, Pflanzenschutzmaßnahmen
Möhren/Karotten	viel Hackarbeit
Blumenkohl	Pflanzenschutzmaßnahmen, Düngen, Gießen
Porree	Pflanzenschutzmaßnahmen, Beikrautregulierung, spezielles gärtnerisches Verfahren erforderlich
Stangenbohnen	spezielles gärtnerisches Verfahren erforderlich

Mittlerer Zeitaufwand	
Buschbohnen	Hackarbeit
Erbsen	Hackarbeit und Kletterhilfe einrichten
Rotkohl/Weiß-kohl/Wirsing	Hackarbeit, eventuell Pflanzenschutzmaßnahmen
Rote Beete	Hackarbeit und Vereinzeln
Paprika	Hackarbeit, eventuell spezielles gärtnerisches Verfahren erforderlich
Kürbisse	Gießarbeit, Beikrautregulierung
Zwiebeln/Schalotten	Beikrautregulierung, eventuell spezielles gärtnerisches Verfahren erforderlich
Kohlrabi	Beikrautregulierung, eventuell Gießarbeit
Kopfsalat-verietäten	Beikrautregulierung, Gießarbeit, eventuell Pflanzeschutzmaßnahmen
Rosenkohl	Düngen, spezielles gärtnerisches Verfahren erforderlich, eventuell Pflanzenschutzmaßnahmen
Sellerie	Hackarbeit, Gießarbeit

Geringer Zeitaufwand			
Möhren „Pariser Markt"		Pastinaken	Haferwurzeln
Schwarzwurzeln		Topinambur	Spargelsalat
Radieschen/Rettiche		Gemüsefenchel	Wildtomaten
Rhabarber		Grünkohl	Spinat
Feldsalat/Nüsslisalat		Mangold	Gartenmelde

Der Selbstversorgergarten

Anbauempfehlung: Jedwedes Gemüse, das gern verzehrt wird, unter Berücksichtigung der Versorgung auch über die Saison hinaus, Küchenkräuter, Tee- und Heilkräuter, Obst, Beerenobst, Blumen …

> **Merke!**
> Empfohlene Größe: mind. 100 m² pro zu versorgender Person.

Der Pro-Kopf-Verbrauch beim Verzehr von Gemüse und Obst stieg in den zurückliegenden 10 Jahren stetig an. Hingegen sank der Kartoffelverbrauch etwas. Derzeit werden pro Person im Jahr etwa 75 kg Kartoffeln, 100 kg Frischgemüse und 90 kg Frischobst verzehrt; die Mengenverhältnisse innerhalb der Gemüsesorten und der jeweiligen Landbevölkerung variieren – in Österreich werden deutlich mehr Tomaten/Paradeiser verzehrt als beispielsweise in Deutschland.

Pro: Beinahe uneingeschränkte Selbstbestimmung bei der Wahl der Nahrung; keine Behandlungen der Nahrung durch Bestrahlung oder Chemieeinsatz. Wozu Sie sich entschließen, das werden Sie ernten. Überdies wird das Erntegut den Reifegrad haben, den Sie bevorzugen. Ein solcher Garten bietet all das, was Sie sich in ausreichendem Umfang wünschen: Gemüse, Beerenobst, Pilze, Kräuter und Heilpflanzen; falls der Garten groß genug ist, auch Obst. Beinah an jedem frostfreien Tag im Jahr können Sie ernten. Sie werden konservieren und werden Lagerwirtschaft betreiben, damit auch im Winter die Selbstversorgung nicht abbricht. Dank eigener Samenvermehrung „kennen" Sie die Pflanzen Ihres Gartens, zu denen Sie einen intensiven Bezug haben werden. In einem Selbstversorgergarten können Sie sich „ausprobieren" und sehr viel Ihrer ureigenen Kreativität ausleben.

Das Erntegut wird den Reifegrad haben, den Sie bevorzugen.

Contra: Auch wenn Sie es sich zutrauen, den Selbstversorgergarten in vollem Umfang betreiben, ist das für den Einsteiger nicht empfehlenswert. Die Fülle an praktischem Wissen, das Sie sich erarbeiten müssen, wird dem Erfolg entgegenstehen.

Wenn Sie sich doch dazu entscheiden, sollten Sie „sichere" Gemüse wählen (siehe Anhang, Tabellen auf Seite 209). Außerdem weist ein Selbstversorgergarten einen hohen Platzanspruch auf, er ist sehr arbeitsintensiv; Gewächshaus, Frühbeet und Kompost sind erforderlich.

Ein hohes Maß an praktischem Wissen für den Erfolg ist maßgeblich ausschlaggebend. Das praktische Wissen sollte die Kultur der Gemüse und deren Konservierung bzw. Lagerung umfassen. Eine sorgfältige Planung bezüglich der Aufteilung und der Beetanordnung ist unbedingt erforderlich.

Das praktische Wissen sollte auch die Konservierung und Lagerung umfassen.

> **Mein Rat**
>
> Planen Sie auch Ihren Urlaub in die Gemüsesaison ein. Es nützt nichts, im Juli Bohnen zu legen, wenn Sie beispielsweise den August woanders verbringen werden.

Planbeispiel „Selbstversorgergarten" (600 m²)
Typus: Zwischenfruchtanbau

Größe:	20 x 30 m
Gewächshaus/Frühbeet:	3 x 2 m
Tomatenhaus:	4 x 1 m
Kompost:	3 x 2 m
Regentonne:	1 x 2 m
Hauptweg:	17 x 1 m
Nebenwege	

Weiterer Platzverlust durch Dauerkulturen:
Obstbäume, Beerenobstanpflanzung, Spargel, Rhabarber, Erdbeeren, Kräuterbeet, Heilkräuterbeet; Brennnessel/Beinwellecke zur Jauchenbereitung. Die Gemüseanbaufläche beträgt zirka 500 m².

Aufgeteilt in Beete kann diese Fläche ergeben:

6 Gemüse-Beete	2 x 10 m
6 Gemüsebeete	2 x 4 m
1 Erdbeerbeet	3 x 10 m
1 Spargelbeet	2 x 10 m
1 Kartoffelbeet	

> **Mein Rat**
>
> Den langen Beeten werden am besten Gemüse zugeordnet, die häufig in verhältnismäßig großer Gewichtung über einen längeren Zeitraum verwendet werden. Auf den kürzeren Beeten wachsen jene Gemüse, die schnell abgeerntet werden müssen, wie Salat oder Buschbohnen zum Frischverzehr.

Der Ernteertrag

Der Ertrag Ihres Selbstversorgergartens hängt sehr vom Wetter und von der Auswahl Ihrer Gemüse ab. Es wäre nicht seriös, Ihnen jetzt mit Zahlen imponieren zu wollen. Es gibt allerdings Größen zur Orientierung. Bitte benutzen Sie hierfür die Tabelle im Anhang auf Seite 209.

Genug der Theorie: Der Planung folgt die Tat

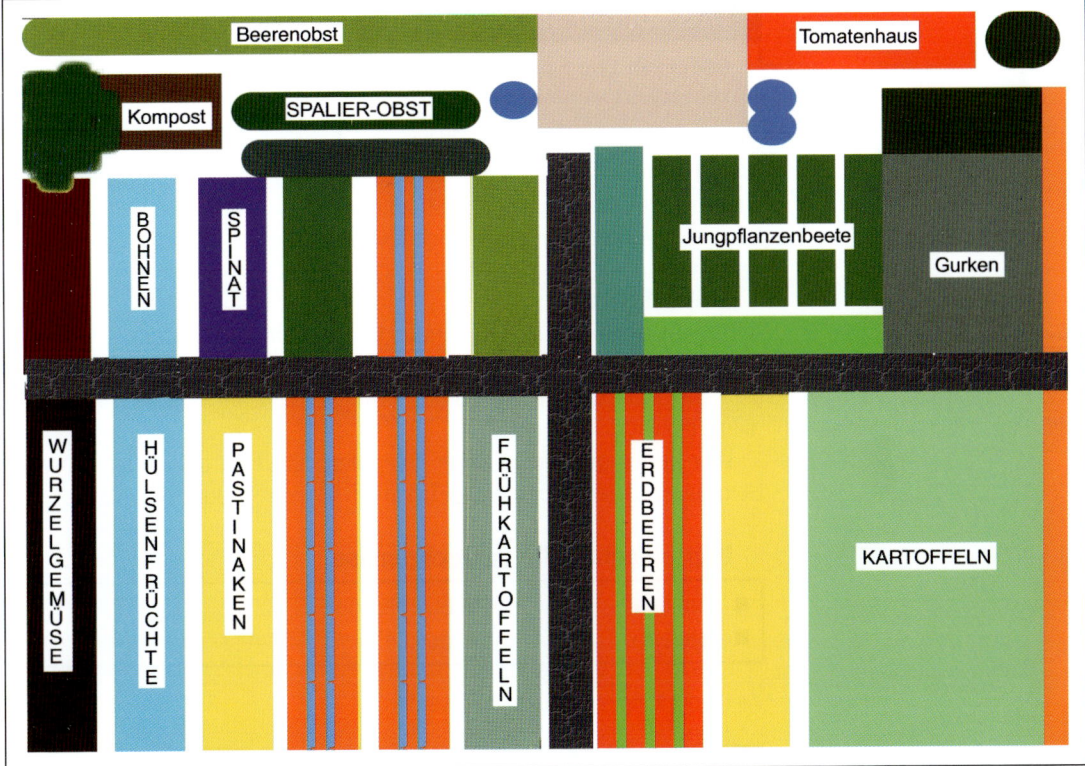

Planbeispiel eines Selbstversorgergartens (im April)

Gut vorbereitet ist der halbe Erfolg

Treffen Sie sämtliche Vorbereitungen, wie sie im „Planbeispiel Küchengarten 100 m²" bereits ausführlich beschrieben wurden. Da Sie jedoch Selbstversorgung betreiben wollen, müssen Sie nun vermehrt an die Bevorratung denken.

Mein Rat

Als Selbstversorger können Sie einen kleinen Teil Ihres großen Nutzgartens wie in dem Beispiel des „Frühgemüsegarten" anlegen. Dadurch ernten Sie im zeitigen Frühjahr schon eine große Menge frischer Gemüse, ohne die gesamte Nutzgartenfläche durchkalkulieren zu müssen. Diese Gemüse brauchen Sie noch nicht zu konservieren oder winterfest zu lagern. Frühgemüse aus dem eigenen Nutzgarten schonen den Geldbeutel erheblich.

Während die Anforderung an die Gemüsearten aus dem Frühgemüsegarten lediglich darin bestand, ausreichenden Ertrag zu bringen, müssen die Gemüse des Selbstversorgergartens neben einem befriedigenden Ertrag auch gute Lagereigenschaften aufweisen und sich überdies problemlos konservieren lassen.

Neben dem Ertrag ist bei Gemüse in einem Selbstversorgergarten auch auf gute Lagereigenschaften zu achten.

> **Das sollten Sie beachten!**
>
> Bedenken Sie, bevor Sie Saatgut erwerben, welche Gemüsesorten konserviert werden sollen. Nicht jede Sorte eignet sich für alles.

Wenn die Gefriertruhe auch mit Abstand die sicherste Art des Konservierens darstellt – außer, wenn einmal der Strom ausfällt –, so sind doch Gemüse, die in Gläser eingeweckt wurden, deutlich delikater.

Die Lagerung

Anfängern empfehlen sich Kartoffeln, Rüben, Kohl und Wurzeln – diese sind unproblematisch zu lagern. Die Lagerung im Keller ist nur dann sinnvoll, wenn der Keller nicht zu warm ist und ein günstiges Klima aufweist. Heizungskellerräume eignen sich nicht.

Der Keller sollte nicht zu warm sein und ein günstiges Klima aufweisen.

Wer keinen geeigneten Keller hat, sollte unbedingt auf die Lagerung der Gemüse im Garten zurückgreifen. Einen Teil können Sie auch einwecken.

Unproblematische Einweckgemüse

- Rote Beete
- Kohlrabi
- Buschbohnen
- Gurken

Weißkohl kann gut eingesäuert werden.

> **Das sollten Sie beachten!**
>
> Kommerzielle Einweckgläser werden allzu oft gedankenlos in dem Recyclingkreislauf zugeführt. Dabei wären diese Gläser im Privathaushalt gut zu verwenden. Selbst die Originaldeckel – sofern diese sich normal aufschrauben haben lassen – können noch mehrfach verwendet werden.

Wurde beim Öffnen eines Glases mit brachialer Gewalt gegen den Deckel vorgegangen, sollte er unbedingt ausgewechselt werden. Auch schadhafte Gläser können nicht verwendet werden. Sammeln Sie Ihre Gläser und verwahren Sie diese gut gereinigt; die Deckel sollten während dieser Zeit auf keinen Fall fest zugeschraubt werden. Falls in Ihrem Garten eine Ernte zu groß ausfällt, können Sie auf diese kostengünstigen Lagerhelfer problemlos zurückgreifen. Das trifft übrigens auch auf die Marmeladegläser zu, in denen sich Ihre selbstgekochte Marmelade wunderbar konservieren lassen wird.

Einige Gemüse sind relativ kälteresistent und können lange im Freien verbleiben:

- Rettich
- Mangold
- Spinat
- Kohl
- Salat
- Endivien
- Zwiebeln

Bedecken Sie diese Gemüse – den Kohl ausgenommen – bei Kälteeinbruch mit einer Lage Stroh. Auch Petersilie lässt sich so noch lange frisch ernten. Achten Sie unbedingt auf Schädlingsbefall. Wühlmäuse knabbern begierig die letzten Wurzeln, die sie nun noch finden können. Mäuse höhlen die Kohlköpfe aus und nutzen sie als Quartier.

Winterharte Gemüse können problemlos in der Gartenerde überwintern.

Winterharte Gemüse

- Pastinaken
- Haferwurzeln
- Topinambur
- Porree
- Grünkohl
- Rosenkohl, bis –10 °C

Achten Sie beim Überwintern dieser Gemüse auf Schädlingsbefall. Pastinaken werden zum Beispiel von Mäusen und Wühlmäusen in der kälteren Jahreszeit vollkommen ausgehöhlt, ohne dass man Notiz davon nimmt.

Beim Überwintern der Gemüse auf Schädlingsbefall achten.

Lagerung im Garten

Gäbe es die Schädlinge nicht, wäre die Lagerung im Garten eine gute, preiswerte und unproblematische Möglichkeit der Lagerung von Gemüse. Unsere bäuerlichen Vorfahren kannten die Gefahren, die vom Verlust des Saatgutes oder der Nahrungsmittel ausgingen und errichteten kleine Festungen für die Lagerung. Diese waren so konzipiert, dass Schädlinge (vor allem gefräßige Nagetiere) keine Möglichkeit fanden, an die Gemüse heranzukommen und dass im Falle eines Brandes das Feuer nicht auf die Gemüse übergreifen konnte. Oder es wurden Mieten gebaut, die aus Erde und Stroh bestanden. Damals, das war aber eine andere Zeit. Die Mieten würden wahrscheinlich auch heute noch als Überwinterungsquartier taugen, wenn diese nicht so einsam in der Gartenlandschaft auftreten würden. Die Schädlinge haben gar keine andere Wahl.

Eine eingegrabene Edelstahlwaschmaschinentrommel eignet sich gut als Lager.

Darum empfehle ich eine etwas unkonventionelle Methode der Lagerung der wertvollen Gemüse im Garten: die Edelstahlwaschmaschinentrommel. Diese bekommt man für kleines Geld in Recyclingunternehmen.

Zur Lagerung im Garten empfehle ich das Eingraben einer oder mehrerer dieser Trommeln. Durch die Beschaffenheit und den gut verschließbaren Deckel – den Sie selbstverständlich zum Eingreifen nach oben platzieren müssen – sind die

Zur Lagerung von winterhartem Gemüse eignet sich auch das Mistbeet.

Gemüse darin unerreichbar für Schädlinge. Je nach Minusgraden können die Trommeln zusätzlich mit Stroh oder Erde gegen Frosteinbruch gesichert werden. Besonders hervorragende Isoliereigenschaften weist das Herbstlaub auf. Sollten Sie die Möglichkeit haben, mit diesem Ihr Gemüse vor dem Frost zu schützen, sollten Sie dies dem Stroh auf jeden Fall vorziehen.

Auch das Mistbeet eignet sich gut zur Lagerung nicht winterharter Gemüse: Sie können die Erntevorräte darin ohne Probleme auf Befall durch Schädlinge kontrollieren.

Kohlköpfe, Kohlrabi, Porree, Rote Beete und Möhren können wunderbar im Mistbeet gelagert werden. Schlagen Sie die Wurzeln mit Erde ein. Bei Frost mit Stroh oder Laub das Mistbeet schützen. Von außen kann Erde angeworfen werden.

Spezieller Teil

Die Gemüsearten: Was Sie wissen müssen

Auf den meisten Samentüten ist in sehr übersichtlicher Form alles vermerkt, was Sie über die Kultur des gewählten Gemüses wissen sollten. Außerdem können Sie auf den Samentüten erkennen, bis zu welchem Datum das Saatgut keimfähig ist.

> **Das sollten Sie beachten!**
> Kaufen Sie kein Saatgut, dessen Keimfähigkeitsdatum bereits überschritten ist!

Die Anbauempfehlungen sollten Sie befolgen. Ferner können Sie auf den Samentüten die Samenanzahl feststellen. In der Regel sind Inhaltsangaben in Stückzahlen vermerkt. Diese Angaben sollten Sie als Einsteiger jedoch nur als Zirka-Wert verstehen: Die Erfahrung wird Sie lehren, dass die Natur grundsätzlich nicht berechenbar ist; selbst wenn sämtliche Samen aufgehen, werden daraus nicht unbedingt erntereife Gemüse.

Was fehlt, sind in der Regel die Hinweise auf die Pflanzenverträglichkeit untereinander; nicht jedes Gemüse passt in die Nachbarschaft jeden Gemüses.

Dessen ungeachtet gibt es einige Tricks, mit denen der Ernteertrag gesteigert oder die Ernte optimiert werden kann. Bei den einzelnen Gemüseporträts wird auf den Betreuungsbedarf der jeweiligen Gemüse hingewiesen. Ausgehend von einem vorbereiteten Saatbeet möchte ich mit folgenden, ergänzenden Informationen Empfehlungen zur Kultur der Gemüse geben:

Die Gemüsearten: Was Sie wissen müssen

Wurzelgemüse

Blattgemüse

Zwiebelgemüse

Hülsenfrüchte

Kohlgemüse

Fruchtgemüse

Kürbisse

Aubergine

Zuckermais

Mehrjährige Gemüse

Das Einsteiger-Beerenobst

Wichtige Beikräuter

Vorsicht Doppelgänger!

Zu guter Letzt

Aberglaube

Niedrig = wenig Arbeitsintensiv, wenig praktisches Wissen zum Gelingen der Kultur erforderlich. Derartige Gemüse eignen sich für Personen, die wenig Zeit investieren möchten, oder Personen, die noch nie Glück mit Pflanzen hatten.

Mäßig = mäßig arbeitsintensiv und wenig praktisches Wissen erforderlich; anspruchsvolle Gemüse für Personen mit wenig Zeitbudget. Außerdem verlangen diese Gemüse praktisches Wissen im Umgang mit den Pflanzen.

Hoch = hoher Arbeitsaufwand erforderlich, Gemüse bedürfen einer aufwendigen Pflege. Personen, die wenig Zeit zur Pflege der Gemüse haben, sollten diese Gemüse nur in begrenztem Umfang kultivieren. Jene, die bisher Probleme im Umgang mit Pflanzen hatten, sollten diese Gemüse mit Vorsicht kultivieren.

Sehr hoch = hoher Arbeitsaufwand und praktisches Wissen unbedingt erforderlich. Außerdem verlangen diese Gemüse viel Aufmerksamkeit. Personen, die über genügend Zeit verfügen, werden diese Gemüse mit Bravour kultivieren können.

Wurzelgemüse

Kartoffeln

Blaue Kartoffelsorten

Der Preis, der für die Knollen verlangt wird, macht den Anbau nicht interessant, zumal er seit einigen Jahren kontinuierlich sinkt; auch der Verzehr hat statistisch betrachtet deutlich nachgelassen. Dennoch kann ein Anbau im Garten ziemlich lohnend sein – die Sortenwahl ist ausschlaggebend.

Kartoffeln kommen in zahlreichen Formen und Farben vor. Es gibt buntschalige Sorten – in Finnland beispielsweise eine Kartoffelsorte, die wie Mango ausschaut – und buntfleischige Sorten. Die Fleischfarbe kann, neben den bekannten Gelbtönen, Weiß, Rot und Blau/Violett sein. Außerdem gibt es Kartoffelsorten, deren Fleisch scheckig oder gesprenkelt ist. Einige bekannte blaufleischige Sorten sind die „Blue Kongo", die „Blaue Mauritius" oder der „Blaue Schwede". Eine rotfleischige Sorte stammt aus Schottland und heißt „Red Cardinal" oder „Highland Burgundy Red". Die Farbe der blaufleischigen Sorten ist identisch mit dem Farbstoff der Heidelbeere. Dieser Farbstoff wird zur Besserung der Sehstärke, gerade bei Nachtblindheit, medizinisch eingesetzt. Es gibt zahlreiche Studien, die eine medizinische Wirksamkeit dieses Farbstoffes belegen.

Spezieller Teil

Auch Kartoffeln, die als Delikatesse gehandelt werden, zum Beispiel das „Bamberger Hörnle" oder die „Le Ratte", lohnen für den Anbau im Garten, da sie im Handel relativ teuer sind.

> Aber auch ganz normale Sorten – denken wir an „Linda" – lohnen aus Qualitätsgründen im eigenen Anbau. Eine industriell produzierte Kartoffel „fällt", bis sie im Gemüseregal des Supermarktes liegt, zirka 30 m.

Und wer Selbstversorgung anvisiert, der braucht Kartoffeln dringend fürs Vieh. Kartoffeln ergeben gegart ein gutes Winterfutter für Hühner, Kaninchen und Schweine.

Weiters unterscheidet man bei den Kartoffeln in frühe und späte Sorten. Die frühen Sorten eignen sich für einen Anbau im kälteren Frühjahr, späte Sorten kommen erst Ende April/Anfang Mai in die Erde. Genauso verhält es sich auch bei der Ernte. Frühkartoffeln sind nicht besonders gut lagerfähig – darum sollten nur so viele davon angebaut werden, wie man im Frühjahr verzehren kann. Die Herbstkartoffel ist dagegen gut lagerbar. Die Kultur beider Sorten ist jedoch identisch, aber abhängig von der Bodenbeschaffenheit.

Bei Kartoffeln unterscheidet man frühe und späte Sorten.

Das sollten Sie beachten!
Schwere nasse Böden eignen sich nicht für den Kartoffelanbau!

Kartoffeln in der Blüte – jetzt sollten sie nicht mehr bearbeitet werden.

- Pflanzabstand: 60 cm x 30 cm
- Günstiger Nachbar: Kohl, Dicke Bohne
- Ungünstiger Nachbar: Tomate
- Standort: tiefgründig; leicht humoser, warmer Boden
- Pflanzzeit: Anfang/Mitte April unter Folie
  Ende April–Anfang Mai ins Freiland
- Betreuungsbedarf: hoch bis sehr hoch
- Saatgutbedarf 10 m^2: 2,5–3 kg
- Ernte: Frühkartoffeln bei Bedarf.
- Spätkartoffeln: Sobald das Kraut abgestorben ist. Jedoch nicht vor Ende September. Nur bei trockener Witterung.
- Ernteertrag 10 m^2: Früh 20–25 kg
  Spät 25–30 kg

Kartoffeln können auf zweierlei Art gepflanzt werden: in **Pflanzmulden** oder in **tiefe Reihen**.

Die Mulden und die Reihen sollten je nach Bodenbeschaffenheit etwa 10–15 cm tief sein. Schwere Ton- oder Lehmböden sind oft kalt. Darum sollten in solchen Böden Kartoffeln, wenn überhaupt, flacher gesetzt werden. Nachdem die Kartoffeln gesetzt wurden, werden sie mit Erde bedeckt. Die Mulden werden glatt bedeckt, die tiefen Reihen werden ebenfalls glatt bedeckt und zusätzlich noch etwa 10 cm hoch mit Erde angehäufelt, so dass kleine Dämme entstehen.

> **Das sollten Sie beachten!**
>
> **Kartoffeln vertragen keinen frisch gedüngten Boden! Ist zu viel Stickstoff im Boden, neigen Kartoffeln dazu, in der Mitte der Knolle braun und hohl zu werden. Dies führt bei der Einlagerung zu Einbußen der Haltbarkeit.**

Kartoffeln müssen zur kräftigen Entwicklung mehrmals gehackt werden.

Ein Begießen des Kartoffelbeetes ist nach dem Legen der Kartoffeln nicht erforderlich. Kartoffeln sind eine Hackfrucht. Das bedeutet, dass die Pflanzen zur kräftigen Entwicklung oft gehackt werden wollen.

So geht es

Sobald die ersten Blätter kleine Horste bilden und etwa 10 cm über der Erde stehen, wird die Kartoffelreihe durchgehackt. Das Hacken geschieht zum Kartoffeldamm hin auf der linken und rechten Seite. Beim Hacken des Dammes wird ein Großteil des angehäufelten Dammes auseinandergehackt. Das ist vollkommen in Ordnung. Jedoch dürfen die Kartoffeltriebe – einige entwickeln sich deutlich später und befinden sich noch unter der Erdoberfläche des Dammes – nicht verletzt werden. Schaben Sie darum nah den Pflanzen vorsichtig nur leicht mit der Hacke Beikräuter und Erde beiseite. Nach getaner Arbeit, etwa für den Zeitraum von zwei Wochen, können die Kartoffeln in Ruhe belassen werden. Die Kartoffelpflanzen entwickeln sich nach dieser Bearbeitung hervorragend. Haben sich die restlichen, im Boden verbliebenen Triebe aus der Erdbedeckung der Dämme befreit, werden diese vollkommen, wie auf der Zeichnung ersichtlich, heruntergehackt. Danach werden die Kartoffelpflanzen erneut für etwa 10 Tage nicht mehr bearbeitet. Auf Kartoffelkäferbefall sollte jetzt bereits geachtet werden.

Auf Kartoffelkäferbefall achten!

Sobald sich die Reihen mit Grün füllen – in den Spitzen der Triebe dürfen noch keine Blütenstände erkennbar sein –, werden alle Kartoffeln noch einmal bzw. die in Pflanzmulden gesetzten Kartoffeln zum ersten Mal ordentlich angehäufelt. Der aufgeworfene Damm kann etwa 30 cm hoch und 40 cm breit sein. Werden einige Triebe mit etwas Erde bedeckt, ist dies nicht weiter problematisch.

> Nach diesem Arbeitsgang können Sie, wenn Sie besonders große Kartoffeln ernten möchten, in die Sohle der Dämme die Samen der Dicken Bohnen säen. Säen Sie rechts und links von der Kartoffelpflanze.

> **Das sollten Sie beachten!**
>
> **Während der Blühphase dürfen die Kartoffeldämme nicht mehr bearbeitet werden!**

Spezieller Teil

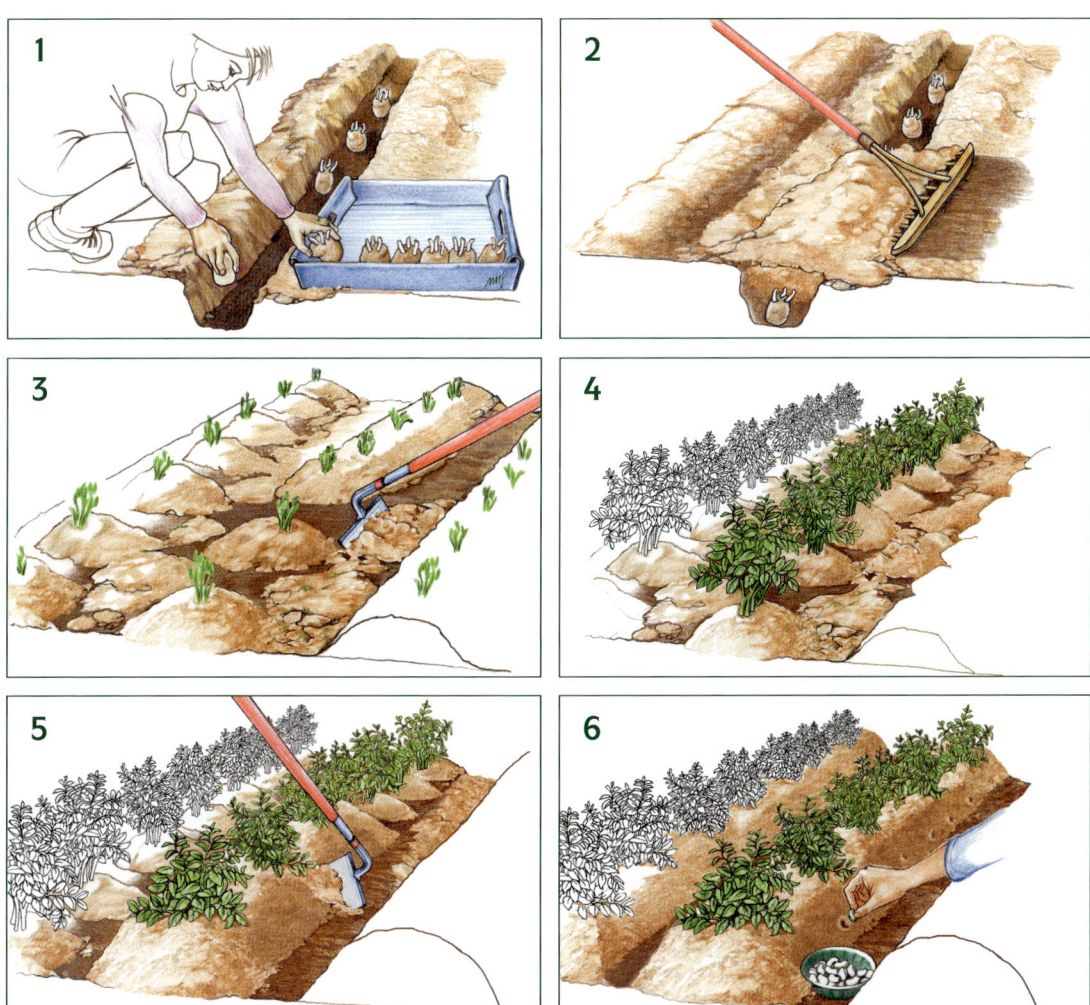

1) Kartoffeln werden in die gezogene Furche gelegt. 2) Mit dem Rechen werden die Furchen geschlossen. 3) Beim ersten Hacken der Kartoffeln wird ein Großteil des Dammes auseinandergehackt ... 4) ... nach dieser Arbeit entwickeln sich die Kartoffelpflanzen hervorragend. 5) Sobald sich die Reihen mit Grün füllen, werden die Kartoffelreihen zum ersten Mal ordentlich angehäufelt ... 6) ... danach kann man die Dicke Bohne in die Dämme auspflanzen.

Die Kartoffeln entwickeln sich je nach Sorte unterschiedlich. Jedoch sollte darauf geachtet werden, dass alle Knollen immer mit Erde bedeckt sind! Sonst färben sich die Kartoffeln grün. Alle grünen Teile der Kartoffel sind giftig und eignen sich daher nicht als Futter für Haustiere.

Es kann – besonders in regenreichen Jahren – vorkommen, dass plötzlich einzelne Blätter tabakartig eintrocknen. Erst sind ovalförmige Sektoren einzelner Blätter von diesem Eintrocknen betroffen, dann ist das ganze Blatt braun, bis sich schließlich der gesamte Trieb und der Stock braun verfärben.

Dieses frühzeitige Eintrocknen des Kartoffelkrautes ist die gefürchtete Krautfäule, die erhebliche Ernteausfälle verursachen kann.

> Die Krautfäule kann sogar die Kartoffeln im Erdboden infizieren. Bei Befall sollte sofort reagiert werden. Da die Krautfäule durch einen Pilz verursacht wird, empfiehlt sich die Verwendung eines Fungizids. Diesbezüglich bitte im Fachhandel Ihrer Region beraten lassen.

Während der Blühphase dürfen die Kartoffeldämme nicht mehr bearbeitet werden.

Kartoffeln, die zur Überwinterung gelagert werden sollen, sollten bis Mitte/Ende September – je nach Region und Witterung – im Erdboden verbleiben. Kartoffeln werden am besten an trockenen, sonnigen Tagen geerntet. Zur Ernte werden die Knollen mit einer Grabegabel vorsichtig aus dem Boden gehoben. Anschließend sollten sie Zeit zum Abtrocknen haben. Danach liest man sie in einen nicht zu dichten Korb, in dem und mit dem man sie kräftig ausschüttelt. Dadurch rieselt der anhaftende, mittlerweile eingetrocknete Erdboden von den Knollen.

Herbstkartoffeln werden deutlich größer als Frühkartoffeln. Fünf Herbstkartoffeln entsprechen etwa 1 kg Gewicht. Bei Frühkartoffeln benötigen Sie etwa 10–15 Stück für 1 kg Gewicht. Bei Kultur mit Dicker Bohne wiegen etwa zwei Kartoffeln knapp 1 kg.

Wegen des höheren Wassergehaltes in den Knollen sollten Frühkartoffeln nicht zu Kartoffelklößen, Pommes frites oder Kartoffelpuffern verwendet werden. Die sehr dünne Schale der Frühkartoffeln braucht nicht abgeschält zu werden. Kräftiges Waschen und leichtes Reiben entfernt sie in der Regel.

Frühkartoffeln eignen sich hervorragend zum Backen im Backherd oder Braten in einer Pfanne. Auf diese Weise können auch zu klein geratene Herbstkartoffeln sinnvoll verwendet werden.

> Beschädigte oder faule Kartoffeln dürfen nicht eingelagert werden. Kartoffeln dürfen beim Einlagern nicht gewaschen werden. Eingelagerte Kartoffeln dürfen nicht zu warm überwintern.

Je höher die Temperatur, desto schneller keimen sie. Sie dürfen aber auch nicht zu kalt überwintern: Zu kalt gelagerte Kartoffeln neigen dazu, „glasig" zu werden oder sie schmecken schon wenige Wochen nach der Einlagerung leicht süßlich. Optimal für die Einlagerung ist eine Temperatur von etwa 10–15 °C. Im Handel ist ein Keim stoppendes Mittel erhältlich, dieses unterbindet die Keimbildung der Kartoffeln im Keller. Kartoffeln, die für Saatzwecke vorgesehen sind, dürfen auf keinen Fall mit diesem Mittel in Berührung kommen.

> **Mein Rat**
>
> Sortieren Sie bereits auf dem Beet die Kartoffeln aus, die im kommenden Jahr wieder zum Setzen benutzt werden sollen. Am günstigsten zu verwenden sind Saatkartoffeln in der Größe einer Walnuss bis hin zur Größe eines Hühnereies.

Radieschen

Sie ahnen nicht, welche Größe Radieschen erreichen können, wenn Sie in Mischkultur gepflanzt werden. Radieschen und Rüben sind etwas Spezielles. Um dieses Highlight zu erleben, sollten Sie jedoch Rüben (es eignen sich auch normale Runkeln für das Haustier) und die Radieschen zeitgleich aussähen. (Sie können auch Kopfsalat dazwischen säen.) Dann in Geduld üben. Bald können Sie knackige faustgroße, beinah rettichscharfe Radieschen der Sorte „Riesenbutter" ernten. Ein Salat aus Radieschen, bei dem die zarten Blätter mit verwendet werden können, mundet gerade an warmen Tagen besonders. Für den Experimentierfreudigen unter den Gärtnern empfiehlt sich das Bereiten einer kalten Radieschensuppe. Gegart erinnert der Geschmack der Radieschen an Kohlrabi.

Die Radieschen, die aus der Gartenerde gezogen werden, gleichen kaum den Radieschen, die der Handel anbietet.

- Standort: warme Böden mit ausreichender Feuchtigkeit, feinkrümeliges Saatbeet
- Direktaussaat: ins Mistbeet ab Februar möglich, ins Freiland ab Ende März. Mehrere Aussaaten im Jahr möglich (empfehlenswert) – geringe Entwicklungszeit von zirka 4 Wochen unter optimalen Bedingungen.
- Düngen: mit stark nitrathaltigem Düngemittel nicht empfehlenswert – da der Nitratgehalt sonst zu hoch sein würde!
- Reihenabstand: 15 cm
- Pflanzenabstand: 5 cm
- Betreuungsbedarf: gering

Radieschen weisen eine nur geringe Lagerfähigkeit auf. Frischverzehr empfehlenswert. Falls Lagerung unumgänglich, schneiden Sie das Kraut etwa 2 cm über dem Radieschen ab und stellen Sie es mit dem Kraut nach unten in ein Gefäß mit kaltem Wasser.

Radieschen sind natürliche Muntermacher. Darum sollten die kleinen Knollen auf keiner Party fehlen.

Verschiedene Möhrensorten

Möhren/Karotten

Unsere Möhren stammen von der Wildmöhre, der *Daucus carota* ab. Sie kommen in unzähligen Varietäten vor. Neben einem Formenreichtum, der von klein und kugelrund bis lang-oval reicht, variiert zusätzlich das Farbspektrum von Gelb bis Rot. Seit einigen Jahren ist eine tief blutrote Sorte im Handel erhältlich, die einen sehr hohen Gehalt an Beta-Carotin aufweist. Möhren/Karotten können zu sehr unterschiedlichen Aussaatzeiten im Nutzgarten kultiviert werden. Da den unterschiedlichen Sorten verschiedenartige Wirkungen auf den menschlichen Organismus nachgesagt werden – die „Ochsenherzmöhre" kann bei Kopfweh sehr lindernd wirken –, ergibt es Sinn, mehrere Sorten im Nutzgarten zu kultivieren. Das Durchforsten der Gartenkataloge kleiner engagierter Saatgutvermehrer und -züchter, die sich auf alte Sorten und Raritäten spezialisiert haben, empfiehlt sich (im Anhang finden sich einige weiterführenden Adressen).

> Das Umpflanzen von Möhren ist sehr kompliziert und ist dem Einsteiger nicht zu empfehlen. Ebenfalls nicht empfehlenswert ist die breitwürfige Aussaat. Die sichere Methode zur Möhrenkultur ist die Aussaat in Rillen.

Es gibt Karotten für den Frühanbau und Sorten für den Spätanbau.

Die Aussaatzeiten für Möhren und Karotten fallen, je nach Sortenwahl, sehr unterschiedlich aus. Es gibt Sorten für den Frühanbau und welche für den Herbstanbau. Um ganzjährig frische Wurzeln vorrätig zu haben, sollten diverse Sorten zu unterschiedlichen Zeiten gesät werden. Das Aufgehen der Samen dauert bei den Möhren etwa 3 Wochen.

- Standort: tiefgründig, humose, sandige Böden in sonniger Lage, Staunässe vermeiden
- Direktsaat: ab Ende März möglich, feines Saatbeet
- Pflanzenabstand: Aussaat dicht, später auf 15–20 cm vereinzeln
- Reihenabstand: 30–40 cm
- Betreuungsbedarf: mäßig
- Ernte: Junge Möhren werden schon während des Vereinzelns geerntet, sonst nach Bedarf, lagerfähige Möhren nicht vor Ende September.
- Ernteertrag: 50 kg per 10 m^2
- Günstiger Nachbar: Zwiebel, Porree, Radieschen, Rettich
- Ungünstiger Nachbar: Pfefferminze
- Verwendungsmöglichkeiten: roh, gedünstet

Die Anzucht wegen der längeren Entwicklungszeit ist arbeitsintensiv – Hackarbeit zur Bodenbelüftung, Unkrautregulierung und gelegentliches Gießen beschleunigen das Wachstum.

Gut entwickelte Möhren/Karotten ab einer Krauthöhe von etwa 15–20 cm sollten ausgedünnt werden. Nach dem Vereinzeln und Durchlüften des Bodens bedürfen die beliebten Wurzelgemüse deutlich weniger Pflegeaufwands. Ein leichtes Anhäufeln der Möhrenköpfe verhindert deren Grünfärbung durch Lichteinwirkung.

Ein leichtes Anhäufeln der Möhrenköpfe verhindert deren Grünfärbung.

Das sollten Sie beachten!

Verbleiben die Möhren länger im Boden – leichte Frosttoleranz –, können die Wurzeln ein Gewicht von bis zu einem Kilo pro Stück erreichen. Lange im Boden verbliebene Wurzeln sind besonders gut lagerfähig. Möhren/Karotten vertragen generell keinen frisch gedüngten Boden.

Die Pariser Karotte eignet sich für eine zeitige Mistbeetkultur; da sie keine tiefwurzelnde Sorte ist, bereitet ihr der Mist keine Probleme. Ab Anfang Februar kann das Mistbeet zur Aussaat vorbereitet werden, sobald keine starken Fröste mehr zu erwarten sind, sollte es bestellt werden.

- Pflanzabstand: Pariser Karotte   25 x 5 cm
                  Nantasie-Möhre   25 x 10 cm
                  Guerande-Möhre   30 x 10 cm

Beim Pflanzabstand kommt es immer auf das Ergebnis an, das Sie erzielen möchten.
Möhren für den Frischverzehr bedürfen weniger Platz, Möhren zu Konservierungszwecken brauchen mehr Platz, und Möhren zur Saftgewinnung brauchen reichlich Platz.

Mein Rat

Kegelförmige Guerande-Möhren eignen sich ihrer kegelförmigen Wuchsform wegen ausgesprochen gut für den Anbau auf schweren Böden. Durch die kurze kompakte Form sind sie leichter zu ernten. Da sie spät aufgehen, sollte der Einsteiger Gemüse mit in die Möhrenreihen säen, das sehr schnell aufgeht und auch in der Entwicklung zügig voranschreitet. Dies wären Radieschen- und Salatvarietäten.

Möhrenpflanzen bedecken kaum den Erdboden. Die Entwicklung schreitet nur sehr langsam voran.

Die Kultur ist einfach. Sämtliche Wurzelgemüse werden in ein tiefgründiges, nicht frisch gedüngtes Saatbeet gesät. Eine zu dichte Aussaat sollte vermieden werden. Nachdem die Möhren in Reihen gesät wurden, werden diese mit Erde bedeckt. Drücken Sie die Erde mit dem Rücken des Rechens gut an. Abschließend wird das Beet gut befeuchtet. Verwenden Sie zum Besprengen kein kaltes

Leitungswasser. Möhren gehen spät auf. Sobald die Wurzeln die Stärke eines kleinen Fingers erreicht haben, können sie vereinzelt werden. Diese kleinen Möhren sind besonders zart und eignen sich für die erste Frühgemüsesuppe. Delikat sind diese Möhrchen, wenn sie zusammen mit Radieschen, die gegart an das Aroma des Kohlrabis erinnern, verwendet werden.

> **Mein Rat**
>
> Mit einer einfachen Methode kann das Aufgehen der Möhren/Karotten beschleunigt werden. Allerdings muss die Temperatur des Erdbodens im Freiland ebenfalls schon recht warm sein (Ende April/Anfang Mai).

Vorkeimen des Möhrensamens (damit er schneller aufgeht)

Mischen Sie den Samen der Möhre/Karotte mit etwas Sand und befeuchten Sie dieses Gemisch leicht; am besten mit wohl temperiertem Wasser. Dann stellen Sie das Samen-Sandgemisch für 4–5 Tage an einen hellen und warmen Ort. Achten Sie während dieser Zeit darauf, dass das Gemisch immer schön feucht bleibt.

Bereiten Sie das Saatbeet wie gewohnt vor, und säen Sie die Samen nach Ablauf der fünf Tage ins Beet ein. Möhren/Karotten eignen sich auch hervorragend zur Konservierung durch Milchsäurevergärung und können auch roh oder gedünstet verzehrt werden. Zum Rohverzehr empfiehlt sich lediglich eine gründliche Reinigung unter fließendem Wasser mit der Gemüsebürste. Für ein Gericht für 4 Personen benötigen Sie etwa 1 kg frische Möhren, das entspricht zirka 10–15 Stück.

Karottensamen sind sehr klein.

Die Ernte

Die kleine kugelrunde Pariser Karotte sitzt locker etwas oberhalb der Erde. Dementsprechend leicht lassen sich die zarten Delikatessen problemlos am Möhrenlaub aus dem Erdboden ziehen. Die Ernte sollte nicht zu sehr hinausgezögert werden, da die Gefahr der Grünfärbung des Möhrenkörpers besteht. Zur Ernte der walzenförmigen tiefwurzelnden Möhren empfiehlt sich die Verwendung eines Spatens oder einer Grabegabel. Stechen Sie weit genug von der Wurzel entfernt das Blatt des Spatens in den Erdboden, damit die Wurzel nicht verletzt wird, und heben Sie die Wurzel an. Ist die Wurzel auf diese Weise erst einmal gelockert, können Sie den grünen Schopf der Pflanze packen und sie daran unbeschadet aus dem Boden ziehen. Je nach Bodenart kann feuchte Witterung die Ernte günstig beeinflussen, jedoch haftet bei trockener Witterung deutlich weniger Erdboden am Wurzelgemüse.

Zur Ernte empfiehlt sich die Verwendung eines Spatens oder einer Grabgabel.

> Möhren sollten nicht zu lange im Erdboden verbleiben. Erstens lockt ihr feiner Duft Schädlinge an, besonders Nager, und zweitens bilden Möhren während regenreicher Herbsttage „Bärte" aus, sprich: viele feine Wurzeln entlang der Pfahlwurzel.

Aus volksmedizinischer Sicht können Möhren bei Ödemen und Verdauungsbeschwerden hilfreich sein. Möhrenkonsum kann den Cholesterinspiegel senken, stärkt das Immunsystem und klärt das Hautbild. Diabetikern kann ein reger Möhrenkonsum nur ans Herz gelegt werden; er fördert die Ausscheidung von Zucker. Für alle Denkfüchse ein Rat: Das Kauen der rohen Karotten regt die Durchblutung des Denkapparates an und ist somit im Büro ein echter Denk-Fitmacher.

> Möhrenkonsum kann den Cholesterinspiegel senken.

Möhren sind ein beliebtes erstes, festes Nahrungsmittel für kleine Kinder. Dieses besteht in der Regel aus einer gegarten Möhre, das mit etwas gegarter Kartoffel und einem Quäntchen frischer Butter versetzt wurde.

Rettich

Rettich eignet sich für einen Früh- und Spätanbau. Sie sind relativ problemlos in der Kultur und kommen auch mit Beikraut relativ gut zurecht. Auf frisch gedüngtem Boden soll Rettich nicht gesät werden. Er kommt in verschiedenen Farben, Formen und Längen vor. Im Geschmack reicht das Spektrum von angenehm mild bis scharf brennend. Rettich kann roh verzehrt werden.

Schwarzer Rettich

- Standort: mäßig gedüngte, tiefgründige Böden
- Direktsaat ab März möglich – spätere Aussaaten sinnvoll, gutes Nachkulturgemüse
- Reihenabstand: 30 cm
- Pflanzenabstand: 20 cm
- Betreuungsbedarf: gering

Rettich weist gute Lagereigenschaften auf, kühl und nicht zu trocken gelagert kann er bis 8 Tage aufbewahrt werden. Junger Rettich enthält zwei Mal so viel Vitamin C wie eine Zitrone – Frischverbrauch sehr empfehlenswert –; weiters weist er hohe Eisen-, Kalzium-, Natrium-, Kalium- und Phosphorwerte auf. Reger Rettichkonsum wirkt einem hohen Cholesterinspiegel entgegen, außerdem wirkt er schleimlösend und harntreibend. Bei Problemen mit der Galle kann frisch gepresster Rettichsaft hilfreich sein. Ein ausgehöhlter großer Rettich, mit braunem Zucker gefüllt und über Nacht ziehen gelassen, liefert einen wirkungsvollen Hustensaft.

Rote Beete

Rote Beete ist ein beliebtes und gut lagerfähiges Gemüse, das ab Mai bereits mit der ersten Ernte lockt. Selbst zarte Rote Rüben in der Größe einer Walnuss können, samt der Blätter, zu einem delikaten Gemüse verarbeitet werden. Rote Beete muss nicht unbedingt rot sein. Es gibt eine weiße Varietät und eine gelbe. Die beliebteste ist jedoch die rote Sorte, die es in runder Form und in ovaler Form gibt. Rote Beete ist relativ süß und schön zart, weist einen hohen Gehalt an Mineralien und Spurenelementen auf und sollte in keinem Garten fehlen.

> Rote Beete weist einen hohen Gehalt an Mineralstoffen und Spurenelementen auf.

Damit sie nicht verholzt, sollte sie rechtzeitig geerntet werden, da sie richtig groß werden kann. Die „Runde" wird in der Regel größer als die „Ovale". Wird das Gemüse zu lange im Boden belassen (wird zu groß), verliert es enorm an Qualität – etwa frauenfaustgroß ist in aller Regel die beste Erntegröße.

> **Mein Rat**
>
> Säen Sie Rote Beete ruhig dicht aus und lassen Sie die Pflanzen bis auf eine Wuchshöhe von knapp 10 cm gedeihen. Ab dieser Höhe wird das Gemüse ausgedünnt/verzogen. Arbeiten Sie recht sauber und verwenden Sie die Blätter der verzogenen Beete zu einem delikaten Spinat.

- Standort: tiefgründig, humoser Boden, warm, ausreichend feucht
- Direktaussaat: ab Ende April möglich
- Pflanzabstand: 25 x 10
- Betreuungsbedarf: gering
- Günstiger Nachbar: Bohnen, Zwiebeln
- Ungünstiger Nachbar: Spinat, Gartenmelde
- Erntezeit: ab der gewünschten Größe – bis Ende Oktober
- Ernteertrag: 20 kg per 10 m^2

Gut entwickelte Pflanzen der Roten Beete

Die Entwicklungszeit der Roten Beete ist kurz. Mehrmalige Aussaaten sehr empfehlenswert. Verpflanzen/Umpflanzen verspricht wenig Aussicht auf Erfolg. Für Lagerzwecke sollte Rote Beete nicht vor Ende Juni ausgesät werden.

> Rote Beete darf nicht auf frisch gedüngtem Boden gesetzt werden. Vermeiden Sie das Begießen mit Jauchen.

Durch das Verpflanzen kräftiger Sämlinge können Sie die Ernteperiode um einen Monat verlängern, da bei den verpflanzten Exemplaren die Entwicklung für kurze Zeit stockt. Der Rohverzehr ist empfehlenswert. Die Schale, die mit einer Gemüsebürste gut zu reinigen ist, kann mit verzehrt werden. Zusammen mit Möhren/Karotten und sauren Äpfeln ergibt Rote Beete einen erfrischenden Rohsalat.

Ein Salat für eine vierköpfige Familie benötigt etwa 800 g frische Rote Beete.

Lagerung

Verletzte Rüben sollten nicht eingelagert werden; sie faulen recht schnell, Dies trifft auch auf Rüben zu, die durch Schneckenfraß beschädigt wurden. Wollen Sie die Knollen im Keller überwintern, sollten diese in Sand gebettet werden.

Eine Lage Stroh, auf der sie ausgelegt werden, und eine Strohabdeckung leisten ebenfalls gute Dienste. Jedoch müsste das Stroh etwas feucht gehalten werden. Mit Stroh können die Rüben samt Möhren auch gut im Freien überwintern. Falls genug Stroh überdeckt wurde, bedarf es keines weiteren Regenschutzes. Falls die Minusgrade deutlich unter die −10 °C-Marke rutschen, sollte zum Schutz gegen Erfrieren weiteres Stroh aufgebracht werden.

Spezieller Teil

> Grundsätzlich muss zum Zweck des Einlagerns das Blattwerk entfernt werden. Beim Entfernen nicht die Rübe verletzen.

Am besten drehen Sie das Laub ab. Dies geschieht, indem Sie das Laub mit der einen Hand umfassen, mit der anderen Hand die Rübe halten und durch kräftiges Drehen und Ziehen der laubhaltenden Hand die Blätter abbrechen. Benutzen Sie für diese Arbeit Handschuhe: Rote Beete verfärbt die Hände und dies gleich für mehrere Tage. Falls Sie lieber mit dem Messer arbeiten, schneiden Sie die Blätter mittelbar über ihrem Entstehungspunkt ab. Die längeren Pfahlwurzeln, die sich gegebenenfalls an der Rübe befinden, sollten Sie möglichst unversehrt lassen.

Rote Rüben eignen sich ausgesprochen gut zur Milchsäurevergärung. Der Verzehr Roter Rüben fördert die Verdauung und kräftigt die Bauchspeicheldrüse. Positiv wirkt sie auch auf Darm, Galle und Harnorgane sowie Leber und Magen. Das in der Roten Beete enthaltene Chollin hält die Arterien fettfrei und verhindert Ablagerungen.

Die Rübe der Roten Beete

Auch bei schweren Erkrankungen wie Tumoren oder Viruserkrankungen kann der Konsum Roter Beete sehr hilfreich sein. Der Verzehr kräftigt den Organismus nach überstandenen Erkältungskrankheiten oder operativen Eingriffen. Der hohe Eisengehalt beugt Eisenmangel vor.

Knollensellerie

Mein Rat

Oft fällt bei der Ernte der Roten Beete eine relativ große Anzahl verletzter Rüben an. Diese können, wenn man sie nicht alle in der Küche verwenden kann, problemlos und einfach eingeweckt werden. Die Konserve hält sich im verschlossenen Glas lange.

Sellerie

Die schlechte Nachricht vorweg: Es stimmt nicht, dass der Verzehr die Potenz steigern soll. Dennoch ist Sellerie ein vielseitiges und schmackhaftes Gemüse. In der Kultur verlangt er Geduld. Das Aufgehen der Samen zieht sich beinah über einen Zeitraum von 3 Wochen hin und die Knolle entwickelt sich ähnlich den Kohlköpfen erst, wenn die Tage kürzer und die Nächte kälter werden. Düngen Sie ihn nicht zu stark, sonst wird er innen hohl.

Sellerie lässt sich gut lagern. Die Ernte sollte allerdings vor den ersten Nachtfrösten erfolgen. Ziehen Sie den Sellerie an den Blättern aus dem Boden, mitunter braucht das Lockern der zahlreichen Wurzeln die Unterstützung eines Spatens. Mit einem scharfen Messer werden die Wurzeln so weit eingekürzt, dass die Hauptknolle dabei nicht verletzt wird. Auch das Kraut wird eingekürzt. Kür-

Sellerie kann auch als vegetarisches Schnitzel verwendet werden.

zen Sie es mit einem scharfen Messer im Winkel zu den Herzblättern, die leicht gestutzt an der Knolle verbleiben.

In der Küche kann Sellerie, neben den bekannten Verwendungen zu Suppe oder Salat, auch als vegetarisches Schnitzel gut verwendet werden.

- Standort: warmen, humosen, tiefgründigen Boden, mäßig feucht halten
- Direktsaat nicht empfehlenswert.
- Pflanzen können ab Mitte Mai ins vorbereitete feinkörnige Saatbeet gesteckt werden.
- Reihenabstand: 45 cm
- Pflanzenabstand: 35 cm
- Betreuungsbedarf: mäßig
- Ernte: ab Ende September
- Ernteertrag: 20 kg per 10 m^2
- Verwendung: roh und gedünstet

Das sollten Sie beachten!

Knollensellerie wächst erst im Herbst richtig. Auf Hitze und Trockenheit im Mai reagiert die Pflanze mit Blütenbildung. Während der Kulturphase feucht halten.

Volksgesundheitlich wird roher oder gegarter Sellerie bei Arthritis, Blasenentzündung und Steinleiden sowie Rheuma empfohlen. Sellerie hat entgiftende Eigenschaften und wirkt entschlackend, entwässernd und kann bei leichten Erkältungskrankheiten auch den Husten mildern. Paracelsus empfahl bei Depressionen und Angstzuständen regen Selleriekonsum – mindestens alle zwei Tage.

Pastinake

Pastinaken

Wenn sie zu den Menschen gehören, denen Pastinaken nicht schmecken, dann möchte ich Sie trotzdem ermutigen, Pastinaken im Garten zu kultivieren: sie werden das Beste sein, was Ihnen bisher untergekommen ist! Grund für Ihre Abneigung wird wahrscheinlich die Tatsache sein, dass diese herrlich aromatischen und absolut gesunden Wurzeln zur falschen Zeit vom Handel angeboten werden. Außerdem weisen die Wurzeln, die im Handel erhältlich sind, wenig Ähnlichkeit mit denen auf, die Sie aus Ihrem Garten ernten werden.

Das sollten Sie beachten!

Wirklich delikate Pastinaken dürfen erst nach den ersten Nachtfrösten geerntet werden. Es bedarf keines großen kochtechnischen Geschickes, aus den Wurzeln delikate Speisen selbst herzustellen.

Spezieller Teil

Die hellhäutigen Multitalente eignen sich hervorragend für den Rohverzehr. Da sie sehr trocken sind – Pastinaken brauchen während der Kulturphase nicht gegossen zu werden (ausgesprochen trockene Sandböden oder eine lange Trockenheit ausgenommen) –, sollten sie zusammen mit saftigem Obst zur Salatbereitung verwendet werden.

Auch gegart ergeben Pastinaken ausgesprochen delikate Gerichte. Neben dem Dünsten und der Bereitung einer Cremesuppe ist das Braten der Wurzel mehr als nur empfehlenswert. Der Zuckergehalt in den Wurzeln ist sehr hoch und steigert sich mit dem Durchfrieren beträchtlich. Das Durchfrieren der Wurzeln im Garten ist nicht mit dem Durchfrieren der Wurzeln in der Gefriertruhe vergleichbar. Falls Sie es ausprobieren möchten, werden Sie zu unterschiedlichen Ergebnissen gelangen.

Kraut der Pastinake

Das sollten Sie beachten!

Bleiben die Wurzeln zu lange im Erdboden, locken sie Nagetiere magisch an!

Ich habe alternativ trockene Semmeln im Garten verteilt und Getreide ausgelegt. Das Getreide wird von den Mäusen bevorzugt aufgesucht. Sie bekommen es (umsonst) in den Kornhäusern, die die angelieferten Getreide der Landwirte reinigen und den „Abfall" an Hühnerhalter oder „Mäusefütterer" abgeben. Schön, wenn des Nachbars Katze weiß, wo die Maus diniert.

Auch die Blätter und die Samen der Pflanze sind in der Küche Helfer. Die zarten Blätter des Pastinakenkrauts können wie Petersilie verwendet werden. Aus den Samen kann Tee bereitet werden, der wohltuend bei Magen- und Darmproblemen wirkt.

In der Kultur benötigen Pastinaken wenig Pflege. Ab einer bestimmten Größe reagieren sie auf Beikrautbefall nicht mehr. Die Wurzeln reichen mitunter etwa einen halben Meter tief in den Erdboden und sind bei schweren Böden schwierig zu ernten. Es gibt Sorten in unterschiedlichen Längen – achten Sie beim Kauf darauf. Bei leichten Sandböden bereitet die Ernte der tiefgründigen Wurzeln kaum Probleme. Bei schweren Böden empfiehlt sich die Verwendung der halblangen Wurzeln.

In der Kultur benötigen Pastinaken wenig Pflege.

Pastinaken können ein Gewicht von bis zu 1,5 kg erreichen. Derart stattliche Exemplare können hervorragend in der Küche verwendet werden. Teilen Sie größere Pastinaken in etwa 1 cm starke Scheiben und panieren Sie diese nach Lust und Laune. In heißer Butter gebraten, ergeben diese Pastinakensteaks köstliche und sehr, sehr preiswerte Alternativen zum Fleischverzehr.

- Direktsaat: ab Mitte März
- Reihenabstand: 40 cm
- Pflanzenabstand: 25 cm
- Betreuungsbedarf: gering
- Ernte: ab Herbst, besser nach den ersten Nachtfrösten
- Ernteertrag: 40–60 kg per 10 m²

Der Verzehr von Pastinaken beruhigt den Magen-Darm-Bereich.

Der Verzehr der Pastinaken fördert das Einschlafen, beruhigt den Magen-Darmbereich und wirkt auf die Psyche des Menschen aufhellend; deswegen war es früher Nonnen und Mönchen nicht gestattet, Pastinaken zu verzehren. Kleine Kinder, die oft unter Bauchweh leiden, sollten vermehrt gedünstete Pastinaken verzehren.

Übrigens ...

Auch bei Haustieren wirkt Pastinakenbrei im Futter bei Durchfällen regulierend.

Schwarzwurzel/Haferwurzel

Geschmacklich unterscheiden sich beide Wurzelarten erheblich voneinander. Auch in der Handhabung sind die beiden „Schwestern" grundverschieden. So müssen Schwarzwurzeln vor dem Verzehr geschält werden, Haferwurzeln können dagegen mit Schale genossen werden. Schwarzwurzeln führten den wohlklingenden Beinamen „Spargel des kleinen Mannes", Haferwurzeln wurden mit dem Beinamen „Vegetarische Auster" bedacht. In der Kultur sind sich die beiden Gemüse jedoch ziemlich ähnlich.

Schwarzwurzeln müssen vor dem Verzehr geschält werden.

Nach dem Aufgehen sollte der Boden beikrautfrei gehalten werden. Junge Wurzelgemüse bedanken sich für gelegentliches Gießen mit einem kräftigen Wuchs. Pflanzenjauchen können ebenfalls ertragssteigernd verwendet werden.

- Standort: lockerer und tiefgründiger humoser Boden
- Reihenabstand: 30 cm
- Pflanzenabstand : 15–20 cm
- Betreuungsbedarf: gering
- Direktsaat: ab April möglich
- Erntezeit: ab Oktober bis zum Wintereinbruch
- Wurzeln sind im Keller, mit etwas Erde bedeckt, gut lagerbar.
- Ernteertrag: 2, 5–4 kg per 10 m²
- Für ein Gericht für vier Personen benötigen Sie etwa 500 g Wurzeln.

Spezieller Teil

Werden Schwarzwurzeln in der Küche verwendet, sollten beim Schälen Handschuhe getragen werden – diese verhindern das Schwarzwerden der Hände, was durch den weißen Milchsaft verursacht wird. Schälen unter fließendem Wasser hat die gleiche Wirkung. Werden die Schwarzwurzeln nach dem Schälen nicht sofort in ein Essigwasserbad gelegt, färben sie sich schwarz.

Wurzelgemüse weisen grundsätzlich einen hohen Nährwert auf. Dennoch sind Schwarzwurzeln und Haferwurzeln kalorienarm und passen gut in eine Reduktionsdiät. Durch den Gehalt an Inulin eignen sich die beiden Wurzelsorten ausgesprochen gut als Nahrung für Diabetiker.

Blätter der Haferwurzel (links)

Haferwurzel und Schwarzwurzel (rechts)

Blattgemüse

Kopfsalat

Kopfsalat bildet eine große und formen- und farbenreiche Familie. Egal für welche Varietät Sie sich entscheiden, das Saatbeet und der Standort sind für alle Vertreter ähnlich. Es gibt zahlreiche Sorten, die für einen Frühanbau oder eine Herbstkultur geeignet sind. Auf die Anbauempfehlungen der Saatgutproduzenten sollten Sie unbedingt achten, da Salat in der Entwicklung sehr licht- und temperaturabhängig ist.

Salatkonsum stimuliert das Einschlafverhalten. Nervöse Personen oder Personen mit Einschlafstörungen sollten am Abend einen mit Essig und Öl zubereiteten Kopfsalat zu sich nehmen.

Stehen die Salatpflanzen zu dicht, eignen sie sich ausgesprochen gut zum Umpflanzen. Zu dicht gesäter Kopfsalat kann im Übrigen bereits vor der Kopfbildung vereinzelt und verzehrt werden. Er sollte nicht bei intensivem Sonnenlicht ausgesät werden. Nachbarschaft zu Petersilie oder Kohlrabi vermeiden.

Kopfsalat

- Standort: humose, tiefgründige und nicht zu trockene Böden
- Direktsaat: ist ab Mitte März bis Mitte August möglich – bei warmer Witterung benötigt ein Salatkopf von der Aussaat bis zur Ernte etwa 8–10 Wochen.
- Düngen mit Kompostgaben empfehlenswert
- Reihenabstand: 30 cm
- Pflanzenabstand: 30 cm
- Betreuungsbedarf: mäßig

Mein Rat

Säen Sie den frühen Salat nur sparsam, da er sich rasant entwickelt und im gleichen Tempo in Blüte geht. Spät gesäter Salat – ab Mitte Juni – entwickelt sich deutlich langsamer und neigt kaum noch zur Blütenbildung. Wenn der Salat „schießt", werden mitunter derart viele Bitterstoffe freigesetzt, dass der Salat ungenießbar wird. Übrigens kann Salat auch blanchiert oder gedünstet verzehrt werden.

Eisbergsalat

ist der lagerfähige unter den Salaten und der beliebteste dazu. Die unkomplizierte Kultur macht den Eisbergsalat auch für den Anbau im eigenen Nutzgarten sehr interessant.

- Standort: mittelschwere, tiefgründige, nahrhafte Böden. Eisbergsalat kommt bei ausreichender Feuchtigkeitszufuhr gut mit Hitze zurecht. Mistdüngung vor Aussaat empfehlenswert, möglichst frei von Beikräutern halten.
- Direktsaat: ab Mitte März empfehlenswert, bis Mitte Juli möglich
- Reihenabstand: 35 cm
- Pflanzenabstand: 40 cm
- Ernte: ab fester Kopfbildung, etwa ab Ende Mai bis Ende Oktober
- Ernteertrag: 6–7 kg per 10 m^2

Eisbergsalat (links)
Eichblattsalat (rechts)

Eisbergsalat weist einen sehr niedrigen Kaloriengehalt auf und ist deshalb zu Diätzwecken gut geeignet. Der hohe Kaliumgehalt unterstützt die Herzfunktion und kann den Blutdruck positiv beeinflussen.

> **Mein Rat**
>
> Verwenden Sie für festliche Anlässe Eisbergsalat anstelle von Kopfsalat; die Blätter welken nicht so rasch. Im Kühlschrank hält sich Eisbergsalat mehrere Tage frisch.

Endiviensalat

Der Endiviensalat ist der ideale Spätsommersalat. Er ist vitaminreich und schmeckt leicht bitter. Man unterscheidet den glatten Typ, mit etwas breiteren Blättern und den bekannteren krausblätterigen Typ. Die Endivie wird frühestens Mitte Juni bis Anfang Juli direkt ins Beet gesät oder ab Juli bis Mitte August gepflanzt. Endiviensalat verträgt sogar leichten Frost und kann daher lange im Beet stehen bleiben. Eine Ernte ist bis Mitte/Ende November möglich.

Endiviensalat verträgt leichten Frost.

- Standort: Endiviensalat bevorzugt lockeren, humusreichen Boden in sonniger Lage; den Boden ausreichend feucht sowie durch gelegentliches Hacken locker halten.
- Reihenabstand: 30 cm
- Pflanzabstand: 30 cm
- Ernte: ab Ende September

Pflücksalate

Pflücksalat ist in der Kultur weniger aufwendig. Mehrere Ernten der Blätter sind möglich – die Blätter werden nach und nach von außen nach innen geerntet. Die Kultur des Pflücksalates kann besonders Personen empfohlen werden, die wenig Zeit in die Gartenarbeit investieren können. Wird der Pflücksalat einmal zu zäh, kann er problemlos oberhalb des Herzens abgetrennt werden; er bildet junge und zarte Blätter nach. Ausreichend Feuchtigkeit und eine gute Nährstoffversorgung mit Humus oder Kompost fördern eine optimale Entwicklung. Die Kultur ist ähnlich dem Kopfsalat, jedoch wird der Pflücksalat in dichter Form ausgesät.

Bei Pflücksalat sind mehrere Ernten der Blätter möglich.

Eichblattsalat

Dieser Salat, der ähnlich dem Kopfsalat kultiviert wird, schmeckt würzig und nach frischen Haselnüssen. Direktsaat ab Mitte März ins Freiland möglich. Bis Anfang August ist das Auspflanzen möglich.

- Ernte: ab Mai bis Ende Oktober
- Ernteertrag: 1,5 kg per 10 m²

Lollosalat

Lollosalat

– der junge und freche Salat für Junge und Junggebliebene, der in den Niederlanden als beliebter Pflücksalat verwendet wird. Lollosalat ist ein Einsteigersalat: Er ist gegen Krankheiten sehr widerstandsfähig. Kultur ist ähnlich der des Kopfsalates. Im Geschmack erinnert Lollosalat leicht an Nüsse. Im Kühlschrank kann er etwa 5 Tage aufbewahrt werden. Besonders dekorativ sind die roten Sorten. Im Hausgarten kann Lollosalat wie Pflücksalat verwendet werden. Das senkt die Kosten, da die Pflanze ständig Blätter nachtreibt und nur eine Aussaat erforderlich ist. Bei Ernte der ganzen Pflanze sind Folgeaussaaten erforderlich.

- Direktsaat ab Mitte März bis August
- Pflanzzeit ab Mitte März bis Anfang September
- Reihenabstand: 25 cm
- Pflanzenabstand: 30 cm
- Ernte: Bei Bedarf bis Mitte/Ende Oktober Ernte der ganzen Pflanze; bei gepflückten Blättern dauert die Erntezeit deutlich länger.

Spargelsalat

Spargelsalat

Der Spargelsalat (*Lactuca asparagina*) ist eine andere Salatvarietät. Dieser Salat eignet sich als ein absolut empfehlenswertes Gemüse zum Kennenlernen unbeschwerter Gartenkultur. Spargelsalat entwickelt sich im Lauf einer Saison und wächst vom „Blattgemüse" zum „Stielgemüse". All die Pflanzen, die nicht in die Salatschüsseln wandern, wachsen und bilden Strünke von etwa 5 cm Durchmesser. Die Strünke werden geschält und zerteilt und schließlich ähnlich Spargel zubereitet.

Spargelsalat bildet Stangen von gut einem halben Meter Länge und einem Durchmesser von bis zu 5 cm. Er kann anstelle von Mais als Windschutz für empfindliche Gemüse verwendet werden. Kultur ist ähnlich Kopfsalat. Ernte fortlaufend bis zur Blütenbildung möglich.

Feldsalat/Nüsslisalat/Vogerlsalat

Die ideale Salatpflanze für den Einsteiger sowie für Spätaussaaten. Feldsalat ist sehr beliebt seines vorzüglichen Geschmacks wegen; der Name verweist auf das nussige Aroma. Jedoch ist die Ernte etwas müßig. Mit Stickstoff sollte Feldsalat sehr vorsichtig gedüngt werden, da die Pflanze, ähnlich dem Spinat, den Stickstoff einlagert.

Spezieller Teil

- Standort: anspruchslos. Ausreichende Feuchtigkeit und ein nahrhafter Erdboden begünstigen die Entwicklung; beikrautfrei halten.
- Direktaussaat: ab April bis August in ein beikrautfreies Saatbeet; winterhart!
- Reihenabstand: 10–15 cm
- Pflanzenabstand: 5–10 cm
- Ernte: von Herbst bis ins kommende Frühjahr. Wegen der kleinen Pflanzen ist die Ernte sehr aufwendig.

Pflücksalat

Mein Rat

Leicht angewelkter Nüsslisalat wird, in eiskaltes Wasser getaucht, außerordentlich knackig.

Feldsalat enthält geringe Mengen Baldrianöl, das, in größeren Mengen genossen, müde macht. Er weist einen enormen Vitamin-C-Gehalt auf. Der Verzehr wirkt stressmildernd und kräftigt die Nerven. Bei Neigung zu Besenreisern oder Krampfadern sollte Feldsalat öfter den Speiseplan bereichern. Regelmäßiger Verzehr schützt vor Entzündungen der Harnorgane und aktiviert die Funktion der Leber.

Feldsalat macht in großen Mengen genossen müde.

Spinat

Der Spinat bevorzugt frisch gedüngten Boden. Jedoch sollte, da die Pflanze Nitrate in den Blättern speichert, kein künstlicher Dünger eingesetzt werden. Auf Mangel an Nährstoffen im Erdboden reagiert die Pflanze mit deutlich kleineren, nicht so zarten und saftigen Blättern. Außerdem regt häufigeres Gießen mit Jauchen das Wachstum an.

Nicht mit Jauche auf die Blätter gießen. Der Gartenspinat kommt in zwei Sorten vor, nämlich als Rundblättriger und Spitzblättriger Spinat. Während der Rundblättrige gut mit sommerlichen Temperaturen zurechtkommt, verträgt der Spitzblättrige Spinat Minusgrade. Die Samen des Spitzblättrigen Spinats weisen Dornen auf.

Spinatpflanzen (links)
Erntereifer Spinat (rechts)

> **Mein Rat**
>
> Da der Spinat den Erdboden stark auszehrt, sollte dieser nach dem Abernten kräftig gedüngt werden. Graben Sie hierfür das Beet um und versorgen Sie es dabei mit reichlich Kompost, den Sie eingraben. Auch das Begießen mit Jauchen versorgt den ausgezehrten Boden mit neuen Nährstoffen.

Dem Einsteiger empfiehlt sich die Aussaat in Reihe.

Spinat kann breitwürfig ausgesät werden, jedoch empfiehlt sich dem Einsteiger die Aussaat in der Reihe. Es sollte aber auf keinen Fall zu dicht gesät werden. Ein Reihenabstand von 15–20 cm ist ausreichend. Der Betreuungsbedarf ist gering.

Die erste Ernte setzt etwa 3–4 Wochen nach dem Aufgehen der Samen ein. Bei der Ernte sollten Sie die Spinatpflanzen vereinzeln; so schaffen Sie Platz und regen das Wachstum der verbleibenden Pflanzen an. Um benachbarte Exemplare nicht zu lockern, trennen Sie das Erntegut mit einem Messer mittelbar über dem Erdboden von der Wurzel.

> Nach starken Regenfällen sind die Blätter der am Boden wachsenden Gemüse wie Spinat oder Salat durch Gartenerde oft erheblich verschmutzt. Wer nicht unbedingt diese Gemüse verwenden möchte, kann einige Tage abwarten, bis sich die Blätter von allein gereinigt haben.

Spitzblättriger Spinat

Der Spitzblättrige Spinat kann den ganzen Winter über geerntet werden. Säen Sie ihn darum in ein Beet, das Sie gut mit einem Kasten umgeben können. Falls Schneefall zu erwarten ist, können Sie das Spinatbeet mit einem Bretterkasten, den Sie abdecken – der Spinat bedarf keines Kälteschutzes –, vor dem Schnee schützen, unter dem er eventuell verschwinden würde.

Die Samen lassen sich ausgesprochen einfach ziehen: Lassen Sie mehrere männliche und weibliche Pflanzen im Beet stehen. Die Männlichen erkennen Sie an den langen Blütenrispen. Die Blüten der weiblichen Pflanzen sind schwerer zu erkennen: sie sitzen zwischen den Blattachsen, wo sich später auch die Samen befinden.

Mangold/Krautstiel

ist ein äußerst dekoratives Gemüse, das roh und gedünstet gut zu verwenden ist. Ebenso als Gründüngung hervorragend geeignet, da der Mineralstoffgehalt der Pflanze den Boden bereichert. Die Kultur des Mangolds ist der des Spinates ähnlich. In warmen Gegenden oder milden Wintern überdauert der Mangold die kalte Jahreszeit unbeschadet. Die Pflanze ist zweijährig und bildet im zweiten Standjahr eine Samenrispe.

Spezieller Teil

Schnittmangold (links)
Roter Mangold (rechts)

> Es gibt mehrere Varietäten des Mangolds:
> - Krausblättriger Schnittmangold: er erlaubt eine spinatartige Verwendung.
> - Stielmangold: Die breiten und markigen Blattstiele ergeben eine spargelähnliche Delikatesse.
> - Brasilianischer Mangold: er besticht durch farbenfrohe, kräftige Blätter in Gelb- und Rottönen.

Der Geschmack des Schnittmangoldes unterscheidet sich vom Geschmack des Rippenmangoldes. Ein erdiger Geschmack, den manche Menschen absolut nicht mögen, ist ihm eigen. Als Gründüngung oder zur Beikrautregulierung kann diese unproblematisch anzubauende Pflanze gute Dienste leisten. Im Übrigen mögen auch die Hühner Mangold gern.

Schnittmangold eignet sich auch zur Beikrautregulierung.

> - Pflanzabstand: 40 x 40 cm
> - Betreuungsbedarf: gering
> - Günstiger Nachbar: Salat, Buschbohnen, Dicke Bohne
> - Ungünstiger Nachbar: Wurzelgemüse
> - Ernte: Der Schnittmangold wird mit dem Messer geerntet.

Hierbei kann die ganze Pflanze etwa 3–4 cm über dem Erdboden abgetrennt werden. Schneiden Sie zu tief, treibt die Wurzel nicht erneut aus. Ansonsten werden bald frische Blätter aus der Wurzel schieben. Die Größe der Blätter bei der Ernte sollte etwa handgroß sein. Streifen Sie das Grün von den Stängeln und dünsten Sie den Mangold wie Spinat.

Für ein Gericht für 4 Personen benötigen Sie 2–3 gut entwickelte Pflanzen. Bei Rohverzehr genügen 1–2 Pflanzen. Anders die Ernte beim Stielmangold. Zur Ernte starker Stiele können die entsprechenden gut entwickelten Blätter ähnlich

Brasilianischer Mangold

der Ernte des Rhabarbers von der Pflanze gebrochen werden. Umfassen Sie hierfür mit der ganzen Hand das entsprechende Blatt an seinem tiefsten Punkt und brechen Sie es aus.

Die Kultur des Rippenmangolds, dessen junge Blätter ebenfalls einen ausgezeichneten Spinat ergeben, ist einfach. Das Saatbeet sollte tiefgründig locker und frisch gedüngt sein. Regelmäßiges Gießen erhöht den Ertrag.

Mangold nicht vor Mitte bis Ende April aussäen, da er sonst sehr schnell in Samen gehen kann (schießen). Zur Erzielung starker Stiele sollten die Abstände zwischen den Pflanzen vergrößert werden. Dies kann gut beim Vereinzeln geschehen.

Eine Studie aus dem Jahr 2009, aus den USA (Departments of Pathology, Clinical Neuroscience and Medicine, Rhode Island Hospital, and the Warren Alpert Medical School of Brown University, Providence, Rhode Island, USA) ergab: ... eine Korrelation zwischen dem zunehmenden Einsatz von Nitrat und Nitrit in der Landwirtschaft (Düngung) und Nahrungsmittelindustrie (Konservierungsmittel) und der dadurch erhöhten Belastung mit Nitrosaminen und der steigenden Zahl von Alzheimer-, Parkinson- und Diabetesfällen.

Verwenden Sie im Nutzgarten Kunstdünger in geringem Umfang. Verzichten Sie weitestgehend auf Chemie. Reger Mangoldkonsum unterstützt die Fettverdauung. Außerdem kann der Verzehr von Mangold bei Magen- und Darmproblemen – auch bei entzündlichen Zuständen – Besserung bringen. Mangold kann freie Radikale neutralisieren.

Mein Rat
Würzen Sie Spinat und Mangold mit viel frischem Zitronensaft. Das verhindert die Bildung gefährlicher Nitrosamine, die im Verdacht stehen, krebserregend zu sein.

Gartenmelde

Schon bei den alten Römern wurde die Gartenmelde in den Nutzgärten kultiviert. Ähnlich dem Spinat ist sie reich an Mineralien und Spurenelementen. Da die Kultur sehr einfach ist, ist dieses Gemüse dem Einsteiger ans Herz zu legen. Gartenmelde ist einjährig, die Samen lassen sich leicht selbst ziehen.

Rote Gartenmelde

- Standort: Gartenmelde ist nicht besonders anspruchsvoll. Sogar im Halbschatten gedeiht sie und liefert dabei einen befriedigenden Ertrag. Ein tiefgründiger humoser Boden ist optimal. Gartenmelde ist relativ beikrautresistent und kommt mit Trockenheit und Hitze gut zurecht. Jedoch entwickeln Pflanzen, die regelmäßig gegossen werden, zartere und größere Blätter.
- Direktsaat: ab März ins Freiland möglich, Folgeaussaaten bis August sorgen für laufende Ernten.

- Reihenabstand: 40 cm
- Pflanzenabstand: 5 cm
- Betreuungsbedarf: gering
- Ernte: junge Pflanzen in Höhe von etwa 15–20 cm oder einzelne Blätter zupfen
- Ernteertrag: 4–6 kg per 10 m²

Für ein Spinatgericht für 4 Personen bedarf es etwa 600–800 g Gartenmelde.

Für Samenbildung ein gut entwickeltes Pflanzenexemplar im Garten belassen. Mit der Blüte erreicht die Gartenmelde mitunter eine Höhe von über 2 m und kann auch als Wind- oder Sichtschutz fungieren. Die trockenen Blüten bei trockenem Wetter in den Mittagsstunden ernten und an einem trockenen und nicht zu warmen Ort lagern.

Die Gartenmelde kommt in drei Farbschläge (Grün/Rot/Gelb) vor und kann auch roh im Salat verzehrt werden. Dieser Verzehr ist besonders empfehlenswert, da Gartenmelde einen sehr hohen Vitamin-C-Gehalt aufweist.

Grüne Gartenmelde

Zwiebelgemüse

Küchenzwiebeln

Zwiebeln gehören botanisch zu den Liliengewächsen, die eine Untergruppe der Lauchgewächse bilden. Sie bilden eine farben- und formenreiche Gruppe und zählen zu den ältesten von Menschen kultivierten Pflanzen: Beim Bau der Pyramiden wurden die Arbeiter mit Brot und Zwiebeln ernährt. Schon vor zirka 6000 Jahren wussten die Menschen um die zahlreichen Vorzüge des gesunden Gemüses. Daran hat sich bis in die Gegenwart nichts geändert: Der Verzehr von Zwiebeln ist sehr gesund. Außerdem lassen sich aus Zwiebeln günstige Hausmittel selbst herstellen.

In der Zwiebel sind antibiotische Stoffe nachgewiesen worden, die das Risiko, an Magenkrebs zu erkranken, deutlich mindern und die Abwehrbereitschaft des Organismus stärken. Zwiebeln haben auch eine kreislaufstimulierende Wirkung. Besonders empfehlenswert ist die Verwendung der rohen Zwiebel bei Insektenstichen und Nasenbluten. Hierbei wird eine halbierte Zwiebel auf die betroffene Stelle gerieben bzw. unter die Nase gehalten. Als mein Sohn zum Beispiel von mehreren Wespenstichen geplagt wurde, linderte eine halbierte und auf die Stichstellen gedrückte frische Zwiebel den Schmerz beträchtlich und verhinderte ein Anschwellen der betroffenen Körperpartien.

Zwiebeln sollten grundsätzlich in keinem Garten fehlen: sie halten viele Schädlinge fern, liefern ein gesundes Würzmittel und ergeben herrliche Speisen. Dabei ist die Kultur denkbar einfach. Der einfachste Weg, Zwiebeln in den Nutzgarten zu integrieren, ist die Verwendung von Steckzwiebeln.

Zwiebel

*Junge Zwiebel (im Juni) (links)
Saatzwiebeln vor Steckzwiebeln (rechts)*

> **Merke!**
>
> Achten Sie beim Kauf auf die Qualität: Kleine, feste Steckzwiebeln in der Größe eines Bohnenkernes oder einer Kirsche sind optimal. Steckzwiebeln sind trocken, die Schale ist unversehrt.

Mitunter schieben im Frühjahr vor der Pflanzsaison bereits grüne Keime aus der einen oder anderen Steckzwiebel. Dies ist kein Mangel, sondern weist auf die Keimfähigkeit hin; diese Steckzwiebeln können auf jeden Fall verwendet werden. Die kleine Steckzwiebel der Küchenzwiebel oder der Schalotte weist – auch wenn man das vielleicht auf den ersten Blick nicht erkennt – einen Wurzelteil auf. Bei eingehender Betrachtung findet man sie problemlos am platteren Ende der Steckzwiebel (auch wenn diese oval ist); die eingetrockneten feinen Wurzeln borsteln förmlich vom unteren Ende weg. Der Schopf der Steckzwiebel wirkt dagegen fliehend und besteht aus den braunen, eingetrockneten Schloten; bisweilen bilden diese zarten Reste einen leicht abgeknickten Überhang. Die Wurzeln kommen in den Boden.

Falls Sie jedoch die Steckzwiebeln mit den Wurzeln nach oben pflanzen, ist dies auch kein Problem, da der Keim der Steckzwiebel seinen Weg findet. Es dauert nur etwas länger.

Zwiebeln nicht in frisch gedüngte Erde pflanzen!

Zwiebeln grundsätzlich nicht in frisch gedüngte Erde pflanzen. Am besten den Boden bereits im Herbst düngen und tief umgraben.

> **Merke!**
>
> Steckzwiebeln bringen sichere Erträge.

Beim Pflanzen sollten Sie die Steckzwiebel mit dem Schopf nach oben etwa bis zur Hälfte in die Erde drücken. Die Erde um die Setzzwiebel herum mit den Fingerspitzen leicht andrücken. Steckzwiebeln „springen" nach einigen Tagen gern aus dem Erdboden. Auf dem Beet befindliche Exemplare wieder an Ort und Stelle einpflanzen.

Spezieller Teil

Gestalten Sie den Pflanzabstand enger innerhalb der Zwiebelreihe, wenn Sie junge Zwiebeln/Schalotten bereits vor der Reife in der Küche verwenden wollen. Dann bitte laufend Platz schaffen. Zwiebeln nicht in mittelbarer Nachbarschaft zu Kartoffeln pflanzen.

- Abstand: 25 x 25 (bei Pflanzung mit Steckzwiebeln)
- Saatgutbedarf: 100–150 g per 10 m² (bei Aussaat)
- Betreuungsbedarf: gering, Gießen ist während der gesamten Vegetationsperiode nicht erforderlich.
- Ernteertrag: 15–30 kg per 10 m²
- Verwendung: roh und gedünstet
- Pflege: Zwiebeln haben kaum Feinde. Auch mit Beikräutern kommen sie in der Regel gut zurecht. Halten Sie das Beet relativ entspannt von Beikräutern frei.
- Ernte: im August

Zwiebelblüte

Nicht selten findet sich im Zwiebelbeet Vogelmiere. Die bildet ein dickes Pflanzenpolster um die Knolle der Zwiebeln. Ich habe beobachtet, dass beide Pflanzen in guter Nachbarschaft zueinander – Vogelmiere und Zwiebel haben sich ausgesprochen gut entwickelt – leben und dass das Pflanzenpolster der Vogelmiere die Zwiebelknolle ausgesprochen gut gegen die ersten Minusgrade im Winter schützte.

Oft bilden Zwiebelstecklinge Blütenköpfe aus. Diese würden das Ausbilden einer Zwiebel verhindern und müssen sofort nach Entdecken ausgebrochen werden. Kneifen Sie einfach die blütenbildende Schlote – sie wächst deutlich über die anderen Zwiebelschlote hinaus – ab. So entwickeln sich aus den Steckzwiebeln Küchenzwiebeln.

Im Juli färben sich die oberen Spitzen der Schloten bräunlich, auch trocknen die ersten Außenschloten zusammen oder sie knicken um. Sobald sich die Schloten färben und die Zwiebeln die richtige Erntegröße haben, sollten Sie die Schloten, um den Wachstumsprozess zu stoppen und das Eintrocknen zu beschleunigen, umtreten. Das Umtreten der Zwiebelschloten ist einfach: Ziehen Sie hierfür Schuhe mit einer glatten Sohle an – etwa wie beim Gummistiefel – und treten Sie von oben auf die Schloten, dass diese an der Seite der Zwiebelknollen zum Liegen kommen. Die gesamten Schloten sollten beim Umtreten abgeknickt werden. Keine Angst: Auch wenn Sie eine Zwiebel unter Ihrem Fuß spüren, verletzen Sie diese in der Regel nicht mit den glatten Sohlen. Wenn am Ende bei jeder Zwiebel alle Schloten am Boden liegen, ist es vollbracht. Die Zwiebel stellt das Wachstum ein und trocknet zusammen. Im August werden alle Schloten der Zwiebel tabakähnlich zusammengetrocknet sein; auch sind dann die meisten Wurzeln der Zwiebeln eingetrocknet. Sie können nun im Beet ernten.

Trockene Zwiebel

Das sollten Sie beachten!

Zwiebeln werden grundsätzlich nur bei trockener Witterung in den Mittagsstunden geerntet. Dies verspricht eine gute Haltbarkeit.

Die Zwiebeln an einem schattigen, luftigen Ort verwahren

An den eingetrockneten Schloten werden die Zwiebeln in mehreren Exemplaren zusammengenommen und gebündelt. Hängen Sie diese Zwiebeln an einem schattigen, trockenen und luftigen Ort auf; bei Wintereinbruch an einem kühlen, trockenen und nicht zu hellen Ort verwahren.

Schalotten

Klein, fein, mild – so kann man die kleinen Zwiebeln umschreiben. Schalotten eignen sich für die Verwendung als „Perlzwiebeln", sind jedoch sicherer in der Kultur als Sähzwiebeln. Junge Schalotten können frisch mit Schloten geerntet und verwendet werden. Besonders erwähnenswert ist die ausgesprochen gute Haltbarkeit der kleinen Zwiebeln. Kultur und Ernte wie bei der Zwiebel.

Knoblauch

Die Kultur des Knoblauchs im eigenen Garten ist sehr einfach und erfordert kein Geschick. Bei der Pflanzung können die einzelnen „Zehen" einer zerlegten Knoblauchzwiebel in den lockeren humosen Gartenboden gesteckt werden – oder die Brutzwiebeln, die sich aus der Blüte entwickeln, finden als Stecklinge Verwendung.

Knoblauch bevorzugt einen warmen und tiefgründigen Standort, der nicht frisch gedüngt werden sollte. Beste Zeit zum Pflanzen ist das Frühjahr. Etwa ab Anfang April können die einzelnen Zehen in einem Abstand von 15 cm, bei einem Reihenabstand von 20 cm, in den Boden gesteckt werden. Gießen ist nicht erforderlich! Jedoch sollte der Boden um die Pflanzen gelegentlich mit einer Hacke aufgelockert und die Beikräuter entfernt werden. Ab August – sobald das Laub der Pflanze eingetrocknet ist – kann frischer Knoblauch geerntet werden. Um das Eintrocknen des Krautes zu beschleunigen, kann es durch einen Knoten im Kraut zum Eintrocknen angeregt werden. Nehmen Sie hierfür alle Blätter in die Hand, drehen Sie diese vorsichtig ein wenig zusammen und verknoten Sie dieses Bündel im oberen Teil.

In geschützten und warmen Lagen kann der Knoblauch auch im Herbst ausgepflanzt werden. Ab Ende September können die Knoblauchzehen oder die Brutzwiebeln in den Boden ausgebracht werden. Stecken Sie bitte die Zwiebeln recht tief – etwa 4–5 cm – in den Erdboden.

Knoblauchpflanzen

Porree

Ob reger Konsum die Stimme des römischen Kaisers Nero wirklich zu Brillanz und Wohltönen verholfen hat, wird nicht belegt, wohl aber, dass der Kaiser jeden Monat einen Lauchtag einlegte, um den Wohlklang seiner Stimme zu erhöhen. Da Porree in der Regel nicht übermäßig zahlreich im Garten kultiviert wird, empfiehlt sich der Kauf geeigneter Jungpflanzen im Fachmarkt. Es gibt Porree für den

Spezieller Teil

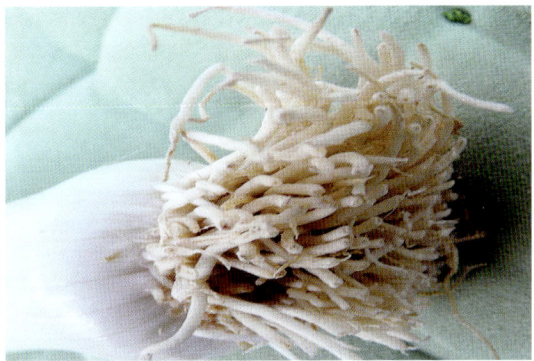

Porree (links)
Eingekürzte Porreewurzel (rechts)

Frühanbau winterharte Sorten – achten Sie beim Kauf darauf. Eine gute und ertragreiche winterharte Sorte ist die Sorte „Elefant". Winterharte Sorten entwickeln sich erst im September vollkommen.

Porree gehört zu den Pflanzen, die zum Gelingen der Kultur etwas mehr händische Tätigkeiten verlangen. Sorgen Sie während der gesamten Entwicklungszeit für eine gute Durchlüftung des Bodens. Auch regelmäßiges Gießen wirkt sich positiv auf die Entwicklung ertragreicher Porreestangen aus. Der obere Teil des Laubes wird mindestens einmal, bei kräftiger Entwicklung auch dreimal von Hand eingekürzt. Versäumen Sie das Einkürzen, wird der Porree lediglich in Höhe schießen, jedoch kaum kräftige Stangen bilden.

Falls Sie Ihren Porree jedoch selbst ziehen möchten, ist dies kein Problem: Säen Sie die Samen im April in ein vorbereitetes Saatbeet direkt ins Freiland. Vorkultur im Mistbeet oder auf der Fensterbank ist auch möglich. Falls Sie den Porree in Vorkultur ziehen wollen, können Sie die Samen ab Ende Februar in feinkrümelige Saaterde säen.

Die Keimdauer der Samen beträgt etwa zwei Wochen. Genügend entwickelte Jungpflanzen werden ab April ins Freiland gepflanzt.

Das sollten Sie beachten!

Beim Pflanzen des Porrees werden die Wurzeln und die Blätter eingekürzt. Mit einem scharfen Messer oder einer Haushaltsschere ist dies kein Problem. Kürzen Sie einfach von den etwa 4–6 cm feinen langen, weißen Wurzeln die Hälfte ein.

Beim Einkürzen brauchen Sie nicht pedantisch vorzugehen. Wenn einige Würzelchen nicht eingekürzt werden, ist dies auch nicht problematisch. Die Hauptsache ist, dass bei allen Jungpflanzen ein Großteil der Wurzeln eingekürzt wurde. Lassen Sie 2–3 cm der Wurzeln am Setzling.

Nachdem die Wurzeln bis auf die Hälfte entfernt wurden, kommen die langen, grasähnlichen Blätter an die Reihe. Diese werden ebenfalls mit einem scharfen Werkzeug abgetrennt. Sie können ruhig das oberste Drittel der Jungpflanzen entfernen. Wenn Sie nicht zu tief in den Herzblattbereich der Pflanze

Einkürzen der Wurzel und des Laubes bei Porree beim Umpflanzen

Gut entwickelte Porreepflanze (oben) Junge Erbsen (unten)

schneiden, kann nichts passieren. Auch während der Entwicklung im Nutzgarten sollte Porree mindestens noch einmal eingekürzt werden. Je nach Entwicklung kann wieder etwa das obere Drittel entfernt werden.

> **Mein Rat**
>
> Kürzen Sie Blätter nicht zu tief ein! Das Herzblattzentrum der Pflanze sollte unbeschadet bleiben. Winterporree sollte im September letztmalig gekürzt werden. Die beim Einkürzen gewonnenen Spitzen der Porreepflanzen können im Übrigen eine Gemüsebouillon bereichern.

- Standort: Nicht auf frisch mit Mist gedüngtem Boden pflanzen. Benötigt einen nahrhaften humosen, tiefgründigen und nicht zu trockenen Standort.
- Reihenabstand: 30–40 cm
- Pflanzenabstand: 20 cm
- Betreuungsbedarf: hoch
- Ernteertrag: ab 2 kg per 1 m^2

Porree wird gedünstet verzehrt. Nicht jeder mag den strengen Geschmack. In Italien besagt ein frei übersetztes Sprichwort, dass „Jemand keinen Lauchstängel wert sei", was wohl unserer Variante mit dem Pfifferling ähnlich ist. Eine gründliche Reinigung, am besten unter fließendem Wasser, ist vor der Verwendung in der Küche unbedingt erforderlich. Besonders in den oberen, an der Stange befindlichen Stellen, an denen das Blatt den Stängel umschließt, ehe es sich von ihm abgewendet ausbreitet, sitzt der Schmutz oft reichlich. Zerdrückte Lauchblätter können sich hilfreich bei stark juckenden oder leicht entzündeten Insektenstichen erweisen. Reinigen Sie bitte das Blatt, bevor Sie es zerdrücken oder mit dem Nudelholz bearbeiten und legen Sie es auf die betroffene Partie auf.

Hülsenfrüchte

Erbsen

Erbsen kommen in verschiedenen Varietäten vor. Man unterscheidet Auskernerbse, Zuckererbse und Markerbse. Kichererbsen gehören nicht zur Familie der Erbsen. Auskernerbsen können grün oder getrocknet in der Küche verwendet werden. Zuckererbsen werden mitsamt der Schoten verzehrt. Die Markerbse liefert zarte grüne Erbsen, die in der feinen Küche gern Verwendung finden. Die Kultur der verschiedenen Erbsensorten ist ähnlich. Jedoch ist der Zeitaufwand bei der Ernte sehr unterschiedlich. Personen, die wenig Zeit in der Küche verbringen, sei die Verwendung der Zuckererbse ans Herz gelegt. Das Pflücken der Schoten

Spezieller Teil

geht recht flott von der Hand. Die Auskernerbse eignet sich ebenfalls für Personen, die nicht zu viel Zeit in der Küche verbringen wollen. Die Erbsen sind recht groß und die an den Pflanzen verbliebenen können ausreifen und ausgereift in Eintöpfen verwendet werden.

Markerbsenkultur ist dagegen etwas für Leute, die stundenlang im Garten sitzen können und dabei Erbsen pulen möchten.

Neben den drei beschriebenen Varietäten kommen Erbsen in verschieden hohen Sorten vor. Fast alle Sorten bedürfen einer Rankhilfe bzw. einer Stütze. Achten Sie beim Kauf des Saatgutes auf die Anbauempfehlungen auf der Samentüte.

Säen Sie Erbsen zeitig im Frühjahr: Erbsen vertragen keine Hitze, sondern bevorzugen einen kühlen und gemäßigten Standort.

- Standort: mittelschwerer humoser Lehmboden, gut durchlüftet
- Direktsaat: ab März/April möglich oder ab Ende August
- Betreuungsbedarf: mäßig
- Reihenabstand: 40 cm – vorgeschlagener Platzbedarf reicht für das Errichten einer Rankhilfe aus
- Pflanzenabstand: 5 cm
- Ernte: Die Ernte setzt bei Erbsenbildung ein. Erbsen sollten mehrmals durchgepflückt werden. Zuckererbsenschoten werden geerntet, bevor sich im Inneren Erbsen ausbilden.
- Ernteertrag: Zuckererbsen können pro 10 m^2 bis zu 10 kg Schoten bringen. Für die Verwendung in der Küche als Gemüse benötigen Sie für ein Gericht für 4 Personen maximal 500 g. Auskernerbsen bringen unter normalen Bedingungen etwa 8 kg grüne Erbsen auf 10 m^2.

Erbsenblüte

Erbsen benötigen Rankhilfen

Säen Sie Erbsen in eine etwa 4 cm tiefe Rille und stampfen Sie den Boden nach dem Bedecken der Samen mit dem Rücken des Rechens etwas an. Nach dem Aufgehen der Erbsen sollte der Boden gelockert werden. Feucht halten beschleunigt die Entwicklung.

Das Errichten einer Rankhilfe hat Zeit, bis die Erbsenpflanzen Ranken ausgebildet haben. Häufeln Sie vorm Errichten der Rankhilfe die Erbsenpflanzen etwas an.

Als Rankhilfe eignen sich neben Tannenreisig oder anderen verzweigten Hölzern auch Maschendrahtzaunfelder. Da die Erbsenpflanzen ein ziemliches Eigengewicht entwickeln und dem Wind eine relativ große Angriffsfläche bieten, sollte die Rankhilfe tief und fest im Boden verankert sein.

Sollen Erbsen ausreifen, verbleiben diese bis zur Braunfärbung der Hülsen an der Pflanze. Trockene Hülsen sollten bei trockener Witterung, am besten in den

Mittagsstunden eines sonnigen Tages, geerntet werden. Ernten Sie die Hülsen und verwahren Sie diese in einem Baumwollbeutel. Zum Nachtrocknen können die Erbsenhülsen an einem schattigen, aber luftigen Ort aufbewahrt werden.

Das Ernten der trockenen Erbsen ist ähnlich der Ernte der trockenen Bohnen. Grüne Erbsen eignen sich ausgesprochen gut zum Einfrieren.

Erbsen gelten als beruhigende, entwässernde und sehr sättigende Nervenstärker.

In Asien verzehren Frauen von Bergvölkern sehr oft Erbsen, da sie dem Verzehr eine empfängnisverhütende Wirksamkeit zuschreiben.

Buschbohnen

Buschbohnen gehören zum am einfachsten anzubauenden Gartengemüse und bedürfen im Grunde keiner Beschreibung. Die edelsten Vertreter der großen Familie sind die Prinzessbohnen, ein beliebter und leichter Sommergenuss – 100 Gramm enthalten nur 35 Kilokalorien. Grüne Bohnen sind sehr eiweißreich.

Die Vielfalt der Bohnen ist beträchtlich. Sie sind fadenlos und einfach in der Handhabung. Neben Bohnen, deren Schoten verzehrt werden, gibt es Auskernbohnen, von denen ausschließlich die Samen verzehrt werden. Auch bei den Stangenbohnen gibt es derartige Vertreter.

Buschbohnenblüte

Bohnen mit gelben Hülsen sind besonders zart und werden gern zu Salaten benutzt. Die Grünen werden in der Küche lieber zu Eintöpfen gebraucht. Es gibt auch blauschalige Bohnen, die sind ebenfalls sehr zart und können für alle kulinarischen Verwendungszwecke genutzt werden. Das Blauviolett übersteht das Erhitzen nicht, so dass das Ergebnis wieder von grüner Farbe ist.

Buschbohnen gedeihen fast auf jedem Boden und können von Mai bis September ausgesät werden. Allerdings sind sie sehr kälteempfindlich. Buschbohnen vertragen keinen frisch gedüngten Boden.

Bei der Aussaat der Bohnen hat sich im Nutzgarten die Horstbildung bewährt. Hierfür werden in regelmäßigen Abständen von etwa 45 cm fünf Bohnenkerne in eine Erdmulde gelegt. Nach der Aussaat sind die Bohnenkerne mit Erde zu bedecken. Die Erde muss gut angedrückt werden; ist die Erde zu locker, heben sich die Bohnen und liegen nach wenigen Tagen auf dem Beet.

- Standort: sonnige, humusreiche Böden
- Aussaat: bis Ende August möglich
- Pflanzabstand: 50 cm x 45 cm
- Günstiger Nachbar: Bohnenkraut, Rote Beete, Sellerie, Erdbeeren
- Ungünstiger Nachbar: Fenchel, Zwiebelgewächse
- Betreuungsbedarf: mäßig

Bohnen müssen, sobald die ersten Bohnenschoten die richtige Größe erreicht haben, mindestens einmal pro Woche durchgepflückt werden.

Bei der Kultur der Buschbohnen kann man bei günstiger Witterung das regelmäßige Gießen unterlassen; sobald sie durch den Erdboden brechen, wachsen sie unaufhörlich. Bohnen blühen in verschiedenen Farben. Kurze Zeit nach der Blüte sind bereits die kleinen Bohnen erkennbar.

Die Pflanzen entwickeln sich relativ rasch und sollten, sobald die Ernte eingesetzt hat, laufend durchgepflückt werden.

> Die Beikrautregulierung bereitet Probleme, da zwischen den Horsten gern Beikraut gedeiht, das mit der Hacke nicht zu entfernen ist.

Jedoch leiden die Bohnen nicht unter normalem Beikrautdruck, so dass keine Ernteausfälle zu erwarten sind. Wichtig ist, dass die Wurzeln nach der Ernte im Boden verbleiben sollten. An ihnen haften Knöllchenbakterien, die Stickstoff gebunden haben. Bohnen sind protein- und stärkehaltig. Das gesundheitsschädliche Protein Phasin wird beim Garen zerstört.

An den Wurzeln der Bohnen haften die Knöllchenbakterien, die Stickstoff aus der Luft binden.

Merke!
Bohnen sollten nicht roh verzehrt werden, da sie ein gesundheitsschädliches Protein enthalten.

Die Bohnen werden, wenn sie eine ansprechende Größe erreicht haben, von Hand abgepflückt. Sollen Buschbohnen zum Eintopf verwendet werden, können die Hülsen etwas dicker sein; etwas dicker heißt, dass sich die Bohnenkerne im Inneren der Hülsen deutlich auf der Schale abzeichnen. Bei der Verwendung der Bohnen als Gemüse oder Salat sollten die Böhnchen zart sein. Für ein Gericht für 4 Personen benötigen Sie etwa 500–800 g frische Bohnen. Je kleiner im Übrigen die Bohnen sind, desto zarter und aromatischer sind sie.

Falls die Urlaubszeit Ihnen einen Strich durch das Ernten der Bohnen macht, ist dies kein Problem: Lassen Sie die kräftig entwickelten Bohnen bis zur voll-

Reife Buschbohnen (links) Junge Buschbohnenpflanze (rechts)

Die bräunlich verfärbten Hülsen bei trockenem Wetter ernten.

kommenen Ausreife am Busch hängen und ernten Sie dann die Bohnenkerne. Die Ernte der Bohnenkerne erfolgt ähnlich der Ernte der Buschbohnenhülsen. Ernten Sie die rappeltrockenen, bräunlich verfärbten Hülsen bei trockenem Wetter und verwahren Sie diese zum Nachtrocknen an einem trockenen Ort. Zum Aufbewahren eignet sich ein Sack oder Korb.

Grüne Bohnen sind ein beliebter Sommergenuss und können mit anderem Gartengemüse problemlos in einem köstlichen Eintopf verwendet werden.

Jede Kombination bietet hierbei ihren Reiz. Besonders aromatisch ist eine gleichzeitige Verwendung von grünen Bohnen und Tomaten.

Mein Rat
Bohnenkraut hebt das feine Aroma der Bohnen und sollte in keinem Eintopf als Würze fehlen. Säen Sie die aromatische Pflanze zwischen die Bohnen. Vor der Verwendung in der Küche muss der Blüten- und der Stielansatz der Bohnenschoten abgetrennt werden. Dies geht am besten mit einem kleinen Messer oder einer Haushaltsschere.

Stangenbohnen benötigen eine Rankhilfe.

Stangenbohnen
Die Kultur der Stangenbohnen ist der Kultur der Buschbohnen ähnlich. Die Bohnenkerne werden jedoch in Kreisform um die Stangen (Rankhilfe), die zu einem dachähnlichen Gerüst gestellt wurden, gelegt. Da Stangenbohnen sehr hoch wachsen können, brauchen sie dieses Gerüst als Rankhilfe. Eine andere Möglichkeit ist das Aufstellen von Einzelstangen, an denen die Bohnen emporwachsen können.

Kohlgemüse – Die Kohlarten

Alle Kohlarten verlangen einen fruchtbaren tiefgründigen Boden, der gut gedüngt sein muss. Gedüngt wird mit Kompost oder verrottetem Mist. Gleichmäßige Feuchtigkeit im Boden verbessert den Ertrag; Pflanzenjauchen bringen Feuchtigkeit und Nährstoffe zu den Wurzeln. Kohlarten mögen es warm und nicht zu windig. Am besten umpflanzt man den Kohl-Bereich mit Mais oder Gartenmelde, die dann zur Samenbildung ausreifen darf.

Weißkohl/Rotkohl/Wirsing
Neben Weißkohl zählen Rotkohl und Wirsing zu den beliebtesten Kohlgemüsearten. Schon Hildegard von Bingen pries die heilenden Eigenschaften der Kohlgewächse und hob den Rotkohl hervor, der ein Gegenmittel bei Geschwüren und der Pest sei. Da Kohlpflanzen sehr viel Platz für die Kultur im Nutzgarten beanspru-

*Weißkohl/Weißkraut (links)
Wirsing (rechts)*

chen, sollte vor der Aussaat oder dem Auspflanzen überlegt werden, wie viel man voraussichtlich benötigen wird. Bei den Kohlpflanzen empfiehlt sich der Kauf von Jungpflanzen im Fachmarkt. So bekommt man von mehreren Sorten ausreichend Exemplare. Es gibt Kohlpflanzensorten für den Früh- und den Herbstanbau.

- Standort: Kohlpflanzen bevorzugen einen sehr nahrhaften, tiefgründigen, gut befeuchteten Boden. Staunässe vermeiden. Kohlpflanzen bedürfen zur optimalen Entwicklung reichlich Nährstoffe und Feuchtigkeit.
- Direktaussaat: ab Ende April möglich
- Pflanzzeit: ab Mitte Mai bis Mitte Juni
- Reihenabstand: 50 cm
- Pflanzenabstand: 50 cm
- Betreuungsbedarf: mäßig
- Günstige Nachbarn: Tomaten
- Ungünstige Nachbarn: Zwiebelgewächse, Knoblauch

Rohverzehr sehr empfehlenswert. Weißkohl eignet sich hervorragend zur Konservierung durch Milchsäurevergärung und ergibt dann Sauerkraut.

Weißkohl eignet sich hervorragend zur Konservierung als Sauerkraut.

Das sollten Sie beachten!

Kohl grundsätzlich so tief pflanzen, dass der untere Blattansatz mit dem Erdboden abschließt. Danach Kompost oder gut abgesetzten Dung um die Pflanzen verteilen.

Pflege

Nach dem Aufgehen der Samen auf den Befall durch Erdflöhe achten. Auch bei Setzlingen auf eventuellen Schädlingsbefall achten. Beikraut regelmäßig entfernen; oft hacken, um den Boden gut zu durchlüften. Regelmäßiges Begießen der Erde mit Jauchen – auch Kompost kann verjaucht werden. Auf Schädlinge ach-

> Im Herzen der Blätter befinden sich oft Blattläuse.

ten. Besonders der Kohlweißling legt gern seine Eier in den Blättern des Kohls ab; Tomatengeruch hält ihn fern. Im Herzen der Blätter finden sich oft Blattläuse.

In der Regel befallen die Schädlinge wenige Exemplare besonders. Diese weisen meines Erachtens geringe Widerstandskraft gegen diese Schädlinge auf. Gesunde, kräftige Gemüse werden hingegen selten befallen. Lässt man die Schädlinge auf den wenigen Pflanzen, ist nach meiner Erfahrung für die anderen kein Befall zu befürchten. Dies gilt natürlich nur, wenn die Schädlinge nicht als Plage auftreten.

Mein Rat

Bevor Sie in Panik verfallen, beobachten Sie, ob der Befall voranschreitet. Sollten nur wenige Exemplare befallen sein, gönnen Sie diese den Schädlingen – so locken Sie auf natürliche Weise auch deren Feinde an.

Das Gleichgewicht kann sich auf natürliche Weise wieder einstellen. Bei zu starkem Befall empfiehlt sich die Verwendung geeigneter Pflanzenschutzmittel. Bitte im Fachhandel erkundigen oder es mit einer Suspension aus Rapsöl und Wasser versuchen.

Ernte und Lagerung

Wenn die Nächte länger werden, beginnt die Hauptwachstumsperiode des Kohls. Belassen Sie ihn ruhig im Freien. Den Kohl erst ernten, wenn mit einem Kälteeinbruch zu rechnen ist oder die Kohlköpfe die gewünschte Größe erreicht haben. Überwintern kann der Kohl im Mistbeet oder im Keller. Nur gesunde Kohlköpfe dürfen in das Winterquartier! Ernten Sie die Kohlköpfe, die im Mistbeet überwintern sollen, mitsamt der Wurzeln, die Sie wegen der anhaftenden Erde kräftig ausschlagen – braune Blätter müssen entfernt werden – und schichten Sie diese so in das Mistbeet hinein, dass die Kohlköpfe sich nicht berühren.

Bedecken Sie das Mistbeet mit Laub und Stroh, sobald die Temperaturen deutlich sinken. Lassen Sie die kleinen Kohlköpfe nicht achtlos auf dem Beet stehen oder entsorgen diese gar auf dem Kompost. Kleine feste Kohlköpfe können gut eingesäuert werden und ergeben ein vitaminreiches, wohlschmeckendes Gemüse.

Der Verzehr von Weißkohl übt eine blutbildende, cholesterinsenkende, entwässernde, entzündungshemmende und stoffwechselanregende Wirkung auf den Körper aus. Wegen der starken Blähungen, die Weißkohl auslösen kann, sollten magenkranke Personen auf den Verzehr frischen oder gedünsteten Krautes verzichten.

Eine besondere Bedeutung kommt dem Sauerkraut zu. Dieses sollte häufig auf dem Speiseplan stehen. Sauerkraut gilt als Volksheilmittel. Es kann roh und gedünstet verzehrt werden.

Rotkohl/Rotkraut

Blumenkohl/Brokkoli

Beim Blumenkohl – wie der Name es schon vermuten lässt – werden die Blüten des Kohls verwendet. Diese müssen nicht immer weiß sein. Der Blumenkohl bildet eine farbenfrohe Familie. Er kommt in Grün, Weiß und Violett vor.

Der weiße Blumenkohl muss vor dem Licht der Sonne geschützt werden, sonst treten Verfärbungen auf. Hierfür werden die beiden Mittelblätter – mitunter genügt ein Mittelblatt – über die Blume des Blumenkohls geknickt, so dass sie vollkommen damit bedeckt wird. Blumenkohl mag es nicht gern trocken und heiß und verlangt nach einer hohen Luftfeuchtigkeit.

Blumenkohl verlangt hohe Luftfeuchtigkeit.

Mein Rat

Ziehen Sie die Pflanzen des Blumenkohls selbst. So erkennen Sie bereits bei den Sämlingen, welche sich für das Auspflanzen eignen: Verwenden Sie die bleicheren zarteren Pflanzen, deren Blätter relativ glatt sind und nicht so weit abstehen.

- Pflanzabstand: 60 x 50/Romanesco: 60 x 75
- Betreuungsbedarf: hoch
- Günstiger Nachbar: Sellerie
- Ungünstiger Nachbar: Zwiebelgewächse, Knoblauch

Die Kultur wie beim Kohl; ebenfalls öfter mit Jauchen düngen. Mehrere Aussaaten verlängern die Ernteperiode. Blumenkohl darf nicht mit kaltem Wasser begossen werden. Auch der Erdboden darf bei Sonneneinwirkung nicht mit kaltem Wasser benetzt werden.

Ernte und Lagerung

Blumenkohl wird geerntet, sobald die Blume die gewünschte Größe aufweist oder sich eine beginnende Braunfärbung auf den Röschen zeigt. Dann sollten

Blumenkohl/Karfiol (links)
Brokkoli (rechts)

diese Blumen auch verzehrt werden. Vor mittelbarem Frosteintritt ist sämtlicher Blumenkohl zu ernten.

Die Lagerung der Blütenköpfe ist einfach. Schneiden Sie hierfür den Blumenkohl etwa 5 cm tief unter der Blüte ab und entfernen Sie so viel der äußeren Blätter, dass mit den verbleibenden die Blume bedeckt werden kann – knicken Sie diese einfach darüber. Mit einem Bogen Pergamentpapier – am besten leicht eingeölt – werden die Blätter abschließend bedeckt. Binden Sie das Papier mit Bast am Strunk fest. Die so vorbereiteten Blumen werden auf Stroh in einem kalten Raum gelagert. Blumenkohl eignet sich gut zum Einfrieren. Konservierung durch Einwecken ist problematisch.

Blumenkohlverzehr wirkt sich positiv auf Herz und Kreislauf auf. Personen mit empfindlichen Magen können ohne Bedenken Blumenkohl verzehren. Auch kleine Kinder dürfen das Gemüse, das keine Blähungen verursacht, verzehren.

> ### Merke!
> Alle Kohlarten verbreiten bei Zersetzung einen äußerst unangenehmen Geruch. Testen Sie gelegentlich die Kohllager mit dem Geruchssinn. Wenn es riecht, sollten Sie klären, bei welchem Gemüse Faulstellen aufgetreten sind.

Romanesco

Romanesco

Der Romanesco ist eine äußerst dekorative Variante des Blumenkohls, die einen höheren Platzbedarf aufweist.

- Pflanzabstand: 60 x 70 cm
- Betreuungsbedarf: mäßig

Rohverzehr empfehlenswert. Sehr dekorativ sind die fraktal strukturierten Röschen in einem Salat. Das Besondere sind die farblich variablen Blütenstände, die sich durch Lichteinwirkung während des Wachstums gefärbt haben. Besonders eindrucksvoll sind die fraktalen Strukturen und Fibonacci-Spiralen.

> ### Merke!
> Die mittleren Hüllblätter werden nicht auf die Blume des Romanesco gebrochen.

Grünkohl/Federkohl

Der Grünkohl stellt an die Kultur kaum Ansprüche. Er kommt beinah mit allen Lagen zurecht. Auch die gefürchtete Kohlkrankheit „Kohlhernie" kann ihm nichts anhaben. Im Gegensatz zu anderen bekannten Kohlarten bildet der Grünkohl keinen Kopf, sondern eine palmenähnliche Blattrosette, die ihm auch den Namen „Palmkohl" eingebracht hat. Er kommt in den Farbschattierungen von Dunkelgrün bis Blauviolett vor.

Grünkohl ist ein richtiges Wintergemüse. Die Qualität steigert sich, sobald der Kohl einige Tage im Frost gestanden hat. Vorher sollte er nicht geerntet werden. Nach den ersten Nachtfrösten werden fortlaufend die unteren Blätter geerntet. Diese werden einfach ausgebrochen. Die oberen Blätter entwickeln sich weiter. Sind die unteren Blätter aller Pflanzen verbraucht, werden die Blätterköpfe der Pflanzen verwendet. Er lässt sich hervorragend einfrieren.

Grünkohl ist winterfest und braucht kein Winterquartier. Jedoch sollten gerade mit Blick auf den Winter niedrige Sorten für die Nutzgartenkultur gewählt werden. Diese brechen bei Schnee nicht zu leicht um.

Grünkohl

- Pflanzabstand: 50 x 40
- Betreuungsbedarf: gering
- Rohverzehr nicht empfohlen

Grünkohl wirkt blutbildend und schwemmt Wasser aus dem Körper aus. Er hat einen sehr hohen Eiweißgehalt und ist reich an Vitamin C.

Rosenkohl

Diese Kohlvarietät stellt die gleichen Anforderungen an den Boden, wie Sie beim Kohl allgemein beschrieben wurden. Kohl ist grundsätzlich ein Starkzehrer. Rosenkohl ist ein gutes Wintergemüse, das sich ebenfalls erst, wenn die Tage kürzer und kälter werden, entwickelt. Als Aussaatzeitpunkt ist Mitte April optimal. Pflanzen Sie Rosenkohl Mitte Juni in ein tiefgründiges Beet. Da wahrscheinlich nicht so viele Pflanzen gebraucht werden, empfiehlt sich der Kauf von Pflanzgut im Fachhandel.

- Pflanzabstand: 60 x 60 cm
- Betreuungsbedarf: mäßig
- Ungünstiger Nachbar: Zwiebeln, Knoblauch
- Rohverzehr nicht empfohlen

Die Erde um die Pflanzen sollte während der Wachstumsphase oft aufgelockert werden. Besonders nach ergiebigen Regenfällen sollte eine Verschlammung des Bodens vermieden werden. Um einen guten Ernteertrag zu bekommen – sprich feste, schöne, große Rosen –, sollte bei den Rosenkohlpflanzen Anfang/Mitte September die Triebspitze der Pflanze entfernt werden. Ebenfalls sollten zur besseren Entwicklung der Röschen die unteren Blätter entfernt werden.

Gegen zu starke Minusgrade (ab –10 °C) muss Rosenkohl geschützt werden, jedoch bewirken leichte Kältegrade – die ersten Nachtfröste – eine deutliche

Rosenkohl

Das Entfernen der Triebspitze fördert die Ausbildung der Kohlröschen.

Verbesserung der Geschmackseigenschaften. Pro Pflanze ist mit einem Ertrag von mehr als 500 g zu rechnen. Durch fortlaufende Ernte sind Erträge bis zu 1 kg pro Pflanze möglich.

Für ein Gericht für vier Personen benötigen Sie etwa 500 g Rosenkohlröschen.

Bei der Ernte wird die gewünschte Menge an Rosen von den Strunken abgebrochen. Die Strunke werden dabei nicht verletzt und können im Beet verbleiben. Im Mistbeet kann das Gemüse bis etwa April aufbewahrt werden.

Volksgesundheitlich wird Rosenkohl bei grippalen Infekten und Schwächezuständen empfohlen. Der hohe Vitamin-B-Gehalt schützt und reaktiviert gestresste Nerven. Bei seelischer und geistiger Belastung sollte vermehrt Rosenkohl verzehrt werden.

> **Mein Rat**
>
> **Die Röschen des Rosenkohls können bei Bedarf von der Pflanze entnommen werden, ohne dass diese aus der Erde genommen werden muss. Ernten Sie zuerst die unteren kräftigeren Röschen. Davon erleidet die Pflanze keinen Schaden.**

Kohlrabi

Kohlrabi

Lediglich die Erdflöhe können seinen Wuchs stoppen. Ansonsten ist diese Pflanze beinah unverwüstlich und damit das ideale Gemüse für den Einsteiger. Es gibt ihn in zwei Farben, Weiß und Blau. Beide Farbschläge weisen gleiche Anbaueigenschaften auf. Außerdem gibt es die Sorte „Superschmelz". Dieser Riesenkohlrabi kann bis zu 5 kg und mehr schwer werden, ohne dass er innen pelzig wird. Auch verträgt er kältere Temperaturen. Die Blätter des Kohlrabis können im Übrigen verzehrt werden.

Da Kohlrabi in der Regel häufig den Speiseplan bereichert, empfiehlt sich aus Kostengründen die Anzucht von Jungpflanzen im eigenen Garten. Die erste Aussaat sollte großzügig erfolgen, da die ersten Kohlrabi nur zu gern von Schädlingen befallen werden. Bei einer dichten Aussaat reduzieren die Schädlinge eine Vielzahl der Stecklinge und es bleiben zu Ihrer Verwendung die widerstandsfähigsten und kräftigsten Exemplare.

Spezieller Teil

> **Mein Rat**
> Säen Sie Kohlrabi in einem zweiwöchigen Abstand aus. So erhalten Sie fortlaufend Jungpflanzen.

- Standort: tiefgründiger und nahrhafter warmer Boden, sonnig
- Direktsaat ab April bis August möglich
- Pflanzen ins Freiland: ab April
- Reihenabstand: 30 cm
- Pflanzenabstand: 30 cm
- Betreuungsbedarf: gering
- Ernteertrag: 2,0–2,5 kg per 1 m^2

Kohlrabi sollte gelegentlich, besonders bei Sommerkultur, gegossen werden. Zu trocken stehender Kohlrabi verholzt schnell. Stallmistgaben sollten im Herbst in den Boden eingearbeitet werden. Lediglich das Begießen mit Jauchen ist zur Entwicklungsförderung empfehlenswert. In der Regel entwickelt sich Kohlrabi jedoch auf einem tiefgründigen Boden, ohne dass viel Aufwand betrieben werden muss.

Gut entwickelte Kohlrabipflanzen

Reger Kohlrabikonsum kann den Blutdruck senken und ist gut für Knochen und Zähne. Kohlrabi verursacht keine Blähungen und kann auch von empfindlichen Personen oder kleinen Kindern bedenkenlos verzehrt werden. Kohlrabi eignet sich überdies ausgesprochen gut zum Einfrieren. Auf keinen Fall gehören Kohlrabiblätter auf den Kompost.

> **Merke!**
> Gerade die frischen Blätter sind sehr reich an Vitaminen und an Carotin; die Carotinwerte sind außerordentlich hoch. Junge knackig-zarte Blätter schmecken im frischen Salat besonders aromatisch. Aus ihnen können auch „Rouladen" gewickelt werden.

Fruchtgemüse

Tomaten

Dem Weltenbummler Kolumbus verdanken wir Europäer die Einführung dieser Pflanze. Der Seefahrer glaubte jedoch eine Zierpflanze entdeckt zu haben. Da die grünen Teile des Nachtschattengewächses giftig sind, wurde die Tomate nur unter Vorbehalt in die Gärten aufgenommen. Die Frucht galt als Auslöser einer gefährlichen Krankheit, nämlich des Liebeswahnsinns.

Das sollten Sie beachten!

Tomaten sind eng mit Kartoffeln, Tollkirschen, Engelstrompeten (*Dantura*), Tabak und der Alraune verwandt. Halten sich Kinder im Garten auf, sollte darauf geachtet werden, dass sie keine grünen Teile verschlucken. Das Verschlucken kann Übelkeit und Erbrechen auslösen.

Die Früchte der Tomatenpflanze sind Beeren.

Die Früchte der Tomatenpflanzen sind Beeren. Die ersten Anbauversuche wurden bereits im 16. Jahrhundert in Italien durchgeführt. In die Gärten zogen die ersten Exemplare dann zu Beginn des 19. Jahrhunderts ein. Mittlerweile hat sich die Mär von der Gefahr, die von Tomaten ausgeht, gelegt und es gibt kaum noch einen Gartenbesitzer, der nicht wenigstens einige Exemplare dieses beliebten Gemüses in seinem Garten hat.

Tomatensorten gibt es sehr viele; auch das Farbspektrum der reifen Früchte reicht beileibe nicht nur von Gelb bis Rot, sondern von Grün bis Schwarz. Die Formen variieren ebenfalls. Am eindrucksvollsten sind die Formen, die der Laune der Natur zu entspringen scheinen, die weder rund noch oval sind, sondern faltig, kantig und immer wieder anders geformt – wie wir es bei der Ochsenherztomate eindrucksvoll vor Augen geführt bekommen. Neben Farbe und Form weisen die unterschiedlichen Sorten erhebliche Unterschiede im Geschmack auf. Tomaten sind sehr wasserhaltig (etwa 95 Prozent) und weisen wenig Kalorien auf (etwa 20 kcal pro 100 g Frischware), so dass ein reger Verzehr sich nicht auf der Waage bemerkbar macht.

Eine Studie der Universität in Kalifornien ergab, dass ökologisch produzierte Tomaten deutlich mehr Antioxydantien aufweisen als konventionell gezüchtete Früchte. Tomaten können problemlos in Kübeln kultiviert werden, deshalb finden sich sogar auf den Balkonen der Stadtbewohner Tomaten. Im Garten ist die Kultur denkbar einfach, der Arbeitsaufwand gering und der Gewinn zahlt sich in unverwechselbaren Geschmackserlebnissen aus, die fern von industriell produzierten Tomaten-Klonen zu finden sind.

Sowohl in Größe ... (links) als auch in Form und Farbe gibt es sehr viele unterschiedliche Tomatensorten (rechts).

Spezieller Teil

> **Mein Rat**
>
> Stöbern Sie in den Katalogen der Raritätengärtnereien und informieren Sie sich bei den Vereinen, die den Erhalt der Kulturpflanzenvielfalt zu bewahren suchen. Das Angebot an herrlichen Sämereien und auch die zahlreichen Tomatensorten verleiten dazu, auf Topfwaren in konventionellen Gartenmärkten zu verzichten und eine eigene Auswahl zu treffen.

Die Erntesaison setzt etwa im Juli ein und hält je nach Sorte bis zum ersten Frosteinbruch an. Ab der Reife müssen Tomaten laufend durchgeerntet werden. Bedenken Sie bitte, dass 10 Cherrytomaten ähnlich schwer sind wie eine Strauchtomate. Diese wiegt immerhin um die 100 Gramm. Fleischtomaten sind deutlich schwerer.

> Damit sich Tomatenanbau lohnt, gibt es, für alle Sorten gleich, nur wenig zu beachten: nahrhafter tiefgründiger Erdboden, warmer Standort, ausreichend Feuchtigkeit – mehr bedarf es nicht.

Der nahrhafte Erdboden kann sich in einem Kübel befinden. Wird laufend gedüngt – am besten mit Pflanzenjauchen –, muss der Kübel nicht einmal ein enormes Ausmaß aufweisen. Ein 10-Liter-Gefäß reicht unter diesen Bedingungen für eine gut entwickelte Tomatenpflanze vollkommen aus. Selbstverständlich gedeihen Tomaten, die mehr Erdboden unter den Wurzeln haben, besser und können einen deutlich höheren Ertrag bilden. Im Nutzgarten sollte ein Tomatenbeet angelegt werden, das tiefgründig und besonders nahrhaft sein sollte.

Wer kein Tomatenhaus (Seite 45) errichten will, achtet beim Kauf auf die Krautfäule-Toleranz seiner Topfware – Hybridzüchtungen bieten diesbezüglich viel Potenzial. Es gibt aber auch Sorten, die sich für eine Kultur im Freiland hervorragend eignen. Hier sind die kleinen Wildtomaten/Johannisbeertomaten zu nennen, die sich dem Einsteiger zum Erfahrungssammeln anbieten. Diese kleinen Delikatessen verzeihen zu häufiges genauso wie vergessenes Gießen. Einmal in Blüte stehend, sind sie kaum noch zu stoppen; der Frost bereitet ihn schließlich den Garaus. Die kleinen, etwa kirschgroßen Tomaten bergen eine gigantische Menge an Geschmacksstoffen. Ein Erlebnis. Ein freier Platz im Garten sollte unbedingt mit solch einer urwüchsigen Pflanze besetzt werden, da sie viel Freude bringen kann.

Reife und grüne Tomaten an einer Rispe

> Sie benötigt mindestens 1 m² Platz, es kann auch gern etwas mehr sein, und sie kann bis 1,5 m hoch werden – ohne dass sie an Rankhilfen und Stäben aufgerichtet wird. Zwei bis drei Stützen halten die Pflanze in Form.

Unreife grüne Tomaten sollten nicht verzehrt werden.

In einer Blumenampel oder als Bepflanzung eines Balkonkastens leistet die Johannisbeertomate ausgesprochen dekorative und kulinarische Dienste. Ebenfalls eine hervorragende Tomate für den Einsteiger ist die robuste „Buschtomate".

Tomaten teilen sich grundsätzlich in zwei sehr unterschiedliche Arten, nämlich die Busch- und die Stabtomate.

Die **Buschtomate** entwickelt sich, einer Wildtomate ähnlich, urwüchsig. Dieser Urwuchs treibt unaufhörlich aus den Blattachsen, aus denen ständig neue Triebe schieben. Haben diese Triebe Blätter gebildet, schieben dort auch wieder Triebe heraus. Nur Nährstoff- und Wassermangel, Krautfäule oder der Frost können diesen Wuchs stoppen. Das Besondere an diesen Tomaten ist, dass sie nicht ausgegeizt werden müssen und ein Gewirr aus Blättern und Stängeln bilden.

Bei den **Stabtomaten** ist dies anders. Auch sie gedeihen und treiben eine Vielzahl Triebe aus den Blattachsen hervor. Werden diese nicht entfernt – in der Fachsprache nennt man dies „Ausgeizen" –, würden die Tomaten verwildern und ausschließlich kleine Früchte bilden.

In der Küche sind Tomaten Multitalente. Sie können roh oder gegart verzehrt werden. Wegen des herrlichen Eigengeschmackes sind aufwendige Würzmischungen nicht erforderlich. Am besten munden Tomaten, wenn sie zusammen mit rohen Zwiebeln ungegart verzehrt werden. Auch zu Käse sind sie die idealen Begleiter. Ein versalzenes Gericht kann im Übrigen durch Hinzufügen von Tomaten genießbar gemacht werden.

> **Merke!**
>
> Gegarte Tomaten benötigen bei der Verdauung mehr Energie, als sie liefern.

Tomatenanzucht

Die Anzucht eigener Tomatenpflanzen ist nicht problematisch, unabhängig für welche Sorte Sie sich entschieden haben.

> Sollen Tomaten aus Samen gezogen werden, wird Aussaat- oder Jungpflanzenerde bereits im Februar in Saatgefäße gefüllt und an einen warmen und hellen Ort gestellt. Als Anzuchterde kann aber auch gute Gartenerde, gemischt mit Kompost, verwendet werden. Wichtig ist, dass die Erde gut temperiert ist.

Das Gießwasser für die Tomaten soll gut temperiert sein.

Das Gleiche gilt für das Gießwasser. Sind die Samen gut keimfähig, gehen sie wenige Tage nach Aussaat auf. Die Aussaat kann dicht erfolgen. Auch ist kein tiefgründiges Aussaatgefäß erforderlich; die Eierkartonage genügt vorerst. Etwa drei Wochen danach, sobald sie das zweite Paar Blätter gebildet haben, kann pikiert werden. Es ist ratsam auch hier die kräftigen Pflanzen selektiv in Töpfe zu setzen, in denen sie bis zum Auspflanzen im Garten bleiben, und die schwachen auf den Kompost zu geben.

Zur Entwicklung kräftiger Pflanzen brauchen Sie einen hellen und warmen Standort – eine südwestlich ausgerichtete Fensterbank ist optimal. Tomaten mögen es feucht! Vergessen Sie nicht ab, und an zu gießen.

Sobald keine Nachtfröste mehr zu erwarten sind – ab Mitte Mai – können die Tomaten in den Garten gepflanzt werden. Wegen der zahlreichen Sorten sollten unterschiedliche Pflanzabstände eingehalten werden.

- Betreuungsbedarf: sehr hoch
- Pflanzabstand: Cherrytomate 50 x 50 cm
  Fleischtomate 100 x 50 cm
  Perettitomate 80 x 50 cm
  Stabtomate 80 x 50 cm
  Buschtomate 80 x 80 cm
  Wildtomate 1 m x 1 m
- Günstiger Nachbar: Kohlgemüse
- Ungünstiger Nachbar: Kartoffel, Hülsenfrüchte

Junge, aus Samen gezogene Tomatenpflanzen

Ein gutes Gießwasser aus Leitungswasser selbst herzustellen

Ein Gefäß mit 1–2 Liter Wasser füllen und die Schalen von 2–3 Eiern hinzufügen. Das Gemisch sollte etwa eine Woche in einem warmen Raum stehen, dann kann es zum Gießen verwendet werden. Auch die Zimmerpflanzen mögen dieses Wasser und bedanken sich für gelegentliche Gaben mit reichem Wuchs.

Apropos ... „Eisheilige"

Mitte Mai kann es noch einmal richtig kalt werden – sogar Nachtfrost ist möglich! Bohnen, Kartoffeln, Tomaten sollten davor geschützt werden. In den letzten Jahren verliefen die fünf Tage jedoch glimpflich, über mehrere Jahre fielen die Eisheiligen gänzlich aus. In der Regel treten die „Eisheiligen" Mitte Mai auf, die „kalte Sophie" am 15. Mai beendete diese Tage für gewöhnlich.

> **Das sollten Sie beachten!**
>
> Wegen der Gefahr der Übertragung von Krautfäule dürfen Kartoffeln und Tomaten nicht zusammengepflanzt werden.

Die Sortenwahl

Für welche Sorte Sie sich entscheiden, hängt davon ab, was Sie erwarten. Wollen Sie Tomaten für den Frischverzehr, sollten Sie verschiedene Sorten pflanzen. Verschiedene Sorten weisen verschiedene Geschmacksmuster und unterschiedliche Reifezeiten der Früchte auf. Außerdem kommt Farbe in den Garten.

Suchen Sie die Herausforderung das Erlebnis des Gärtners entdecken zu wollen, rate ich zu Fleischtomaten. Die Früchte der Fleischtomate können bis 500 g schwer werden, und es ist ein ganz besonderes Erlebnis, diesem Werden bei-

Verschiedene Sorten weisen verschiedene Geschmacksmuster und unterschiedliche Reifezeiten auf.

Solange die Nebentriebe, die aus den Blattachsen hervorbrechen, nicht zu groß sind ...

... lassen sie sich ohne Mühe mit den Fingern ausbrechen.

wohnen zu dürfen. Allerdings bedürfen derart schwere Früchte einer Stütze. Schützen Sie Ihre Pflanzen auch vor Windbruch. Auch zum Konservieren gibt es eine hervorragend geeignete Sorte. Im Handel wird sie unter dem Namen „Roma-Tomate" geführt. Diese Sorte ist eine Buschtomate und überzeugt durch einen enormen Ertrag.

Das Anbinden der Stabtomaten

Stabtomaten müssen an einem Stab angebunden werden. Dies geschieht mehrfach während der Vegetationsperiode. Das Anbinden verhindert das Umknicken der bis zu 2, 5 m hoch aufwachsenden Pflanze. Sie benötigen zum Anbinden der Pflanze einen Stab von mindestens 1,5 m Höhe. Damit Wurzeln durch das Einbringen des Stabes nicht verletzt werden, sollte er bereits beim Pflanzen der Tomaten in den Garten mit eingebracht werden – auch wenn die Tomatenpflanzen im Verhältnis zum Stab noch sehr klein sind. Im Handel sind Tomatenstäbe erhältlich, die aus Metall sind. Diese Stäbe haben den Vorteil, dass Krankheitserreger sich nicht an und in ihnen einnisten können. Beim Anbinden der Tomaten an den Pfahl darf weder Draht noch dünnes Garn verwendet werden. Es würde die Pflanzen beschädigen. Ausgesprochen gut eignen sich ausrangierte Damenstrümpfe. Auch Stoffstreifen oder sonstige breitere Bänder können verwendet werden.

Das „Ausgeizen" der Tomaten

Lediglich die Stabtomaten werden „ausgegeizt". Entlang des Hauptstängels wachsen aus den Achsen der Blätter kleine Triebe heraus. Diese werden am besten in zweiwöchigem Rhythmus entfernt. Wurde solch ein Trieb übersehen, sollte er mit einer Rosenschere entfernt werden. Verletzen Sie dabei nicht die Mutterpflanze.

Zur Ertragssteigerung können Tomaten auch ähnlich den Kartoffeln behäufelt werden. Hierfür ziehen Sie mit der Hacke Erde um den Stängel. Stab- und Buschtomaten benötigen zur Stütze einen Stab oder ein Spalier. Denken Sie daran, dass Ihre Tomate – je nach Sortenwahl – mitunter 2 m Wuchshöhe erreichen kann. Holzstäbe sollten, falls die Krautfäule die Tomaten befallen hat, im kommenden Jahr nicht wieder verwendet werden, da sie dann ebenfalls infektiöse Wirkung aufweisen können.

Nach den ersten Nachtfrösten färbt sich das Grün der Tomaten beinah schwarz. Die Pflanzen sind erfroren. Jedoch können die unreifen Früchte auf eine ganz einfache Weise zur Nachreife gebracht werden: Die grünen Tomaten werden in eine saubere Papiertüte gegeben und im Küchenschrank nachgereift. Grüne Tomaten können auch sauer eingelegt werden.

Mein Rat

Tomaten lieben Beinwelljauche. Darum sollten Sie, so genügend Platz vorhanden ist, immer einen kleinen Bestand an Beinwell im Garten haben. Schneiden Sie einfach die Blätter 5 cm oberhalb des Erdbodens ab und geben Sie diese zusammen mit Brennnesseln in ein Gefäß – am besten in eine Regentonne. Wenn die Jauche sich schwarz gefärbt hat und stinkt, dann gießen Sie diese in den Morgen- oder Abendstunden um die Tomatenpflanzen, so dass alle Wurzeln Feuchtigkeit aufnehmen können.

Paprika

Ebenso wie Aubergine und Tomaten gehört Paprika zu den wärmeliebenden Pflanzen. Jedoch ist auch eine Kultur in unseren Breiten im Nutzgarten möglich. Die Heimat des Paprika liegt in Mittelamerika. Kolumbus brachte die Pflanze nach Europa. Bis nach dem Zweiten Weltkrieg waren in Deutschland Paprikaschoten relativ unbekannt.

Paprika kommt in sehr vielen Farben und Fruchtformen vor. Die Früchte eignen sich für den Rohverzehr, zum Garen und zum Konservieren gleichermaßen.

- Standort: Es wird ein sonniger und windgeschützter Platz benötigt. Der Boden sollte vor dem Bepflanzen ordentlich mit Kompost oder verrottetem Stallmist gedüngt werden. Schaffen Sie einen Standort zum Auspflanzen von Setzlingen, indem Sie zuvor Gartenmelde als Umzäunung kultiviert haben. Am besten kaufen Sie Paprikapflanzen im Topf in einem Fachmarkt.
- Betreuungsbedarf: hoch
- Pflanzzeit: nicht vor Ende Mai ins Freiland pflanzen
- Reihenabstand: 50 cm
- Pflanzenabstand: 40 cm
- Ernte: die Früchte bei Erreichen der Farbe oder der entsprechenden Größe
- Ernteertrag: Unter optimalen Wetterbedingungen sind pro Pflanze 1 kg Ertrag möglich. Der Ertrag ist von Sorte zu Sorte sehr verschieden.
  Die Pflanzen werden im Freiland weder „ausgegeizt" noch ausgeschnitten. Paprikapflanzen bedürfen eines Stützpfahles. Binden Sie den Mitteltrieb der Paprikapflanze ähnlich der Tomate an. Sorgen Sie laufend für eine ausreichende Belüftung des Erdbodens und halten Sie die Erde immer feucht. Während des Wachstumes der Pflanzen sollte mit Kompost/Kompostjauche nachgedüngt werden.

Merke!

Kaltes Gießwasser ist Gift für die Kultur des Paprikas!

Gelber Paprika

Paprikapflanzen

Freilandgurken

Freilandgurken

Frische Gurken aus dem eigenen Garten sind absolut delikat und aus sensorischer Betrachtung nicht mit den Gurken vergleichbar, die vom Handel angeboten werden. Wichtig ist allerdings die Sortenwahl. Auch wenn es Gurken gern feucht haben, sollte sie nicht zu viele Wassergaben erhalten. Am besten eignet sich zur Gurkenkultur Regenwasser oder Pflanzenjauche.

Die Sorte „Eva" ist eine altbekannte Sorte, die sich zum Einlegen und Rohverzehr ausgesprochen gut eignet. Allerdings ist sie nicht bitterstofffrei und auch nicht mehltauresistent. Falls Sie ein Fan von „Senfgurken" sind, empfiehlt sich die Verwendung dieser Sorte. Der Ertrag wird dank der großen gelbreifen Gurken deutlich höher ausfallen als jener, der von einem Liebhaber kleiner Einlegegurken, der Cornichons, erzielt wird. Sie sind Liebhaber dieser kleinen Delikatessen? – Dann versuchen Sie es einmal mit der Sorte „Vorgebirgstrauben".

- Standort: Ein tiefgründiger, nahrhafter und feuchter Erdboden eignet sich ausgesprochen gut.
- Direktsaat: ab Anfang Mai
- Reihenabstand: 1–1,5 m
- Pflanzenabstand: 50 cm
- Betreuungsbedarf: hoch
- Günstiger Nachbar: Gurken vertragen sich mit beinah allen Gemüsearten gut.
- Ungünstiger Nachbar: Radieschen und Rettiche
- Ernte: Sobald die Gurkenfrüchte die entsprechende Größe erreicht haben.
- Ernteertrag: Fällt je nach Sortenwahl und Verwendungszweck der Gurkenfrüchte sehr unterschiedlich aus. Von 10 m^2 ernten Sie ungefähr 20 kg Einlegegurken. Sollen größere Exemplare erzielt werden, ernten Sie die Früchte später. Wollen Sie von einer reichtragenden Pflanze Samen ziehen, lassen Sie ein ausgesucht schönes Exemplar auf dem Beet an der Pflanze reifen.

Das sollten Sie beachten!

Beim Ernten sollten die Triebe und die Blätter möglichst wenig bewegt werden. Die Pflanzen würden die Blütenbildung einstellen und der Ertrag würde deutlich geringer ausfallen.

Wichtig ist eine windgeschützte Lage. Diese können Sie durch Umpflanzen von Zuckermais oder Gartenmelde erreichen. Eine Windbarriere aus Brettern eignet sich nicht. Säen Sie Gurken erst aus, wenn der Erdboden angenehm temperiert ist. Eine Vorkultur im Gewächshaus oder in Saatgefäßen auf der Fensterbank in der Wohnung ist möglich und empfiehlt sich, wenn Sie die Ernteperiode ausdehnen wollen.

Spezieller Teil

In eine etwa 2 cm tiefe Rille legen Sie im Abstand von etwa 50 cm 3–4 Gurkenkerne. Falls Dillsamen zur Hand sind, können diese jetzt breitwürfig aufgestreut oder in die Rille gesät werden. Nach dem Säen bedecken Sie die Samen wie gewohnt mit Erde und drücken diese mit dem Rücken Ihres Rechens leicht an. Angießen mit abgestandenem Regenwasser beschleunigt die Keimung. Benutzen Sie beim Befeuchten der Saaterde eine Brause. Nach etwa 6–10 Tagen gehen die Gurken auf. Belassen Sie je Pflanzstelle zwei gut entwickelte und gesunde Pflanzen. Verpflanzen zu dicht gesäter Keimpflanzen aus dem Freiland ist ebenfalls möglich.

Gurkensamen sollten in einem Abstand von ca. 50 cm ausgesät werden.

Merke!
Kaltes Gießwasser ist Gift für Gurken!

So geht es
Heben Sie beim eventuellen Verpflanzen die zu entfernenden Keimpflanzen vorsichtig mit einer kleinen Schaufel oder der Schärfe einer Hacke samt reichlich Erdreich aus dem Verbund und setzen Sie diese in ein vorbereitetes Pflanzloch ausreichender Größe. Achten Sie jedoch beim Lösen darauf, dass die anderen Pflanzen nicht gelockert werden. Dies erreichen Sie, indem Sie die Pflanze versetzen, die ein wenig einzeln steht.

Um den Wuchs der Pflanzen anzuregen und den Ertrag zu steigern, müssen die Gurkenpflanzen oberhalb des fünften Blattes dann eingekürzt werden. Kneifen Sie einfach mit den Fingernägeln die zarte Spitze aus.

Durch diese Maßnahme werden die Pflanzen in ihrem Längenwachstum gestört, und das Breitenwachstum wird angeregt. Gerade die Triebe, die in die Breite wachsen, tragen reiche Ernte.

Gurken, frisch durch die Erde gebrochen (links)

Gut entwickelte Gurkenpflanze Ende Juni (rechts)

Das Gurkenbeet sollte regelmäßig begossen werden. Verwenden Sie Jauchen.

Unter den schattigen Blättern verbergen sich oft Schädlinge, allen voran Nacktschnecken. Legen Sie, falls Befall beobachtet wird, Kräuter unter den Blättern aus oder stellen Sie Fallen auf. Auch eine Salzbarriere zeigt Wirkung.

> Die Blüten der Gurken können männlich und weiblich sein. Weibliche Blüten sind die früchtetragenden Blüten. Man erkennt sie an der kleinen Gurke, aus der die Blüte wächst.

Männliche Blüten hingegen sitzen an einem dünnen Stiel. Diese entwickeln sich nicht zu einer Gurke.

Das Verhältnis der Blüten zueinander ist von Jahr zu Jahr verschieden; es gibt Jahre, da bilden die Gurkenpflanzen eine Menge männlicher Blüten.

Während der gesamten Entwicklung können Gurkenpflanzen oft mit Pflanzenjauchen gegossen werden. Anstelle von Pflanzenjauchen kann auch der Kompost aus dem Garten mit reichlich Wasser versetzt und verrührt werden. Gießen Sie am besten in den Abendstunden. Gießen Sie nicht über die Blätter der Gurken, sondern nur auf den Erdboden.

Roher Gurkengenuss wirkt harntreibend sowie stuhlregulierend und entlastet somit das Herz. Außerdem klärt der Genuss roher Gurken das Hautbild. Auch bei Sonnenbrand bringt das Auflegen roher Gurkenscheiben rasch Linderung.

Gurkenpflanzen können oft mit Pflanzenjauchen gegossen werden.

Mein Rat
Für den Frischverzehr sollte beim Durchpflücken auf die Farbe der Gurkenfrüchte geachtet werden. Sobald diese eine aromatische Reife erreicht haben, färbt sich die Seite, mit der die Gurken auf dem Erdboden liegen, weißlich. Gelb gefärbte Gurkenfrüchte sollten nicht mehr für den Frischverzehr verwendet werden.

Kürbisse gibt es in unterschiedlichsten Formen und Farben.

Kürbisse

So paradox es auch klingen mag: Der Kürbis ist kein Gemüse, sondern eine Beere und somit ein Obst. Da bei zahlreichen Vertretern eine harte Schale dominiert, ist auch von „Panzerbeeren" die Rede. Die Farbe und Form der Kürbisse ist sehr variabel. Kürbisse bilden ähnlich den Gurken eine Pfahlwurzel, die je nach Varietät bis zu zwei Meter in die Erde ragt. Eingeteilt werden Kürbisse in Sommer- und Winterkürbis. Unter Sommerkürbis rangieren die Varietäten, die in unreifem Zustand genossen werden, während Winterkürbisse vollkommen ausreifen dürfen.

Die beliebtesten Kürbisse sind sicherlich an erster Stelle der Zucchini, gefolgt von Butternut, Hokkaido, Paddison und Muskatkürbis.

> **Mein Rat**
>
> Experimentieren Sie, bis Sie Ihre Lieblingssorte gefunden haben und lassen Sie später den besten Kürbis Ihrer Lieblingssorte als Samenträger vollkommen ausreifen.

Die Kultur der Kürbisse im Garten ist relativ einfach, ein tiefgründiger und lockerer humoser Boden empfehlenswert, regelmäßiges Gießen erforderlich. Betreuungsbedarf: gering.

Kürbis bevorzugt tiefgründigen, humosen Boden.

> **Merke!**
>
> Kaltes Gießwasser ist Gift für Kürbisse!

Zucchini/Zucchetti (Sommerkürbis)

Auch die beliebte Zucchini, der auch unter dem Namen Zucchetti bekannt ist, ist ein Kürbis und gehört in die Gattung der Sommerkürbisse. Zucchinipflanzen sind äußerst fruchtbare Kürbisgewächse. Da die Früchte zum Verzehr nicht ausreifen dürfen, sollte vor der Pflanzung überlegt werden, wie häufig und in welcher Menge Zucchini verzehrt werden sollen: Viele Nutzgartenbesitzer stöhnen mitunter, da sie zu viel Zucchini ernten.

> Der Ertrag einer Zucchinipflanze kann sich auf zirka 3–5 kg belaufen. Das sind etwa 50 Stück. Das Besondere am Sommerkürbis: Die Ernte erfolgt fortlaufend. Das heißt, Zucchini sollte möglichst regelmäßig geerntet werden. Die Früchte sollten dabei nicht zu groß werden.

Ansprüche an die Kulturführung sind gering. Zucchini wachsen noch dort, wo Gurken bereits nicht mehr gedeihen. Ein tiefgründiger nahrhafter Boden und regelmäßiges Gießen optimiert den Ernteertrag. Damit sich kein Mehltau ausbreitet, sollte das Benetzen der Blätter mit kaltem Wasser unterlassen werden. Die Samengewinnung ist einfach: eine ausgesuchte Zucchini vollkommen ausreifen lassen und die Kerne für die kommende Aussaat sicher und trocken verwahren. Zucchini bilden wie Gurken männliche und weibliche Blüten an einer Pflanze. Die Blüten können zum Dekorieren und zum Kochen verwendet werden.

Gern werden Zucchini herzhaft gefüllt und gegart oder in Ausbackteig getaucht und frittiert. Zucchinis, die auch roh und gegart verzehrt werden können, sollten bei etwa 8 °C eine Woche gelagert werden. Platzbedarf: 1 m x 1 m, Betreuungsbedarf: gering.

Zucchini mit Blüte

> **Merke!**
> Zucchinis sollten nicht neben Äpfeln gelagert werden.

Hokkaido (Winterkürbis)

In zweierlei Hinsicht ist der Hokkaido der Kürbis für den Einsteiger: nicht zu groß werdend, einfach und gut in der Küche zu verwenden und überdies wunderbarerweise mit einem sehr angenehmen Geschmack ausgezeichnet. Wer keinen Kürbis mag, sollte unbedingt den Hokkaido probieren. Dank der guten Haltbarkeit und Lagerfähigkeit zaubern diese Kürbisse gerade an tristen Wintertagen farbige Momente auf den Tisch.

Auch im Garten überzeugt der Hokkaido durch seine unproblematische Art. Er kann auf einem Beet angebaut werden. Ausreichende Versorgung mit Nährstoffen und gelegentliches Gießen bringen eine gute Ernte. Die Früchte werden – auch wenn sie unter die Familie der Riesenkürbisse fallen – zirka 1–2 kg schwer. Nach Absterben der Blätter im September sind die Kürbisse ausgereift und können gut gelagert werden; frostfrei, am besten bei Temperaturen um die 10 °C.

Sollen Kürbisse ins Winterquartier, ist auf einen intakten Stielansatz zu achten. Ist dieser in Ordnung, kann ein Kürbis über mehrere Monate gelagert werden. In der Küche überzeugt der Hokkaido durch seine einfache Handhabung und den feinen nussigen Geschmack. Die Schale wird beim Kochen weich, lediglich die Kerne sind zu entfernen. Für ein Gericht für 4 Personen benötigen Sie etwa 1 kg Hokkaido.

Erntereifer Hokkaido

- Pflanzabstand: 1, 5 m x 1, 5 m
- Ertrag pro Pflanze etwa 10 kg

Patisson (Sommerkürbis)

Wieder ein Sommerkürbis. Ähnlich dem Zucchini sollte der flache, „UFO-förmige" Patisson geerntet werden, wenn die Schale noch weich ist. Dann ist er saftig und kann zu Suppen oder Füllungen verarbeitet werden. Mit einem Gewicht, das zwischen 0,5 und einem Kilo variiert, ist die absolute Genussreife erreicht. Laufend durchpflücken. Die Farbnuancen Weiß und Gelb sehen äußerst dekorativ aus. Gerade für kleinere Präsente kann der Patisson gut eingelegt werden.

Die Ansprüche an die Kultur sind wie bei allen Kürbisgewächsen gleich. Am besten schmecken die ganz kleinen Früchte, die sauer gut einzumachen sind. Sie werden ganz und mit Schale verzehrt.

Butternut (Winterkürbis)

Diese Kürbisspezialität empfiehlt sich wieder dem Einsteiger. Die Früchte werden in einer Größe von etwa 1 kg geerntet und sind gut lagerbar. Ein feiner Buttergeschmack gab dem Butternut den Namen. Wegen des schönen Kürbisfleisches kann dieser zum Überbacken in der Küche hervorragend verwendet werden. Versuchen Sie doch einmal, nach einer gründlichen Reinigung der Schale, den Kürbis in gleichmäßige Scheiben zu schneiden und panieren Sie ihn, ehe er in einer Pfanne gebraten wird.

Der Butternut gehört, wie der Muskatkürbis auch, zu den Moschuskürbissen.

Butternut

> **Mein Rat**
>
> Bepflanzen Sie das Beet mit mehreren Kürbissorten. Das bringt Vielfalt in den Garten und sichere Erträge. Außerdem spüren Sie auf diese Weise Ihren Favoriten am schnellsten auf.

Ölkürbis (Speisekürbis, Sommerkürbis)

Er ist der Kürbis, der am liebsten den Kompost beschattet. Mit einer langen Pfahlwurzel durchdringt die Kürbispflanze den humosen Haufen und bedankt sich für die reichliche Nahrungszufuhr durch herrlich schorfige, kugelrunde Früchte. Die Früchte des Speisekürbisses können mitunter sehr schwer werden. Der Geruch und der Geschmack sind dem Kürbisgegner zuwider. Süßsauer eingelegt, täuscht die absolut dekorative Farbe, die an herrliche goldgelbe Ananasfrüchte erinnert, über den faden Geschmack hinweg. Speisekürbis wird oft in den Nutzgärten angebaut. Es gibt zahlreiche Rezepte, die eine Vielzahl Verwendungsmöglichkeiten in der Küche eröffnen. Sogar ein süßer Brotaufstrich lässt sich aus dem Gartenkürbis herstellen.

Speisekürbisse können mitunter sehr schwer werden.

Der Platzbedarf ist hoch.

- Pflanzabstand: 2 m x 1 m
- Der Ertrag variiert und beläuft sich auf zirka 10–50 kg pro Pflanze.

> **Mein Rat**
>
> Falls Sie zu den Menschen gehören, die Kürbis verabscheuen, dann sollten Sie Ihren Kompost unter das Beerenobst in Ihrem Garten streuen – das dankt Ihnen diese Liebesgabe mit kräftigem Wuchs und tollem Ertrag.

Aubergine

In den Gärten ist die Aubergine, die auch unter dem Namen Eierfrucht bekannt ist, schon lange keine Unbekannte mehr. Die Araber brachten die Aubergine nach Europa. In Italien begann dann die Kultur als Fruchtgemüses.

Auberginen kommen in den Farben Weiß, Gelb und Dunkelviolett vor. Es gibt jedoch weitere Farbvarietäten. Die Formen variieren von rund bis keulenartig oder oval. Die Früchte und die Blüten sind wunderschön anzuschauen. Über den Geschmack wird jedoch gestritten – Auberginen schmecken nach fast gar nichts. Auberginen sind Sonnenanbeter. Eine Kultur in kalten Lagen empfiehlt sich nicht.

- Standort: der sonnigste Platz im Garten, der ausreichend mit Feuchtigkeit und Nährstoffen versorgt ist. Tiefgründiges Auflockern des Bodens unbedingt erforderlich.
- Betreuungsbedarf: sehr hoch
- Reihenabstand: 1,2 m
- Pflanzenabstand: 50 cm
- Ernteertrag: pro Pflanze etwa 5–6 reife Früchte

Auberginenfrucht

Vorkultur im Gewächshaus oder auf der Fensterbank ist möglich und wird empfohlen.

Auspflanzen, wenn der Boden warm ist und keine Gefahr mehr für Nachtfröste besteht.

Ich habe die Pflanzen sogar während der „Schafskälte" im Juni mit wärmendem Flies vor zu niedrigen Temperaturen geschützt.

Unter optimalen Bedingungen können die Pflanzen eine stattliche Höhe von über 1,5 m erreichen. Damit der Wind die Pflanzen nicht umknicken kann, sollten diese – ähnlich den Tomaten – mit Stäben gesichert werden. Die Früchte erreichen ein Gewicht von etwa 300 g und können mitunter von den Trieben nicht gehalten werden. Die Triebe, die Früchte tragen, sollten ebenfalls gesichert werden.

Die beste Variante bei großen Pflanzen und schweren Früchten ist das Errichten eines Gerüstes.

Hierzu werden 2 Stäbe rechts und links neben der Pflanze oder neben zwei Pflanzen – das müssen Sie entscheiden – in den Erdboden gerammt. Mit ausrangierten Damenstrümpfen, Kordeln oder Stoffbändern können die Pflanzen an die Stäbe gebunden werden. Außerdem können Querverbindungen aus Holz oder Garn Stützfunktion für die schweren Früchte übernehmen, die mit diesen Bändern an den Querverbindungen befestigt werden.

Ernte

Reife Früchte reagieren auf Fingerdruck elastisch. Prüfen Sie immer wieder den Reifezustand Ihrer Früchte und ernten Sie diese, wenn sie elastisch sind. Schrumpelige Haut weist auf überreife Früchte hin, welche zum Verzehr nicht mehr geeignet sind. Ähnlich den Tomaten empfiehlt sich eine fortlaufende Ernte.

Bei der Verwendung in der Küche brauchen die Auberginen nicht geschält zu werden. Vor dem Verzehr sollten die Früchte gewässert werden – dadurch werden Bitterstoffe ausgeschwemmt.

Auberginenblüte

In Frankreich verzehrt man eine Spezialität, die frei übersetzt „Auberginen-Kaviar" heißt. Hierzu wird das mit einer Gabel zerdrückte Fruchtfleisch der Früchte mitsamt der dunklen Kerne – unter Zugabe von Salz, Pfeffer und Knoblauch – verzehrt.

Zuckermais

Zuckermais wird nicht so hoch wie herkömmlicher Mais.

Der Maisanbau im Nutzgarten blickt auf eine lange Tradition zurück. Kolumbus brachte das „Indianerkorn" von einer Seereise mit. Geerntet werden die unreifen, in der Milchreife befindlichen Kolben. Mais ist sehr vielseitig verwendbar und sollte in keinem Nutzgarten fehlen. Mais kann gut zu Schutzwecken windempfindlicher Gemüse angepflanzt werden. Maispflanzen, die eine Höhe von etwa einem halben Meter erreicht haben, haben eine ähnliche Wirkung wie ein Lattenzaun – sie brechen den Wind. Besonders bei wärmeliebendem, empfindlichem Gemüse wie Paprika, Gurken oder Rosenkohl empfiehlt sich eine Umgrenzung mit Mais. Aber auch Kohlpflanzen reagieren empfindlich auf zu starke Winde – auch sie sollten mit Mais umpflanzt werden.

Auch Wintergemüse können durch Maispflanzen vor den kalten austrocknenden Winden geschützt werden, da die Pflanzen auch dann noch eine natürliche Windbarriere bilden, wenn sie längst abgestorben sind.

Rund um die Spindel sind die Maiskörner angeordnet.

- Standort: sonnenhungrige Pflanze. Der Boden sollte warm und tiefgründig sein, nicht zu trocken. Direktsaat ab Mai bis Juni möglich. Mais ist kälteempfindlich und sollte nur in einen ausreichend erwärmten Erdboden gelegt werden.
- Reihenabstand: 40–50 cm
- Pflanzenabstand: 25–30 cm
- Betreuungsbedarf: mäßig
- Ernteertrag: 10 kg per 10 m^2
- Ernte: bis in den Oktober hinein möglich

Zu Beginn der Kultur sollten die jungen Maispflanzen relativ beikrautfrei gehalten werden. Gelegentliches Gießen mit Jauchen kräftigt die Pflanzen.

In der Volksmedizin werden die Wurzeln und die haarartigen Fäden der Kolben bei Problemen mit den Harnorganen zur Teebereitung verwendet.

> **Mein Rat**
>
> **Achten Sie im Handel auf die Beschreibung der Maissorten auf den Samentüten. Zur Bereitung des beliebten Popcorns eignet sich Zuckermais nicht. Hierzu wird eine „Perlmais-Sorte" verwendet. Zuckermaiskolben sollten frisch verwendet werden.**

Mehrjährige Gemüse

Rhabarber

Falls Sie sich fragen, weshalb der Rhabarber unter Gemüse aufgelistet wurde, lautet die Antwort: Rhabarber ist ein Gemüse – ein Gemüse, das wie ein Obst verzehrt wird.

Nichts geht über den Genuss des ersten frischen Rhabarbers. Egal ob als Kuchenbelag, Kompott oder zur Marmeladenbereitung: er ist ein Multitalent. Nur in rohem Zustand sollte lieber wegen der Oxalsäure nicht zu viel davon verzehrt werden; obgleich frischer Rhabarber in Zucker getaucht eine Delikatesse ist. Die Kultur ist denkbar einfach: Rhabarber ist mehrjährig und mit dem voranschreitendem Alter entwickelt sich der Wurzelstock, aus dem viele Stängel treiben können. Rhabarber bevorzugt einen tiefgründigen Boden. Rhabarber mag es, gut und reichlich gedüngt zu werden und bevorzugt einen sonnigen Standort.

Wegen der enthaltenen Oxalsäure sollte nicht zu viel roher Rhabarber verzehrt werden.

Rhabarber pflanzen

Beste Pflanzzeit ist das zeitige Frühjahr. Bereiten Sie den Platz für die Pflanzung gut vor. Düngen mit Kompost und tiefgründiges Graben sind empfehlenswert. Falls Sie Topfware aus dem Gartenmarkt pflanzen, setzen Sie die Jungpflanze so tief in das Erdreich, wie sie aus dem Topf entnommen wurden. Ein leichtes und vorsichtiges Bedecken der oberirdischen Teile ist sinnvoll.

Spezieller Teil

Falls Sie einen Steckling aus einer Wurzelteilung verwenden – der Wurzelstock ist gut teilbar –, bereiten Sie ebenfalls den Pflanzplatz gut vor. Die Wurzelteilung und die darauf folgende Pflanzung sollten allerdings im Herbst erfolgen. Die Wurzel wird mit dem „Kopf" nach oben etwa 5 cm tief unter der Erdoberfläche platziert.

Üppige Rhabarberpflanze (links)

Junges Blatt entwickelt sich aus dem Rhabarberzentrum. (rechts)

- Pflanzabstand: 1 m x 1 m
- Betreuungsbedarf: gering
- am besten in Alleinlage

Die Ernte

Ab dem zweiten Jahr nach der Pflanzung können die Stängel geerntet werden. Erntezeit ist von April bis Juni. Geerntet wird der Rhabarber alle 2–3 Wochen. Es dürfen höchstens ein Drittel der vorhandenen Stängel mit einer Ernte entfernt werden. Die schönen weißen Blütenstände sollten ausgebrochen werden. Sie eignen sich gut zu Dekorationszwecken und halten in einer Vase lange frisch. Nach dem 20. Juni soll jedoch die Ernte eingestellt werden. Der Rhabarber kann über 6–10 Jahre geerntet werden.

Das sollten Sie beachten!

Auf keinen Fall die Stängel mit einem Messer oder Ähnlichem ernten!

Umfassen Sie mit der ganzen Hand am unteren Ende einen Stängel und brechen Sie diesen mit einer leichten Dreh-Zieh-Bewegung ab. Es gehört etwas Übung und Fingerspitzengefühl zur Ernte. Bevor Sie die Stängel verwenden können, müssen die Blätter entfernt werden. Danach müssen die Stängel geschält werden: Die Schalen des Rhabarbers werden auch durch Kochen nicht weich. Man geht wie folgt vor: Das Schälen funktioniert nicht wie bei einer Kartoffel, auch geschabt wie eine Wurzel wird der Rhabarber nicht; gehen Sie vielmehr wie folgt vor: Setzen Sie das Messer – am besten ein kleines spitzes Küchenmesser – am Rand des Stängels an, dort wo Sie das Blatt entfernt haben, und schneiden Sie

Vor Verwendung der Stängel müssen die Blätter entfernt und die Stängel geschält werden.

Vom Rhababer werden die Stangen verwendet.

recht nah an der äußeren Hülle ein kleines Stück von wenigen Millimetern Breite ein. Mithilfe dieses Stückes können Sie nun die Schale in langen Streifen vom Stängel ziehen. Das untere Ende des Stängels wird ebenfalls mit dem Messer abgetrennt. Auch von dort können Sie den Rhabarberstängel schälen. Als Kuchenbelag genügen für ein Herdblech 4–5 Stängel.

Rhabarber ist sehr saftig. Für einen Kompott für 4 Personen kalkulieren Sie etwa 4 Stängel ein. Zum Kochen sollten Sie nicht zu viel Wasser hinzufügen. Am besten werden die geputzten Stängel in appetitliche Stücke zerkleinert, gezuckert und über Nacht zum Saftziehen beiseite gestellt.

Rhabarberkonsum regt Leber und Gallentätigkeit an. Auch die Milz wird durch das fruchtig-saure Verzehrvergnügen stimuliert. Er hat eine anregende Wirkung auf das Verdauungssystem, reinigt das Blut und leitet Umweltgifte aus dem Körper aus.

Eine Frühjahrskur mit einem mäßigen Rhabarberverzehr ist sehr empfehlenswert.

Leider bindet die im Rhabarber stark vorkommende Oxalsäure im Körper das Calcium, was bei empfindlichen Personen zur Bildung von Nierensteinen führen kann. Bei mäßigem Konsum sollte Rhabarber immer mit einem calciumreichen Nahrungsmittel (Milchprodukte) verzehrt werden.

Mein Rat

Rote Stängel weisen einen deutlich geringeren Säuregehalt als grüne auf. Die Blätter sind nicht zum Verzehr geeignet. Jedoch sind Rhabarberblätter eine wirksame Methode, den Garten vor Schädlingen zu schützen. Breiten Sie die Blätter geernteter Rhabarberstangen im Garten um gefährdete Gemüsekulturen wie Zucchini aus und halten Sie auf diese Weise die Schnecken fern.

Grüner Spargel

Für Einsteiger empfiehlt sich – so Sie Liebhaber des Spargels sind – die Kultur des Grünen Spargels. Im Unterschied zum Bleichspargel benötigt der Grüne Spargel keine Dämme, und die Beikrautregulierung stellt sich nicht so problematisch dar. Jedoch verlangt Spargel ordentlich Platz. Auf 10 m² werden Sie etwa 2–3 kg dieser delikaten Sprosse ernten können, im ersten Erntejahr etwas weniger.

Spargel verlangt ordentlich Platz.

Tiefgründiger nahrhafter Boden ist die Voraussetzung für eine üppige Ernte, auch wenn der Grüne Spargel etwas weniger Gewicht aufweist als die blasse Verwandtschaft.

- Pflanzabstand: 1 m x 40 cm
- Betreuungsbedarf: mäßig
- Das Pflanzen der einjährigen Wurzeln findet im April statt.

Spargelwurzeln werden ähnlich den Kartoffeln in 10–15 cm tiefe Rillen gesetzt; die Wurzeln werden sternförmig ausgebreitet. Pflanzen Sie auf einen Meter Rille 2–3 Wurzeln. Danach werden die Wurzeln mit Erde bedeckt. Im ersten und zweiten Jahr nach dem Pflanzen wird das Beikraut regelmäßig reguliert und der Boden gelockert.

Ab dem dritten Jahr wird der Grüne Spargel geerntet. Die Stangen sollten ungefähr 20 cm Länge aufweisen, bevor sie mit einem scharfen Messer mittelbar über dem Boden abgetrennt werden.

Der grüne Spargel wird ungefähr 10 Jahre lang zu ernten sein, und die Ernte sollte in jedem Jahr Ende Juni eingestellt werden. Spargel ist ein Starkzehrer und sollte nach jeder Ernte kräftig gedüngt werden. Die Stangen, die nach dem Beenden der Ernte Ende Juni aus dem Boden brechen, bilden bald das dekorative Spargelkraut. Das Spargelkraut darf nicht abgetrennt werden, da die Pflanze durch diese Triebe Aufbaustoffe für die kommende Ernte bildet. Zur Verwendung in der Küche braucht Grüner Spargel nicht geschält zu werden.

Das Einsteiger-Beerenobst

Erntereifer grüner Spargel

Was wäre wohl ein Nutzgarten ohne ein wenig Obst? Dem Einsteiger bieten Erdbeeren, Johannisbeeren, Stachelbeeren und Andenbeeren köstlich fruchtige Alternativen. Allerdings sind Beerenobstgewächse grundsätzlich schwieriger in der Kultur als Gemüse, da sie über einen Zeitraum von mehreren Jahren gepflegt werden müssen. Wer auf eigenes Beerenobst nicht verzichten will, sollte unbedingt im Kleinen beginnen.

Auch beim Beerenobst gilt: Weniger ist mehr. Bereits bei der Planung ist auf eine ausgewogene Sortenwahl zu achten. Es gibt frühtragende und spättragende Sorten, ebenso sind Sorten mit angezüchteten Resistenzen erhältlich. Die größte Sicherheit beim Kauf und eine vernünftige Beratung bietet ein gut sortierter Fachmarkt mit einem geschulten Personal. Erkundigen Sie sich auf jeden Fall nach regional bewährten Sorten.

Erkundigen Sie sich nach regional bewährten Sorten.

> **Mein Rat**
>
> Ich möchte dem Einsteiger das Ratgeberbuch „Beerenobst" von Helmut Weiss (Leopold Stocker Verlag) empfehlen. In diesem Buch, das sich schwerpunktmäßig mehr dem erwerbsmäßigen Anbau des Beerenobstes widmet, finden sich auch zahlreiche Hinweise zur Hausgartenkultur und neben den Informationen zu Pflanzung und Pflege auch viele sehr hilfreiche Sortenhinweise.

Grundsätzlich sollte beim Beerenobst darauf geachtet werden, während der Fruchtbildung eine ausreichende Bewässerung zu gewährleisten, eine gute Nährstoffversorgung des Bodens bereits bei der Pflanzung vorzunehmen und laufend eine optimale Nährstoffversorgung aufrechtzuerhalten sowie einen zwingenden Rückschnitt der Sträucher nach der Ernte vorzunehmen. Insofern zum Wuchern neigendes Beerenobst wie Himbeeren oder Brombeeren in den Garten involviert wurden, ist dafür Sorge zu tragen, dass Ihre Sträucher sich nicht verselbstständigen.

Am Geschmack Qualität erkennen

Geschmack ist relativ und resultiert nicht zuletzt aus den Lebensgewohnheiten, mit denen Menschen während ihrer Entwicklung konfrontiert werden. Deswegen ist auch sehr wichtig, gerade den in der Entwicklung befindlichen Kindern naturbelassene Nahrungsmittel anzubieten. So lernen sie Qualität am Geschmack zu erkennen.

Gutes, natürlich ausgereiftes Obst ist ein Stück Natur und kann ohne aufwendige Zubereitung verzehrt werden und wird immer die besten Noten für den vorzüglichen Geschmack bekommen. Für diesen unverkennbaren Geschmack sind zahlreiche Aromastoffe verantwortlich, die sich mit der natürlichen Reife vollends entwickeln.

Erdbeeren *(Fragaria)*

Nicht nur Kinder mögen dieses Obst, das paradoxerweise wie ein Gemüse angebaut wird, sondern Erwachsene und einige Tiere des Gartens gleichermaßen; Igel und Amsel werden von Erdbeerbeeten magisch angezogen.

Erdbeeren

Den Namen „Beere" trägt sie zu Unrecht. Die Erdbeere ist die sog. Sammelscheinfrucht eines Strauchobstes. Außerdem ist die Erdbeere ein Obst, das wie ein Gemüse angebaut wird. Die Pflanze gehört zur Familie der Rosengewächse. Entstanden ist die Mutter aller Gartenerdbeeren wohl durch eine zufällige Kreuzung aus der amerikanischen Scharlacherdbeere mit der großfrüchtigen Chile-Erdbeere. Während erstmals in Deutschland um 1751 in den herrschaftlichen Gärten König Georgs II. von Hannover englische Stecklinge angepflanzt wurden, blühten in Englands Gärten bereits eine Vielzahl Erdbeersorten; die Engländer betrieben seit dem 18. Jahrhundert eine rege Erdbeerzucht. Erst im 19. Jahrhundert begannen dann auch deutsche Züchter mit der Zucht der Erdbeere. Um 1840 setzte dann der erwerbsmäßige Anbau in einem Schwarzwalddorf bei Staufenberg ein. Mittlerweile gibt es hierzulande mehrere hundert verschiedene Gartenerdbeersorten. Ihr einzigartiges Aroma macht sie zu einer der beliebtesten Beerenfrüchte überhaupt. Sie unterscheiden sich in Konsistenz, Größe, Geschmack und Farbe.

> Der Genuss kurbelt Immunsystem und Stoffwechsel ordentlich an. Bereits fünf sonnenreife große Früchte decken den Tagesbedarf eines Erwachsenen an Vitamin C.

Erdbeeren sind harntreibend, wirken nervenstärkend, kräftigen das Zahnfleisch und können Zahnstein lösen. Außerdem beeinflusst der Verzehr von Erdbeeren die Tätigkeit von Leber und Galle positiv. Am gesündesten sind roh genossene

Erdbeeren am Morgen auf nüchternen Magen. Besser noch sind Erdbeertage. Sie können hilfreich gegen Gicht- und Rheumaleiden sowie bei Harnweg- und Blasenleiden sein. Erdbeerkuren können sich positiv bei Diabetes, Übergewicht und Kreislaufbeschwerden auswirken. In der Küche sind Erdbeeren vielseitig zu verwenden. Jedoch ist ein vorwiegender Rohgenuss empfehlenswert.

> **Merke!**
> Bei Empfindlichkeit gegenüber Erdbeeren kann es zu einer Nesselsucht kommen. Diese lässt sich meistens umgehen, indem die „Erdbeer-Kernchen" vor dem Genuss mittels Haarsieb entfernt werden oder zu den Erdbeeren Milch oder Sahne genossen wird.

Auch Blätter und Wurzelstock weisen eine volksgesundheitliche Bedeutung auf. Aus ihnen lässt sich ein blutreinigender, harntreibender Tee herstellen, der zudem eine gute Wirksamkeit gegen Hämorrhoiden, Entzündungen der Mundschleimhaut, Durchfall oder Nachtschweiß haben soll.

Erdbeeren können außerdem die beim Grillen entstandenen krebserregenden Substanzen (Nitrosamine) neutralisieren. Es empfiehlt sich daher, nach dem Genuss von Gegrilltem ein paar Erdbeeren zu verspeisen.

Die Kultur ist etwas kompliziert. Werden jedoch einige grundlegende Regeln beachtet, kann auch der Einsteiger eine sichere Ernte erzielen. Entscheidend für den Ertrag ist die Gesundheit der Pflanzen.

Blüten der Erdbeere

> Erdbeeren verbleiben mehrjährig auf dem Beet und bringen erst im zweiten Standjahr einen zufriedenstellenden Ertrag; ab dem vierten Standjahr nimmt der Ernteertrag deutlich ab.

Während der gesamten Kulturdauer muss der Erdboden, auf dem die Erdbeeren gedeihen, tiefgründig locker sein. Bevor Sie ein Erdbeerbeet anlegen, prüfen Sie bitte die Bodenqualität und verbessern Sie diese gegebenenfalls. Lehm- und Tonböden verbessern Sie durch Zugabe von Sand und feinem Kies, Sandböden werden mit Humus angereichert. Optimal ist ein lockerer Boden, der schnell abtrocknet und nicht verschlammt.

Erdbeeren gedeihen gut auf tiefgründigem, lockerem Boden.

> **Mein Rat**
> Weniger ist mehr. Bepflanzen Sie vorerst eine nicht zu große Fläche und probieren Sie mehrere Sorten darauf aus.

Erdbeeren können im Frühjahr und im Herbst gepflanzt werden. Es empfiehlt sich eine Pflanzung im August, da diese späte Erdbeeranpflanzung deutlich weniger Arbeit verursacht und bereits im darauf folgenden Frühjahr die erste sichere Ernte bringt.

Erdbeeren – die Monatserdbeeren ausgenommen – werden nicht aus Samen gezogen, sondern aus den Ausläufern der Erdbeerpflanze gewonnen. Diese werden im Nutzgarten im August von der Mutterpflanze getrennt und in ein Beet gepflanzt. Falls Ihr Gartennachbar eine besonders wohlschmeckende Sorte besitzt, sollten Sie ihn um einige Stecklinge bitten. Im Handel sind Erdbeerpflanzen erhältlich.

Ausläufer werden im August von der Mutterpflanze getrennt und in ein Beet gepflanzt.

- Pflanzabstand: 40 x 40 cm
- Günstiger Nachbar: Porree, Knoblauch
- Betreuungsbedarf: sehr hoch
- Ungünstiger Nachbar: Mais, Gartenmelde

Man unterscheidet grundsätzlich zwei Arten von Erdbeersetzlingen:
- Frigopflanzen
- Grünpflanzen

Für beide Arten gelten unterschiedliche Pflanzzeiten, jedoch sind die Ansprüche an Klima und Boden identisch: Ein tiefgründiges Beet vorbereiten, gegebenenfalls mit reichlich Kompost versorgen. Bei einer Erdbeeranpflanzung können Hufspäne als Pflanzendünger in die Erde eingearbeitet werden, da ein Erdbeerbeet in der Regel drei Jahre an Ort und Stelle belassen wird. Grünpflanzen können bis Ende Juni gepflanzt werden. Jedoch ist zu beachten, dass sie sehr empfindlich sind, was Wassermangel anbelangt. Achten Sie beim Kauf von Topfware unbedingt auf einwandfreie Pflanzen, die weder welke noch trockene Blätter aufweisen. Pflanzen Sie am besten in den Abendstunden. Nach dem Pflanzen oft gießen, damit die feinen Wurzeln nicht austrocknen. Heben Sie mit der Pflanzschaufel ein entsprechend großes Loch aus und setzen Sie die Setzlinge hinein.

Erdbeeren reagieren sehr empfindlich auf Wassermangel.

Das sollten Sie beachten!

Achten Sie beim Pflanzen der Erdbeersetzlinge darauf, dass diese weder zu tief noch zu hoch in die Erde gesetzt werden.

Auch bei der Topfware aus dem Gartenfachmarkt sollte die Pflanztiefe der Setzlinge kontrolliert werden. Bei Frigo-Setzlingen, die eine deutlich kürzere Wurzel aufweisen, empfiehlt sich das Benutzen eines Pflanzholzes. Die beste Zeit zum Pflanzen ist der August. Pflanzen Sie am besten in den Abendstunden und gießen sie regelmäßig die Pflanzen.

Am besten pflanzen Sie in den Abendstunden.

So pflanzen Sie richtig

Die Blütenstände, die sich nach drei Wochen etwa bilden, sollten entfernt werden. Sie rauben den jungen Pflanzen zu viel Kraft, die sie zur Entwicklung einer gesunden, später reich tragenden Pflanze benötigen. Im Frühjahr das Beikraut regulieren – Erdbeeren reagieren empfindlich auf zu viel Beikrautwuchs. Eventuell durch Einarbeiten von Kompostgaben den Erdboden nahrhafter machen.

Im ersten Jahr nach der Pflanzung sollten die Ranken, an denen sich die Setzlinge entwickeln, entfernt werden.

Mit einsetzender Blüte wird Stroh zwischen den Erdbeerreihen ausgebreitet. Man benötigt etwa 1 kg pro m² einwandfreies Stroh. Einwandfrei heißt: weder verschimmelt noch zu staubig; grannenreiches Gerstenstroh sollte ebenfalls vermieden werden.

Stroh verhindert das Verschmutzen der Erdbeerfrüchte.

Das Stroh verhindert ein übermäßiges Verschmutzen der Früchte bei starken Niederschlägen, außerdem trocknet es besser, so dass Sie auch bei ungünstigem Wetter ins Erdbeerbeet zum Durchpflücken können.

Bodenpflege und Beikrautregulierung müssen ab dem Zeitpunkt der Blütenbildung unbedingt eingestellt werden, sonst bilden die Erdbeeren keine Früchte aus.

Falls Sie Erdbeeren einwecken wollen, sollten Sie stickstoffhaltige Kunstdüngergaben unbedingt vermeiden – die Gläser würden bei zu hohen Gaben aufgehen.

Erdbeer-Ernte

Erdbeeren werden während der Saison laufend durchgepflückt. Sobald die Erdbeeren sich rot – bzw. gelb verfärbt haben, muss gepflückt werden. Die Haltbarkeit ist sehr begrenzt. Außerdem reagieren Erdbeeren auf Druck sehr empfindlich. Keine Lagerfähigkeit! Verwenden Sie die Erdbeeren noch am selben Tag, an dem Sie gepflückt haben.

Sie pflücken richtig, wenn Sie die mittlerweile kräftigen, mitunter beinah kniehohen Blätterhorste ein wenig auseinanderbewegen. So entdecken Sie auch die im Inneren dieser kräftigen Pflanzen befindlichen Exemplare. Ernten Sie nur reife Früchte. Diese weisen ein deutlich höheres Geschmackspotenzial auf. Entfernen Sie auf jeden Fall faule oder verschimmelte Früchte. Diese würden die gesunden Früchte anstecken.

Der Geschmack der Erdbeeren hängt stark von der Witterung ab: sonniges und warmes Wetter bringt Süße in die Früchte. Großfruchtige Sorten unterliegen stärkeren Schwankungen im Geschmack als die kleinfrüchtigen Sorten.

Der Geschmack der Erdbeeren hängt stark von der Witterung ab.

Mein Rat

Im ersten Jahr nach der Pflanzung fällt die Ernte nicht besonders hoch aus. Warten Sie die kommende Ernte ab. Besonders reichtragende Erdbeerpflanzen des zweiten Standjahres markieren und von diesen im August die Frigopflanzen gewinnen.

Erdbeerblüte

Nachdem die Ernte abgeschlossen ist, können Sie wieder aktiv werden. Regulieren Sie das Beikraut und – falls Sie „Ableger" von Ihren Erdbeerpflanzen gewinnen möchten – arbeiten Sie das Stroh ein oder harken Sie es vorsichtig zusammen, um es auf dem Kompost zu entsorgen.

> Eine Erdbeerpflanze bildet mehrere Ranken, an denen vollkommen entwickelte Pflänzchen heranwachsen. Zur Frigo-Gewinnung werden am besten die jungen Pflanzen verwendet, die sich am dichtesten an der Mutterpflanze befinden.

Das sind die kräftigsten Exemplare, die bereits jetzt schon mit ihren Wurzeln Nährstoffe aus dem Erdboden aufnehmen. Falls Sie mehr Frigosetzlinge benötigen, können Sie auch die zweite Pflanze verwenden, wenn diese kräftig genug entwickelt ist. Nachdem die Frigopflanzen gewonnen wurden, müssen die Blätter aller auf dem Beet befindlichen Erdbeerpflanzen entfernt werden. Diese können Sie abrupfen oder mit einer Sichel/Sense entfernen.

Das sollten Sie beachten!

Eine Sichel ist ein sehr gefährliches Handarbeitsgerät. Es gehört auf keinen Fall in die Hände von Kindern. Halten sich Kinder im Garten auf, ist die Sichel/Sense nach Benutzung sicher zu verwahren.

Das Abmähen des Erdbeerlaubes hat Luft auf dem Beet gemacht. Harken Sie es tief durch und säen Sie Buschbohnen oder Mangold zwischen die Erdbeerreihen. Das bringt Nährstoffe in den Boden und hilft Beikraut zu regulieren.

Mein Rat

Vor dem Abmähen der Erdbeerpflanzen die jungen Erdbeerblätter händisch ernten und trocknen. Sie können mit diesen Blättern einen Kräutertee/Früchtetee ergänzen.

Johannisbeere *(Ribes)*

Johannisbeeren gehören zur Familie der Stachelbeergewächse. Sie wachsen an dornlosen Sträuchern oder Hochstämmen. Dem Einsteiger empfehle ich die Strauchvariante, da diese nicht so akribisch beschnitten werden muss. Hoher Platzbedarf.

Es gibt zirka 300 Arten, zu denen auch Zierpflanzen wie die Blut- oder Goldjohannisbeere gehören. In Wäldern und entlang Hecken kann man von England bis Nordchina gelegentlich auf Wildformen treffen. Die Sträucher dieser Arten können mitunter eine Höhe von 2 Meter erreichen, die Früchte sind ebenfalls essbar und wie die Kulturformen zu verwenden. Erste Erwähnungen des Beerenobstes stammen aus dem 15. Jahrhundert.

Rote Johannisbeere

Spezieller Teil

Da die Erntesaison der traubenartig wachsenden Beeren erst ab „Johanni" einsetzt, wird vermutet, dass die deutsche Bezeichnung sich darauf bezieht. Johannisbeeren kommen in drei Farbnuancen vor: Rot, Weiß und Schwarz. Während die rot- und weißfrüchtigen Sorten in Geschmack und Verwendung ziemlich ähnlich sind, erlangte die Schwarze Johannisbeere – im Volksmund auch Wanzen- oder Stinkbeere genannt – auch medizinische Bedeutung.

Der Geschmack der rotfrüchtigen Beeren ist bei voller Reife angenehm säuerlich, die weißfrüchtigen Sorten sind etwas milder. Schwarze Johannisbeeren schmecken herb, leicht bitter mit säuerlicher Note. Neben den Früchten werden bei dieser Art auch die Blätter und Zweige volksmedizinisch genutzt.

Den höchsten Eisen- und Pektingehalt aller Beerenfrüchte weisen Johannisbeeren auf. Dieser Rekord wird von der Schwarzen Johannisbeere in punkto Vitamin-C-Gehalt noch übertroffen: mit zirka 177 mg Vitamin C pro 100 g Frucht ist sie Spitzenreiter aller einheimischer Obstsorten.

Der hohe Gehalt an Anthocyanen der Schwarzen Johannisbeere wirkt antioxydativ. Zudem wirkt der Genuss zusammenziehend (adstringierend), fördert die Schweißabsonderung und wirkt stärkend und belebend. In den vergangenen Kriegsjahren blieb der Schwarze Johannisbeersaft für Kranke, Kinder und Senioren reserviert.

Die Schwarze Johannisbeere lässt sich als Saft, Aufguss, Absud, Gurgelwasser oder Bad verwenden. Dem Saft werden gute Eigenschaften bei Erschöpfungszuständen oder zur Rekonvaleszenz zugeschrieben. Harntreibend hingegen wirkt der Aufguss aus Früchten und Blättern, der auch gleichzeitig bei Migräne oder Magenschmerz Abhilfe schaffen soll. In der Kosmetik sollen Waschungen, mit einem Tee aus Blättern und Zweigen bereitet, hautstraffend wirken.

Weiße Johannisbeere

Johannisbeeren sind relativ anspruchslos. Jedoch wirkt sich ein optimaler Standort positiv auf den Ertrag aus. Die Blütezeit erstreckt sich von April bis Mai. Spätfröste haben verheerende Auswirkungen auf den Ertrag, da die Blüten leicht erfrieren. Die moderne Züchtung hat für empfindliche Lagen spätblühende Sorten hervorgebracht (im Fachhandel erkundigen).

Der Likör aus Schwarzen Johannisbeeren (Cassislikör) ist Ingredienz des „Kir Royal" oder des „Kir Imperial", jenen Erfindungen eines französischen Bürgermeisters, der seinen sauren Wein mit Cassislikör süßte. Später wurde der Wein dank einer findigen Spirituosenindustrie durch Sekt oder Champagner ersetzt, und ein Kultgetränk war geboren.

Mein Rat

Reife Johannisbeeren lassen sich problemlos mit einer Gabel von den Rispen streifen. Sie eignen sich hervorragend zum Einfrieren. Am besten sollten sie nach der Reinigung, auf einem Backblech ausgebreitet, vorgefrostet werden; so lassen sie sich gut portionieren.

Johannisbeerblüte

Stachelbeere *(Ribes uva-crispa var. sativum)*

Auf der nördlichen Erdhalbkugel beheimatet, kann die buschige Wildform der Stachelbeere in ganz Europa in lichten Wäldern, Gebüschen, an Felsen, ja sogar gelegentlich auch in Höhlungen alter Bäume angetroffen werden. Stachelbeeren gibt es in den Farben Weiß, Gelb, Grün und Rot. Die Früchte können relativ klein bis pflaumengroß werden und behaart oder glattschalig sein. Die biegsamen Äste und Zweige sind mit spitzen Dornen versetzt.

Der Name „Ribes" soll ursprünglich aus dem arabischen Sprachraum kommen, wo mit „Ribâs" ein sehr saurer Rhabarber bezeichnet wird, dem die Stachelbeere geschmacklich ähnelt. „Ribâs" wurde dann in „Ribes" latinisiert.

Medizinische Eigenschaften werden der ganzen Pflanze zugesprochen. Aus diesem Grund wird im 15. Jahrhundert die zu den Steinbrechgewächsen zählende Pflanze Einzug in die Gärten der Klöster gehalten haben. Aus dieser Zeit resultiert der Volksname „Klosterbeer". Stachelbeeren zählen übrigens zu den Lieblingspflanzen der Engländer. Bereits im 18. Jahrhundert zählte man in England über 100 verschiedene Sorten. Binnen weniger Jahrzehnte vervierfachten Züchter das Potenzial. Inzwischen hat sich das Verbreitungsgebiet stark ausgeweitet: Nordafrika, Kaukasus, China, der Westen der USA. Von dort wurde auch der gefürchtete Mehltau eingeschleppt, der ganze Ernten zunichtemachen kann.

Stachelbeerfrucht

> Im Erwerbsanbau konnte sich die Stachelbeere bisher nicht richtig durchsetzen, da sich die Kultur sehr arbeitsintensiv und die Ernte der Früchte schwierig gestaltet. So liegt die größte Bedeutung beim Anbau im Hausgarten.

Dem Einsteiger empfiehlt sich die Strauchvariante, da Fehler in der Kultur, besonders im Schnitt, von der Pflanze besser vertragen werden.

Reife Stachelbeeren sind wegen ihres hohen Zuckergehalts ein schnell wirkender Energielieferant. Sie sind deshalb gut als Zwischenmahlzeit oder als Muntermacher geeignet. Stachelbeeren sind reich an dem Spurenelement Silizium, das überdies die Funktion des Bindegewebes unterstützt. Gerade bei Venenschwäche und Besenreisern kann eine einwöchige Stachelbeerkur sehr hilfreich sein. Stachelbeeren wirken zudem blutreinigend und blutentfettend. Aus diesem Grund sind sie eine ideale, zudem sehr bekömmliche Beilage zu fettem Essen, können aber auch als Aperitif genommen werden. Der hohe Kaliumgehalt der Stachelbeere ist für die leicht entwässernde und harntreibende Wirkung verantwortlich, so dass durch einen regelmäßigen Genuss auch eine positive Wirkung auf das Herz-Kreislaufsystem ausgeübt wird. Die in der Schale enthaltenen Pektine und die schleimigen Samen stimulieren überdies die Produktion der Verdauungsenzyme und regen so die Verdauung an.

Reife Stachelbeeren sind wegen ihres hohen Zuckergehaltes ein schnell wirkender Energielieferant.

Früher galten Stachelbeeren als Mittel gegen Blutarmut und gegen Nervosität. Außerdem soll der regelmäßige Genuss entgiftend für Schwermetalle und haarwuchsfördernd wirken.

> **Merke!**
> 150 g Stachelbeeren decken den Tagesbedarf an Vitamin C.

Eine Druckprobe verrät den Reifegrad der Frucht: hart = unreif; elastisch = optimal zum Kochen; weich = Dessertobst.

Nicht zu reife Stachelbeeren halten sich problemlos mehrere Tage im Kühlschrank frisch. Außerdem sind sie bestens zum Einfrieren geeignet. Sie ergeben außerdem einen wunderbaren Kuchenbelag, der durch eine Baisse-Haube gekrönt werden kann. Man sollte sie vor der Zubereitung jedoch mit einer Stopfnadel anstechen.

Stachelbeeren eignen sich bestens zum Einfrieren.

Durch den hohen Gehalt an Pektin sind sie für Marmeladen und Gelees die ideale Ingredienz. Allerdings empfehlen sich hierzu die reifen, vollaromatischen Früchte. Als Dessert sollten nur Stachelbeeren verwendet werden, die weich und saftig sind.

Soll aus den Beeren Kompott bereitet werden, kann das Hinzufügen frischen Ingwers das Eigenaroma hervorragend untermalen.

> **Mein Rat**
> Vor dem Einfrieren Blütenansatz und Stiel entfernen und offen auf einen Teller zum Einfrieren in das Gefrierfach legen. Die gefrorenen Beeren in Gefrierbeutel verpacken. So können die Früchte problemlos portioniert werden.

Himbeere *(Rubus idaeus)*

Die Wildform der Himbeere wird in lichten Wäldern im mittleren und nördlichen Europa, in Asien und im nordöstlichen Nordamerika angetroffen. Sie ist kleiner als die Kulturform und weist auch einen deutlich geringeren Ernteertrag auf. Allerdings weisen die Früchte der Wildform ein deutlich höheres Aromapotenzial als die prallen Früchte der Kulturformen auf.

> Die Pflanze selbst gehört zu den Rosengewächsen. Die Wurzel ist ausdauernd und bildet zweijährige Ruten, die je nach Sorte eine Höhe von 1,5 (Kübelpflanzen) bis 3 m erreichen können.

Bei den bis zu zwei Zentimeter langen Früchten, die einen stattlichen Durchmesser von bis zu zwei Zentimetern erreichen können, handelt es sich um Sammelsteinfrüchte. Das bedeutet, dass jeder einzelne Himbeerkern von Frucht-

Himbeeren

Himbeeren reifen unterschiedlich ab.

Himbeeren sind winterhart.

fleisch – ähnlich dem Aufbau der Kirsche – umgeben ist. Die Fruchtform tendiert von rund über kegelförmig bis hin zu länglich.

Obwohl Samenfunde darauf hinweisen, dass bereits zu vorgeschichtlicher Zeit Himbeeren auf dem Speiseplan unserer Ahnen standen, gelang es Mönchen erst um 1570, Himbeeren nördlich der Alpen zu züchten. Der Botaniker Carolus Clusius unterschied 1601 zwischen gelben und roten Himbeersorten.

Es gibt über 300 verschiedene Arten. Himbeeren sind in der Regel rot, seltener gelb – es gibt auch schwarze Sorten. Himbeeren können aber auch rosa oder weiß sein. Letztere haben nur für den Hausgarten Bedeutung. Himbeeren sind in der Kultur arbeitsintensiv und bedürfen eines fundierten Fachwissens. Die mehrjährigen Pflanzen sind Starkzehrer und bedürfen einer ausreichenden Versorgung mit Nährstoffen. Da die Pflanze empfindlich auf einen hohen Salzgehalt im Boden reagiert, sollten kalihaltige Düngemittel nicht verwendet werden. Düngen mit Kompost, Hornmehl oder verrottetem Mist ist empfehlenswert.

> Der Entwicklungszyklus der Sommerhimbeere erstreckt sich über zwei Jahre. Im August und September bilden sich auf den zunächst vegetativen einjährigen Jungruten Knospen, an denen sich nach der Überwinterung die Blütenstände entwickeln. Im Juni und Juli reifen dann an den inzwischen zweijährigen Trieben die Früchte. Anschließend vertrocknen die Triebe und werden durch die ab Mai heranwachsenden Jungruten ersetzt. Die frühen Sorten sowie die Sorten zur Herbsternte ermöglichen eine lange Erntesaison.

Die Entwicklung der Herbsthimbeere ist grundsätzlich gleich, mit dem Unterschied, dass bereits vor der Überwinterung im Spätsommer des ersten Jahres die Bildung von Blütenständen einsetzt. Die ersten Früchte kann man dann bereits im August ernten und die abgeernteten Teile der Triebe trocknen danach ein. Die Knospen an Triebmitte und Basis, die noch keine Früchte hervorgebracht haben, treiben im darauffolgenden Frühsommer aus und entwickeln sich wie die Sommersorten. Himbeeren sind winterhart.

Himbeeren sind ausgesprochene Weichfrüchte. Fingerspitzengefühl im Umgang ist nötig. Die Haltbarkeit ist gering, darum sollten sie sofort nach dem Pflücken verzehrt werden. Sie eignen sich aber sehr gut zum Einfrieren.

- Standort: heller, sonniger Standort mit genügend Luftbewegung, um nach Niederschlägen ein rasches Abtrocknen der Pflanzen zu gewährleisten. Der Boden soll gut durchlüftet sein und bei einem hohen Anteil an organischer Substanz einen leicht sauren pH-Wert (6–6,5) aufweisen.
- Pflanzung: von Mitte Oktober bis Mitte März möglich (während der Vegetationsruhe). Die empfindlichen Wurzeln trocknen freiliegend leicht aus, deshalb für Lagerung oder Transport gut einschlagen. Nach der Pflanzung sollte die Rute auf 20 cm eingekürzt werden, um die Entwicklung der Jungruten zu fördern. Um eine gute Zugänglichkeit für die Ernte bzw. die Pflege

> zu gewährleisten, ist es notwendig, die Himbeere durch ein Drahtrahmensystem zu stützen.
> - Ernte: Während der Erntesaison sollten Himbeeren täglich, mindestens jedoch ein Mal wöchentlich durchgepflückt werden.
> - Hauptinhaltsstoffe: Zucker, Fruchtsäuren, Pektin, die Mineralstoffe Kalium, Calcium und Phosphor, Provitamin A und die Vitamine B1, B2, B6, E und C.

Mein Rat
Maiglöckchen im Himbeerbeet irritieren den Himbeerkäfer, so dass deutlich weniger Früchte von Maden befallen werden. Auch Zwiebeln oder Knoblauch können zwischen die Himbeeren gegen den Käfer erfolgreich gepflanzt werden.

Dank der Vitamine kurbelt Himbeergenuss das Immunsystem tüchtig an. Der hohe Gehalt an Vitamin E schützt zudem wirksam vor dem „Angriff" so genannter freier Radikale, die die Vitamin-E-Moleküle bevorzugt angreifen. Diese Moleküle sind jedoch in der Lage, sich dank eines ausgewogenen Vitamin-C-Konsums selbst zu regenerieren. Vitamin E schützt überdies die Nerven vor den Auswirkungen des Zellgiftes Alkohol. In gesteigerter Form kann es den Nervenabbau beim Menschen hemmen. Inwieweit die Degeneration bei Alzheimer-Patienten verlangsamt werden kann, wird derzeit an Universitäten erforscht. Ein Absud aus den Blättern der Pflanze hat zusammenziehende Eigenschaften und empfiehlt sich bei leichten Durchfallerkrankungen.

Himbeergenus kurbelt das Immunsystem tüchtig an.

Merke!
Die optimale Reife der Himbeeren lässt sich problemlos mittels einer Fingerprobe bestimmen: das Fruchtfleisch sollte sich prall anfühlen und elastisch einem vorsichtigen Druck nachgeben. Die Farbgebung der Früchte sollte gleichmäßig sein. Breiige überreife oder angefaulte Früchte sind vom Kauf gänzlich auszuschließen. Himbeeren reifen im Übrigen nicht nach.

Brombeere *(Rubus sectio Rubus)*

Ihren Namen verdankt die Brombeere dem althochdeutschen Wort „Brämben", das für den „Dornenstrauch" verwendet wurde. Der Ursprung des Rosengewächses findet sich in Eurasien und Nordamerika. Dort trifft man auch die Wildform der Brombeere an, die auf Lichtungen, entlang Wegrändern und auf Wiesen verbreitet gedeiht. In Europa wurden mehr als 2000 Arten beschrieben. Brombeeren sind ausdauernd. Alle Wildformen weisen Dornen auf. Bei den Kulturformen haben sich auch dornenlose Sorten züchten lassen. Diese sind jedoch

Bei den Kulturformen gibt es auch dornenlose Sorten.

Brombeerblüte

oft nicht vollkommen winterhart und sollten bei Temperaturen, die unter −10 °C gehen, durch Abdecken vor dem Ausfrieren geschützt werden. Die Fruchtform tendiert von rund bis oval, die Fruchtfarbe der reifen Frucht ist Dunkelviolett bis Schwarz. Reife Früchte sind deutlich dunkler gefärbt als unreife und lösen sich leicht vom Boden. An den Ruten vom Vorjahr werden die Früchte gebildet.

Brombeeren kommen in zahlreichen Sorten vor, die unterschiedlich stark ranken. Je nach Sorte und deren Rankverhalten sollten die Pflanzabstände von 1, 5 m–4 m kalkuliert werden. Züchter haben im Lauf der Jahre auch Hybridsorten kreiert. Daraus entstanden beispielsweise die „Weinbeere" – eine Kreuzung aus Himbeere und Brombeere – oder die „Loganbeere".

> Generell setzt die Kultur der Brombeere ein gewisses Maß an Fachwissen voraus. Der Vegetationszyklus der Brombeere ist zweijährig und entspricht im Wesentlichen dem der Himbeere. Die Kultur ist zudem arbeitsintensiv. Brombeeren stellen an den Boden eher geringe Ansprüche. Eine regelmäßige Versorgung mit reichlich Kompost oder verrottetem Stallmist, am besten im Herbst, ist aber zu empfehlen. Sie bevorzugen einen kalkreichen Standort. Die Brombeere ist etwas frostempfindlich und fühlt sich an windgeschützten Standplätzen wohler.

Die Brombeere sollte wie die Himbeere durch einen stabilen Drahtrahmen gestützt werden. Maiglöckchen oder Zwiebeln, in mittelbare Nachbarschaft gesetzt, verhüten weitgehend den Befall durch den Himbeerkäfer.

Brombeeren müssen während der Saison laufend durchgepflückt werden.

Die Früchte sind, gleich den Himbeerfrüchten, Sammelsteinfrüchte. Während der Saison müssen Brombeeren laufend durchgepflückt werden. Da die Früchte sehr leicht verderblich sind, sollten diese sofort verwendet werden. Im Kühlschrank können gesunde Früchte etwa 2 Tage aufbewahrt werden.

Hauptinhaltsstoffe der Brombeere sind Zucker, Fruchtsäuren, Pektin, die Mineralstoffe Kalium, Calcium und Phosphor, Provitamin A und die Vitamine B1, B2, E und C. Brombeersaft wurde in der Volksheilkunde bei verschiedenen Beschwerden erfolgreich genutzt. So soll er die Verdauungsorgane stärken und eine schweißtreibende Wirkung haben. Wegen der Oxalsäure sollten Personen, die von Stoffwechselerkrankungen wie Gicht oder Steinleiden geplagt werden, auf einen übermäßigen Konsum verzichten. Auch die Blätter weisen medizinische Eigenschaften auf. Ein Tee daraus kann Durchfall stoppen. Eine Frühjahrskur ist empfehlenswert, da der Tee aus den Blättern blutreinigend wirkt. Die Früchte weisen den höchsten Provitamin-A-Gehalt unter den Beerenobstsorten auf. In Frankreich und in den Niederlanden gelten Brombeeren als anerkannte Heilpflanze.

Tee aus Brombeerblättern wirkt blutreinigend.

Anden- oder Kapstachelbeere (Physalis peruviana)

Wie der Name „Andenbeere" schon vermuten lässt, befindet sich die Heimat der „Kap-Stachelbeere" in der Andenregion. Den Namen „Kap-Stachelbeere" hingegen verdankt die Pflanze den Australiern, weil sie zu Beginn des 19. Jahrhunderts am Kap der guten Hoffnung vorbei ihren Weg an die Südspitze Afrikas fand. Von dort breitete sich das aromatische Obst sehr schnell aus. Hauptexportland für die europäischen Märkte ist Kolumbien.

Andenbeeren gehören wie Tomaten oder Kartoffeln zur Familie der Nachtschattengewächse. Eine Verwandtschaft zur Stachelbeere – wie der Name es vielleicht vermuten ließe – besteht allerdings nicht. Hingegen ist die Lampionblume, eine Zierpflanze – auch unter dem Namen „Judenkirsche" bekannt –, eine „Schwester" der Andenbeere, deren Früchte allerdings nicht genießbar sind.

Andenbeeren dagegen gelten mittlerweile als Delikatesse. Im Garten können sie, bei ausreichender Düngung und Bewässerung, eine Höhe von knapp zwei Metern erreichen. Sie sind wärmeliebend und wachsen überall dort, wo Weinklima vorherrscht, an warmen Südlagen oder – ähnlich Tomaten – an einem geschützten Ort, auch im Gewächshaus. Ende Mai setzt im Freiland die Blüte ein und hält bis Ende Juli an.

Die Lampions sitzen zwischen den Blattachsen. In ihnen befindet sich je eine Beere.

Die Blüten sind unscheinbar und sitzen an den Blattachsen. Aus beinah jeder Blüte entwickelt sich im Lauf der nächsten Wochen ein anfangs kleiner, aber rasch und stetig wachsender grüner Lampion, der eine Frucht ummantelt. In dessen Inneren entwickelt sich eine kugelförmige Beere.

> Im Freiland reifen die Früchte ab August, dann hat die Frucht ungefähr Kirschgröße erreicht. Die Reife wird durch die verwelkten, bräunlich verfärbten, papiertrockenen Blütenkelche signalisiert. Reife Andenbeeren sind von gelb-oranger Farbe. Für einen guten Ernteertrag sind ausreichend Nährstoffe und eine gute Bewässerung nötig.

Andenbeeren können ähnlich Tomaten im Beet oder in Kübeln kultiviert werden. Bei mehrjähriger Kultur empfiehlt sich die Kübelvariante. Sie sind mehrjährig, aber frostempfindlich. Im Herbst müssen sie kräftig zurückgeschnitten und in Kübeln kühl und frostfrei überwintert werden. Ein nahrhafter Boden, regelmäßiges Gießen und Stützpfähle sichern eine ertragreiche Ernte. Da die Pflanzen eine Höhe von mindestens einem Meter erreichen können und ein dichtes Blattwerk aufweisen, empfiehlt sich keine Mischkultur. Andenbeerenpflanzen sind relativ beikrautresistent. Lediglich regelmäßige Gaben von Pflanzenjauchen sind erforderlich.

Andenbeeren können in Kübeln kultiviert werden.

- Pflanzabstand: 1 m x 1m
- Ernteertrag: pro Pflanze etwa knapp 1 kg
- In Stück: etwa 220–250 Früchte pro Pflanze
- Die Vorkultur auf der Fensterbank ist möglich.

Merke!

Pflanzen benötigen volles Tageslicht zur optimalen Entwicklung. Bei einer Vorkultur von Pflanzen auf der Fensterbank zwingend darauf achten, dass die Lichtverhältnisse ausreichen. Bei Mangel an Licht entwickeln sich die Pflanzen ungenügend. In einem solchen Fall ist es sinnvoll, geeignete Pflanzen im Fachmarkt zu erwerben.

Die Ernte setzt etwa im August ein und dauert bis Ende Oktober und erfordert kein besonderes Geschick.

Reife Andenbeeren lassen sich problemlos pflücken, unreife hingegen sind drahtartig fest mit der Pflanze verbunden. Zu früh geerntete, noch grünliche Früchte sind zu sauer und wenig aromatisch, zu spät geernteten Früchten fehlt bereits der für einen harmonischen Geschmack wichtige Gehalt an Säure.

Frisch gepflückte Beeren weisen ein beispielloses Aroma auf.

Frisch gepflückte reife Beeren weisen ein beispielloses Aroma auf. Der Geschmack ist ein süßsäuerlicher Mix aus Kiwi, Stachel- und Erdbeere, Mango und Orange mit einem Hauch Tomate. Die Früchte, die witterungsbedingt nicht mehr richtig ausreifen konnten, gehören nicht auf den Kompost, sondern sie reifen in ihren Lampions an einem warmen Ort bis zur Genussreife nach.

Die relativ unbekannten Nutzgarten-Gefährten sollten möglichst jeden Garten komplettieren, da sie von großer gesundheitlicher Bedeutung sind. In den kleinen Früchten stecken reichlich Calcium, Eisen, Phosphor, reichlich Vitamin C sowie B3, B 12 und ein hoher Gehalt an Karotin.

Dank der Vielzahl der Inhaltsstoffe übt der Genuss einen positiven Einfluss auf den menschlichen Körper aus. Vitamin C unterstützt wirksam Vitamin E und hilft so, freie Radikale zu neutralisieren. Der hohe Karotingehalt bewirkt eine Verbesserung des Hautbildes und erhöht die Schutzfunktion der Haut bei Sonneneinwirkung. Karotin gilt als Sonnenschutz von innen. An der Universität in Baltimore ergab eine Studie, an der 259 Frauen beteiligt waren, dass durch das Karotin ein wirksamer Schutz vor Brustkrebs erreicht werden kann. Darüber hinaus gewährleistet Karotin die Gesunderhaltung des Körpergewebes, indem es abgestorbene Zellen abtransportiert. Karotin ermöglicht zudem eine gute Funktion der Augen und wirkt Nachtblindheit entgegen.

> **Mein Rat**
>
> Sollen die Früchte zur Marmeladenbereitung Verwendung finden, sollten sie wegen der zahlreichen kleinen, ziemlich harten Kerne passiert werden.

Wichtige Beikräuter

Vielen Gärtnern sind Beikräuter/Unkräuter ein Dorn im Auge. Diese Auffassung teile ich nicht: Unkräuter sind wichtige Pflanzen, die einen Garten erst reich machen. Sie weisen zahlreiche Funktionen auf, die bei der Bewirtschaftung eines Nutzgartens sehr hilfreich sind und sie stellen eine wichtige Ingredienz im ökologischen Gleichgewicht der Natur dar. Im Folgenden erhalten Sie einen Überblick über die häufigsten Beikräuter:

Kamille *(Matricaria chamomilla)*
Die echte Kamille weist erstens auf den pH-Wert des Bodens hin – dort wo sie übermäßig auftritt, sollte der Gartenboden gekalkt werden, da er leicht sauer ist. Zweitens übt sie heilende Kräfte auf Gemüse aus. Nacktschnecken mögen Kamillenkraut besonders, solange es jung und zart ist.

> **Mein Rat**
>
> Kamille kann, bis sie eine störende Größe erreicht hat, neben dem Gemüse im Beet stehen.

Kratzdistel *(Cirsium arvense)*
Kratzdisteln sind ein lästiges Unkraut, das sich über Wurzelausläufer gern und zahlreich im Garten vermehrt. Treten sie unverhältnismäßig zahlreich auf, werden die grünen Pflanzenteile am besten mit einem Messer oder scharfen Spachtel unterirdisch von der Wurzel getrennt. Einzelne Exemplare sollten jedoch im Garten belassen werden; in Europa werden insgesamt 86 Insektenarten nachgewiesen, die mit dieser Pflanze vergesellschaftet sind. Blattläuse gehören dazu. Vorsicht: Auch verwelkte Stacheln der Disteln stechen!

Vogelmiere *(Stellaria media)*
Die Vogelmiere weist auf einen stickstoffreichen Gartenboden hin. Im Geschmack erinnert die Vogelmiere an Mais. Die jungen Blätter und zarten Triebe überdauern problemlos die ersten Nachtfröste; sie können einen Salat bereichern.

Kamille, Kratzdistel und Vogelmiere

Löwenzahn *(Taraxum officinale)*

Der Löwenzahn war zu Goethes Zeiten ein heißgeliebtes Gemüse. Der Bitterstoff „Taraxum" ist vor der Blüte in nur geringer Konzentration in der Pflanze enthalten. Löwenzahn schmeckt ausgesprochen gut und der Verzehr ist absolut gesund. Entfernen Sie nicht alle Pflanzen aus Ihrem Garten; die Blüten sind aufregend schön, der Verzehr ist gesund und die tiefgründigen Wurzeln lockern den Erdboden.

Franzosenkraut *(Galinsoga)*

Das Franzosenkraut gehört zu den Knopfkräutern und ist ein einjähriges Beikraut. Tritt Franzosenkraut in Kolonien auf, kann man es schon von Weitem riechen (beinah wie einen Ziegenbock). Die Pflanze neigt zum Wuchern und kann im Garten erhebliche Ernteausfälle verursachen. Da es ein „Überlebenskünstler" ist, ist es nur schwer wieder aus dem Garten zu verbannen. Bereits blühende Pflanzen streuen Samen. Tragen Sie deshalb blühende Pflanzen in einem geschlossenen Gefäß auf den Kompost und sorgen Sie dafür, dass die Pflanzenteile gut durchkompostiert werden, bevor der Kompost zurück in den Garten gelangt. Die Wurzeln des herausgerissenen Franzosenkrautes sind sehr widerstandsfähig. Um es loszuwerden, sollte ausgezogenes Franzosenkraut nicht auf dem Beet verbleiben; es wächst wieder an. Der Geschmack der jungen Blätter nicht blühender Pflanzen ist einmalig. Franzosenkraut kann einen passablen Salat ergeben.

Kletten-Labkraut *(Galium aparine)*

Das Kletten-Labkraut kommt in ganz Europa vor und ist mit dem Waldmeister verwandt. Es wuchert und sollte nicht zu lange im Gemüsegarten belassen werden! Die jungen Spitzen können jedoch geerntet werden. Sie ergeben eine gute Salatzutat und passen in jeden grünen Salat. Vor Verwendung in der Küche sollten sie jedoch 1–2 Stunden welken; dadurch entfaltet sich das feine Waldmeisteraroma.

Giersch (*Aegopodium podagraria*)

Schon der Name lässt das Blut in den Adern eines jeden erfahrenen Gärtners steigen. Die Wurzeln machen Giersch so gefährlich. Die Pflanze übersteht scheinbar jede noch so große Trockenheit und jede Kälte. Einmal im Garten, wird man sie nie wieder los. Am besten gräbt und rupft man sie aus. Aufpassen: Aus jedem Wurzelstück, das versehentlich von einer Wurzel abgestochen und im Beet übersehen wurde, kann eine neue Pflanze wachsen. Sammeln Sie pedantisch genau die Wurzeln aus der Gartenerde. Ist bereits eine Fläche befallen, so empfiehlt sich vorerst das „Einzäunen" des Gebietes mit einem Wurzel stoppenden Zaun; der Wurzelzaun wird in die Erde eingegraben und verhindert eine weitere natürliche Ausbreitung.

Brennnessel *(Urtica)*

Die Brennnessel gedeiht in beinah jedem Garten. Sie ist von enormer Bedeutung, da sie vielseitig verwendet werden kann – der Verzehr der Großen Brennnessel (*Urtica dioica*) ist ebenfalls sehr zu empfehlen. Brennnesseln dienen als Schmetterlingsweide für etwa 50 Arten von Schmetterlingsraupen.

Melde *(Attriplex)*

Die Melde kommt in vielen Arten vor und stellt aufgrund ihrer hohen Samenproduktion ein Problem dar, da sie wuchert. Die Pflanzen können, je nach Art, innerhalb einer Saison kräftige krautige, buschhafte Pflanzen bilden, die sich nur schwer von Hand aus dem Boden herausreißen lassen.

Bauerntabak

Auch für Nichtraucher ist eine Anpflanzung des Bauerntabaks sehr sinnvoll. Der Geruch der Pflanze schreckt Schädlinge ab; Blätter ins Beet gelegt halten Schnecken in Grenzen.

Quecken *(Elymus repens)*

Vor einigen Jahren zählten Quecken zu den gefürchteten Ackerunkräutern. Mittlerweile ist ihr Vorkommen derart rückläufig, dass sich mittlerweile ein Markt gebildet hat, der Queckenwurzeln kommerziell nutzt. Erfahrungsgemäß gedeihen die Quecken nur in gutem Boden; er ist nahrhaft, warm und hält Feuchtigkeit gut. Wo Quecken wachsen, wachsen auch Kartoffeln. Quecken können bis zu 3–4 Meter tief ins Erdreich eindringen und lockern dementsprechend den Boden hervorragend. Um ihrer Herr zu werden, müssen sämtliche Wurzeln und Wurzelstücke aus dem Erdboden entfernt werden: Jedes Stück Wurzel kann eine neue Pflanze bilden.

Knöterich samt sich aus

Noch so ein schlimmes Beikraut: Aus nur einem ausgeblühten Triebende bilden sich endlos zahlreiche Samen, die sich selbsttätig aussamen.

Knöterich unbedingt rechtzeitig aus dem Nutzgarten entfernen! Die Pflanze wuchert und erreicht mit einer Höhe von etwa einem halben Meter auch stattliche Ausmaße, die das Gemüse vollkommen unter sich ersticken können.

Hederich (*Raphanus raphanistrum*)

Im Bild eine junge, bereits in Blütenbildung (gelbe Blüte) übergegangene Hederichpflanze. Hederich ist auch unter dem Namen „Acker-Rettich" bekannt, bildet jedoch keine Wurzelverdickung aus. Als Kreuzblütler wird die Pflanze gern vom Kohlweißling zur Eiablage aufgesucht.

Neben dem Hederich gedeiht das Ackerhellerkraut, das bereits Blüten bildet. Während das Ackerhellerkraut *(Thlaspi arvense)* keine Wuchereigenschaften aufweist und auch keine überdimensionalen Pflanzen bildet, kann sich eine Hederichpflanze zu einem stattlichen Beikraut von über einem halben Meter Höhe entwickeln. Entfernen Sie frühzeitig Hederich aus dem Nutzgarten, besonders aus den Beeten. An freien Plätzen können Sie ihn jedoch zur Schädlingsregulierung bis zur Schotenbildung – vor dem Ausreifen der Samen – belassen.

Das Ackerhellerkraut bevorzugt einen humosen lehmigen Standort. Als „Kreuzblütler" bevorzugen Kohlweißlinge auch diese Pflanze als Wirtspflanze für die Eiablage.

Die Identifikation ist einfach durch das Zerreiben der Blätter: Das Ackerhellerkraut verströmt einen an Knoblauch erinnernden Geruch.

Erdrauch (*Fumaria*)

Bei dem Pflänzchen, links im Bild, handelt es sich keineswegs um eine junge Möhrenpflanze. Erdrauch *(Fumaria)* sieht der Möhrenpflanze im Jugendstadium zum Verwechseln ähnlich. Der gravierende Unterschied ist an der oberen Grenze der Wurzel erkennbar: Möhren bilden in diesem Alter keine kräftigen und gut erkennbaren Wurzeln aus, der Erdrauch jedoch besitzt beizeiten eine stattliche weiße pfahlartige Wurzel, die sich in der Erde reich verzweigt. Bei Unsicherheit zupfen Sie ein Blatt von der Pflanze und zerreiben es zwischen den Fingern – Erdrauch ist ein Mohngewächs und verströmt nicht das Aroma einer Möhre.

Der lateinische Name „Fumaria" weist auf die frühere Nutzung dieser Heilpflanze hin und bedeutet „Rauch". Erdrauch liefert einen wirksamen Tee bei Magen- und Darmbeschwerden und fördert das Einschlafen. Linkerseits sehen wir wieder Kamillen, ein Queckenblatt ragt vom unteren Rand in das Foto hinein, und am oberen Rand befindet sich eine Vogelmiere.

Spezieller Teil

Vorsicht Doppelgänger!

Das „Wer ist Wer" im Nutzgarten

Für einen Einsteiger ist es nicht leicht, aufgehende Gemüse von aufgehenden Beikräutern zu unterscheiden. Betrachten Sie die Fotos auf den nächsten Seiten, auf denen Beikräuter und aufgehendes Gemüse bildhaft dargestellt sind.

Kohlrabi mit Beikraut

Auf dem Foto ist der Unterschied des Hederichs zu einem Kohlrabi deutlich: Die Keimblätter beider Pflanzen sind sehr unterschiedlich; zudem sind die Blätter des Kohlrabis nicht so zerfurcht.

Andere Beikräuter:
1 = Knöterich   **2** = Unkrautmelde
3 = Franzosenkraut   **4** = Kamille
5 = Hederich

Das Beikraut Hederich (5) unterscheidet sich sehr deutlich von Kohlrabi (siehe Pfeile), der mittelbar daneben gedeiht.

Hederich-Radieschen

Die Unterscheidung junger Radieschenpflanzen von jungen Hederichpflanzen muss geübt werden. Die Farbe beider Gattungen ist unterschiedlich und die Form der Keim- und Herzblätter unterscheidet sich erheblich. Hederich ist in der Regel Grün, das Radieschen hingegen Bläulich-Grün. Die Blätter des Radieschen sind am Rand relativ glatt, die Keimblätter deutlich gestielt.

Beikraut: So jäten Sie richtig

Der gelbe Pfeil (Bild rechts) weist auf ein Möhrenpflänzchen hin, das beinah vollkommen von den starken Beikräutern verdeckt wird. Wird das Beikraut in dieser Situation nicht entfernt, wird die Möhre sich lichthungrig entwickeln und keine Pfahlwurzel ausbilden.

Die Beikräuter im Einzelnen:
1 = Knöterich   **2** = Unkrautmelde
3 = Franzosenkraut **4** = Kamille
5 = Gänsedistel (*Sonchus arvensis*)

Bei der Entfernung der Beikräuter sollte mit Bedacht gehandelt werden. Das Franzosenkraut, rechts neben der Möhre, bildet enorme Wurzelballen aus, mit denen die Pflanze beim Herausziehen eine relativ große Menge Erdboden herauszieht – diese Strategie sichert das Überleben des Franzosenkrautes, da dank des schweren Wurzelballens immer Erdkontakt hergestellt werden kann. Am besten drückt man beim Herausziehen des Franzosenkrautes den Erdboden nahe der Möhre mit den Fingern fest.

Schwieriger noch als die Entfernung des Franzosenkrautes wird die Beseitigung des Hirtentäschlkrautes sein. Die Blattrosette dieses Beikrautes überdeckt die Möhre, die Wurzeln können bereits ineinandergewachsen sein. Drücken Sie mit den Fingern auf den Boden nahe der Möhre und halten Sie das Gemüsepflänzchen fest im Beet, während Sie vorsichtig das Hirtentäschelkraut herausziehen.

Auch die Gänsedistel ist ein Beikraut, das es in sich hat! Der Wurzelstock ist hier der Garant für ein langes Leben. Die lange Pfahlwurzel sollte, so lange es geht, in einem Stück aus dem Boden entfernt werden. Bearbeiten Sie die Gänsedistel mit einem Distelstecher oder einer Hacke und zerstückeln Sie dabei die Wurzel, wird jedes im Boden verbleibende Wurzelstück eine neue Pflanze bilden.

Wühlmäuse tragen erheblich zur Verbreitung dieses gefürchteten Beikrautes bei: sie zerteilen die Wurzel, die sie mit Vorliebe suchen, in etwa 2 cm lange Stücke, die sie in ihren Vorratskammern einlagern. Was aus den nicht verspeisten und verlorenen Stücken wird, kann man sich gut vorstellen. Darum sollte bei Wühlmausbefall im Nutzgarten mit einem Spaten nach den Vorratskammern gegraben werden. Diese liegen unterhalb der Haufenaufwürfe in der Regel etwa einen halben Meter tief in der Erde. Eine Sisyphusarbeit, die sich jedoch auszahlt.

Die Gänsedistel ist eine Zeigepflanze für Lehmböden!

Auf diesem Foto sind die Keimblätter gerade aufgegangener Möhren erkennbar. Außerdem stehen verschiedene Beikräuter dicht dabei, die unbedingt entfernt werden müssen, da diese sich rasant entwickeln und die Entwicklung der Möhren verhindern würden.

1 = Unkrautmelde   **2** = Knöterich   **3** = Kamille

Überdies erkennt man die Quecke und den Hederich. Das große Blatt am linken oberen Rand stammt von einem Radieschen.

Zu guter Letzt

Testen der richtigen Aussaattemperatur des Gartenbodens

Eine französische Redensart besagt sinngemäß, dass der Gärtner – mit barem Po sitzend – die Temperatur des Gartenbodens testen soll: Wenn das Sitzen als angenehm empfunden wird, ist es an der Zeit, die wärmeliebenden Pflanzen auszusäen ...

Es geht aber auch anders: Entledigen Sie sich Ihres Schuhwerkes und laufen Sie im Garten umher. Wenn Sie dies als angenehm empfinden und keine kalten Füße bekommen, können Sie alle wärmeliebenden Pflanzen unbesorgt in den Boden bringen.

Die Herbstaussaat

Es ist durchaus möglich, im Herbst Gemüse zur Ernte im kommenden Frühjahr auszusäen. Das Risiko liegt in der Härte des Winters, den die jungen Pflanzen überstehen müssen. Trotzdem lohnt der Versuch allemal.

Bereiten Sie Ende August/Anfang September ein abgeerntetes Beet zur Aussaat vor. Es sollte ein schattig gelegenes Beet tiefgründig und frisch umgegraben werden. Umgraben sollten Sie nur bei trockener Witterung. Ziehen Sie die Saaterde glatt und säen Sie die Samen von:

> *Das Risiko der Herbstaussaat liegt in der Härte des Winters.*

■ Rotkohl	■ Pastinaken	■ Weißkohl
■ Wirsing	■ Möhren	

Bis zum Frosteintritt werden sich aus den Samen kräftige Pflanzen entwickelt haben. Regelmäßiges Gießen – falls der Herbst zu trocken wird – ist erforderlich. Die Pflanzen müssen vereinzelt werden. Selektieren Sie die kräftigsten Exemplare und behäufeln Sie deren Stängel mit etwas Erde. Sobald der Erdboden überfroren ist – nicht eher –, bedecken Sie das Beet mit dem Herbstgemüse mit Tannenreisig. Decken Sie das Tannengrün vorsichtig auf die Pflanzen, damit diese nicht verletzt werden oder gar abknicken. Sobald die Natur sich regt – etwa ab Anfang März –, wird das Reisig entfernt. Mitte Mai können dann bereits – wenn die Witterung günstig war – erste Kohlgemüse und Pastinaken/Möhren geerntet werden.

Frischer Pferdemist

Durch das Aufleben der Pferdehaltung stellt die Beschaffung von Pferdemist kein Problem dar. Oftmals ist er sogar sehr günstig in der Anschaffung. Dieser Mist hat den Vorteil, dass er sich schnell zersetzt und nicht zu viel Stickstoff in den Gartenboden bringt, dabei aber gute Kaliumwerte aufweist. Die Mikronährstoffe, die ein guter Kompost in der höchsten Konzentration aufweist, kommen auch im Pferdemist noch in einem zufriedenstellenden Verhältnis vor.

> *Pferdemist hat den Vorteil, dass er sich schnell zersetzt und gute Kaliumwerte aufweist.*

Die Ackerbohne/Dicke Bohne ist eine hervorragende Gründüngungspflanze.

Zur Bereicherung des Komposthaufens ist frischer Mist grundsätzlich eine gute Komponente, unabhängig, von welcher Tierart er produziert wurde. Jedoch sollte er während der Gemüsesaison nicht mittelbar auf das Gartenland ausgebracht werden: Frischer Mist lockt eine Reihe Schädlinge an und kann zudem Träger zahlreicher Beikrautsamen sein.

Trennung des Nutzgartens

Viele Gemüse können frisch gedüngten Boden nicht vertragen, andere brauchen ihn zur Entwicklung. Sinnvoll ist die Trennung des Nutzgartens in zwei Bereiche.

Einen, der gedüngt wird, und einen, der nicht gedüngt wird. Diese Aufteilung wechselt mit jeder neuen Gartensaison.

Gründüngung

Gartenerde ist ein natürliches lebendiges Gemisch, das im Grunde aus einer toten und einer lebenden Masse besteht. Die tote besteht aus zersetzten Steinen Mineralien und totem organischen Material, die lebende Masse aus Mikroorganismen, Pilzen, Bakterien, Viren, Bodentieren etc. Pflanzen und Erdboden stehen in engem Zusammenhang. Mit ihren Wurzeln ziehen sie aus dem Gemisch der toten und lebenden Masse ihre Nährstoffe, die, in Wasser gelöst, in den Stoffwechsel der Pflanze gelangen. Wird dem Erdboden nicht zugeführt, was ihm entzogen wurde, mergelt er aus. Auf ausgemergeltem Boden können gesunde, vitale Pflanzen nicht gedeihen. Gemüse rauben dem Boden neben Mineralien viel Stickstoff, Phosphor und Kalium. Neben einer Versorgung des Gartenbodens mit Kompost empfiehlt sich zusätzlich die Gründüngung.

Eine Gründüngung versorgt den Erdboden mit den Stoffen, die die Pflanzen angereichert haben und regt die Mikroorganismen an. Gezielte Gründüngung kann auch Schädlinge fernhalten. Außerdem belüften und lockern die Wurzeln der Gründüngungspflanzen den Erdboden.

Beikrautschutz und optimale Bodendurchlüftung bietet die Gründüngung.

Pflanzen, die sich zur Gründüngung eignen

Pflanze	Effekt
Erbse	Stickstoffanreicherung
Ackerbohne/Dicke Bohne	Stickstoffanreicherung
Weißer Senf	Nematodenbekämpfung
Schnittmangold	Magnesiumanreicherung
Phacelia	Beikrautregulierung
Klee	Stickstoffanreicherung/ Beikrautregulierung

Mulchen

Gartenerde, die durch eine Mulchschicht bedeckt wird, trocknet nicht so rasch aus. Unter der Mulchdecke findet die so genannte Schattengare statt. Als Mulchmaterial eignen sich Grünteile von Pflanzen – samende Beikräuter ausgenommen. Mulchen macht Arbeit. Mulchen reguliert die Beikräuter nicht. Im Gegenteil: Mulchen erschwert die Regulierung. Schlechter Boden – ausgesprochener Sand- oder Kalkboden – kann durch das Mulchen in einen humusreichen Erdboden umgewandelt werden. Allerdings bedarf es hierfür sehr viel Geduld.

Mulchen hat eine bodenverbessernde Wirkung.

Gemüse/Kartoffelmieten

Vor einigen Jahrzehnten war es üblich, Feldfrüchte und Gartengemüse in Mieten einzulagern und in diesen geschützten Quartieren über den Winter zu bringen.

Weshalb die Konstruktion einer Miete in diesem Buch fehlt, ist schnell erklärt: sie verspricht wenig Aussicht auf Erfolg. Es wird in weitem Umkreis keine weitere Miete für die Nager erreichbar sein – selbst die Feldfrüchte werden nicht mehr oder kaum noch im Feld gelagert –, und der feine Duft, der Ihrer Gemüse- oder Kartoffelmiete entweichen würde, würde Mäuse und Co magisch anziehen.

Pflanzenjauche

Das Herstellen pflanzlicher Jauchen ist sehr einfach. Sie benötigen hierfür eine Regentonne und einige Pflanzen. Besonders gut eignen sich: Brennnessel, Beinwell sowie Schachtelhalm.

Die Pflanzen können zerkleinert werden oder ganz mit Regenwasser in der Regentonne versetzt werden. Gelegentliches Umrühren fördert die Jauchebildung. Die Jauche ist gebrauchsreif, sobald die Pflanzenteile sich darin aufgelöst haben. Die Stängel der Brennnessel lösen sich in dieser Zeit nicht auf, und der Geruch lässt erkennen, dass es sich bei der trübschwarzen Flüssigkeit um Jauche handelt. Die nicht aufgelösten Pflanzenteile der Brennnesselgeben Sie einfach auf den Kompost.

Gelegentliches Umrühren verbessert die Jauchenbildung.

Aus Kompost kann auch eine gute Gießjauche bereitet werden. Lösen Sie hierfür den Kompost in Regenwasser, verrühren Sie ihn und vergießen Sie ihn anschließend. Bodensatzpartikel können wieder dem Kompost zugeführt werden.

Riesengemüse

Gärtner auf der ganzen Welt wetteifern um die größten und schwersten Gemüse; mitunter wird ein Eintrag in das „Guinness-Buch der Rekorde" anvisiert.

Bestimmte Sorten bringen von Natur aus die entsprechenden Anlagen mit, die aus einem Gemüse einen Giganten wachsen lassen. Allerdings ist eine besondere Behandlung hierfür nötig.

Eine kleine Auswahl für Einsteiger:

Gemüse	Sorte
Radieschen	Riesenbutter
Kürbis	Gelber Zentner
Kohlrabi	Superschmelz

Minigemüse

In den zurückliegenden Jahren haben Minigemüse die Herzen der Verbraucher erobert. Auch im Hausgarten können sie angebaut werden. Entscheidend für den Erfolg ist die Sortenwahl. In Frankreich wird das Minigemüse unter dem bezeichnenden Markennamen „La Souris verte" (Die grüne Maus) angeboten. Zu den kleinen Gemüsearten gehören die Cherrytomaten, Minipaprika, Minigurken, Babymais, Miniblumenkohl, Minikarotten ... Minigemüse machen enge Pflanzabstände und eine frühzeitige Ernte möglich. Der Geschmack dieser Gemüse ist intensiv. Minigemüse sind sehr zart. Ausgesprochen gut eignen sich Minigemüse für schmackhafte Dekozwecke. Für die Balkonkultur gibt es im Fachhandel Topfpflanzen.

Gärtnern und Urlaub

Geht nicht? Doch! Urlaub ist auch für einen Gartenbesitzer realisierbar. Man braucht noch nicht einmal fremde Hilfe in Anspruch zu nehmen. Wichtig ist, dass die Gemüse im Garten Oberhand gewonnen haben, ehe man sie für die Dauer eines Urlaubes allein lässt. Sind die Gemüse erst einmal groß genug, wirken sich ein paar Beikräuter, die während Ihrer Abwesenheit aufleben, nicht negativ aus. Auch der Verzicht auf Urlaub, weil im Garten das Gemüse gegossen werden muss, ist nicht zwingend erforderlich.

Urlaub ist auch für einen Gartenbesitzer realisierbar.

Viele Gemüse mögen nicht ständig mit Wasser versorgt werden; nicht jeder Mensch trinkt tatsächlich die empfohlenen 2 Liter Wasser pro Tag und erreicht dennoch ein biblisches Alter. Pastinaken, Schwarzwurzeln, Haferwurzeln, Kohlrabi, Radieschen, Möhren/Karotten, Zwiebeln/Schalotten und Kartoffeln gehören zu ihnen wie einige Sorten Salat. Andere Gemüse (Kürbis, Tomaten, Zucchini oder Salat) brauchen viel Flüssigkeit und müssen gerade in trockenen Perioden ständig mit Wasser versorgt werden. Für die Zeit eines normalen Urlaubs (2–3 Wochen) können selbst durstige Gemüse diese Zeit unbeschadet überstehen. Es gibt Konstruktionen, mit denen einzelne Pflanzen für einen längeren Zeitraum mit Flüssigkeit versorgt werden können. Dieser kann man sich bedienen, wenn die Urlaubszeit da ist. Im Handel gibt es einige Hilfsmittel; lassen Sie sich beraten.

Ganz simpel und fast kostenlos ist folgende bewährte Methode: Stellen Sie einen Wasserbehälter mindestens 50 cm höher als die Gartenerde, beispielsweise auf einen Stapel Steine oder Ähnliches. Das Gefäß muss sich zudem in mittelbarer Nähe der mit Wasser zu versorgenden Gemüse befinden. Außerdem sollte der Behälter ausreichend groß sein. Falls Sie keine Tonne entsprechender Kapazität zur Hand haben, verwenden Sie mehrere kleinere Gefäße. Der Rest ist Physik und besteht lediglich aus einigen gut saugfähigen Schnüren oder Fäden. Die Schnüre müssen vom Boden des Gefäßes bis auf den Erdboden der zu versorgenden Pflanze reichen.

Befestigen Sie an einem Ende etwas, das den Faden auf den Grund des Gefäßes zieht. Das andere Ende der Schnur legen Sie nah genug des Wurzelzentrums der Pflanze ab. Sie können dieses Ende ebenfalls beschweren, damit der Wind oder eine Katze die Position nicht ändern können. Falls der Faden stark durchhängt, kann das Wasser auch an anderer Stelle herabtropfen; den Faden zu spannen oder den tropfenden Teil zur Pflanze zu manövrieren, schafft hier Abhilfe. Testen Sie die Funktionalität am besten einige Tage bevor Sie verreisen. Auch sollten Sie, bevor Sie in Urlaub gehen, die Pflanzen noch einmal ausgiebig mit Wasser versorgen.

> Die Funktionalität der Bewässerung einige Tage testen, bevor Sie verreisen.

Aberglauben

Der Aspekt des Aberglaubens, der den Nutzgarten auf keinen Fall ausgrenzt, soll in diesem Buch nicht vergessen werden. Eine Vielzahl von Gemüsearten wurde von unseren Vorfahren als Orakel oder gar zum Zaubern genutzt:

Löwenzahn *(Taraxum officinale)*
Plinius rät: Um die Erfüllung seiner Wünsche zu erreichen, reibe man sich den Körper mit Löwenzahn ein.

Selleriesamen
in den Schuhen verleiht Flügel.

Porree *(Allium porrum)*
mit Zucker genossen, stärkt den „Wünschelstab" und macht „unkeusch".

Schnittlauch *(Allium schoenoprasum)*
Zehn Gramm des Schnittlauchsaftes sollen den römischen Ritter Mela den Tod gebracht haben. Der Ritter, der keine Ordnung in seine Provinzen bringen konnte, wurde zum Kaiser bestellt und musste dort 10 Gramm Schnittlauchsaft trinken. Er soll sodann ohne Anzeichen von Schmerzen ins Jenseits gewandert sein, will man der Überlieferung glauben.

Zwiebelsamen
Zerstoßen und mit Honig vermengt, stärkt er die Potenz.

Porreestange geschnitten

Zwiebelsamen

Borrteschblüte

Ringelblume

Liebstöckel *(Levisticum officinale)*
ist der Stock der Liebe. Ein Stück in meiner Tasche vermag, dass nicht nur er mich mag, sondern dass ich an jedem Ort gern gesehen bin.

Meine Kinder müssen die heiße Honigmilch durch seine hohlen Stängel ziehen, damit das Halsweh sie verlässt und die Stimme wiederkehrt. Und er, wenn er müde und lustlos in der Stube hockt, kriegt einen Tee, bereitet aus der Wurzel, bis dass der listige Glanz in seinen Augen funkelt und neue Kraft zurückgekehrt ist. Dann kann auch ein Wohlfühlbad bereitet werden, dort hinein wird gebrühtes Kraut gegeben.

Petersilie *(Petroselinum crispum)*
Hildegard von Bingen sagt von ihr: Im Geist des Menschen erzeugt sie Ernst (Physica 1). Ob allerdings das getrocknete Kraut tatsächlich als Marihuanaersatz geraucht werden kann ...? Petersilien-Liebeszauber: Die Vornamen des Paares werden mit dem Ringfinger in den feuchten frühlingswarmen Gartenboden geschrieben. In die so entstandene Rille wird der Samen des Peterlein gesät. So wie die Petersilie gedeiht, so wird die Liebe sein.

Borretsch *(Borago officinalis)*
Die blauen Blüten sollen, in Zucker eingelegt, das Herz stärken und, als Tee getrunken, dem Kranken Hoffnung bringen, dass er, sein Los vergessend, Freude findet (die Blätter in Wein genommen, so wird berichtet, erquicken das Herz und stärken den Verstand). Schon den Römern war dieser Umstand bekannt: Ego borago gaudia semper ago (Ich, der Borretsch, bringe stets Freude).

Ringelblumen *(Calendula officinalis)*
in die Fußspur eines/einer Auserwählten sähen. So sie aufgehen, armer Mann/arme Frau, bindet ein unsichtbares Zauberband dich an den Gärtner/die Gärtnerin.

Möhren *(Daucus carota)*
Die Samen unter die Matratze zu streuen, steigert die Potenz.

Zwiebel *(Allium cepa)*
neben den Ofen stellen; so wie sie austreibt, wird der/die Zukünftige sein.

Zum Schluss ...

... möchte ich mich auf diesem Weg bei allen Personen bedanken, die mich bei der Realisierung des Buches unterstützt haben. Besonderer Dank geht an den Verleger Herrn Mag. Dvorak-Stocker, der dieses Buch erst ermöglicht hat. Auch an Herrn DI Josef Pollhammer möchte ich meinen ganz besonderen Dank für die gute Zusammenarbeit richten. Ferner möchte ich all jenen herzlich danken, die im Hausgartenbereich aktiv sind und unermüdlich die Schätze der Gärten wahren und dank dieses Engagements die immer kleiner werdende Nutzpflanzenvielfalt hüten. Ohne diese Menschen wären unsere Gärten längst konforme Landschaften.

Anhang

Empfohlene Gemüse im Selbstversorgergarten

Salat: Kopfsalat, Eisbergsalat, Spargelsalat, Radicchio, Chicorée, Endivien, Eichblattsalat, Lollosalat
Radieschen, Sellerie, Spinat, Mangold, Gartenmelde
Möhren/Karotten, Pastinaken, Rettiche, Schwarzwurzeln/Haferwurzeln, Kohlrabi
Kohlvarietäten: Blumenkohl, Weißkohl, Rotkohl, Wirsing, Brokkoli, Grünkohl
Zwiebeln/Schalotten
Knoblauch
Empfohlene Kräuter: Basilikum, Bohnenkraut, Borretsch, Dill, Kresse, Liebstöckel, Majoran, Meerrettich, Petersilie, Pfefferminze, Salbei, Schnittlauch
Empfohlene Dauerkulturen: Erdbeeren, Rhabarber, Spargel
Empfohlenes Beerenobst: Andenbeeren, Himbeeren, Johannisbeeren, Stachelbeeren

Empfohlene Gemüse für den Erstanbau

2 Pck Buschbohnen	1 Pck Spinat	Nachbaugemüse.
1 Pck Stangenbohnen/Auskernbohnen	Schalotten/Zwiebeln – je etwa 500 g Steckzwiebeln	2 Pck Buschbohnen
2 Pck Salatvarietäten	1 Pck Gewächshausgurken	2 Pck Dicke Bohne
3 Pck Möhren/Karotten	5 Pck Freilandgurken	1 Pck Mangold (oder Spinat)
Kartoffeln	Tomaten/Aubergine/Paprika	2 Pck Kohlvarietäten
Frühkartoffeln 5 kg	2 Pck Pastinaken	1 Pck Endivien
Späte Sorte 10 kg	1 Pck Rote Beete	2 Pck Rote Beete
3 Pck Radieschen	1 Pck Mais	2 Pck Rettiche
2 Pck Kohlrabi	Je 2 Pck Schwarzwurzeln/Haferwurzeln	1 Pck Mais
4 Pck Kohlvarietäten	1 Pck Zucchini	1 Pck Grünkohl/Federkohl
1 Pck Porree		Salatvarietäten

Empfohlene Kräuter

Petersilie	Liebstöckel
Dill	Schnittlauch
Bohnenkraut	

Bezugsquellen für ein umfassendes Sortiment an Gemüsesorten

DEUTSCHLAND

Bio-Saatgut
Ulla Grall
Eulengasse 3
D-35288 Arnsheim
Tel.: 0049/(0)6734-960379
Fax: 0049/(0)6734-960014
E-Mail: beratung@io-saatgut.de
Internet: www.bio-saatgut.de

Dreschflegel GbR
Postfach 1213
D-37202 Witzenhausen
Tel.: 0049/(0)5542-502744
Fax: 0049/(0)5542-502758
E-Mail: info-saatgut.de
Internet: www.dreschflegel-saatgut.de

VEN
Ursula Reinhard
Sandbachstrasse 5
D-38162 Schandelah
Tel.: 0049/(0)5360-1402
Fax: 0049/(0)5360-1402
E-Mail: ven.nutz@gmx.de
Internet: www.nutzpflanzenvielfalt.de

Bingenheimer Saatgut
Kronstrasse 24
D-61209 Echzell
Tel.: 0049/(0)6035-1899-0
Fax: 0049/(0)6035-1899-40
E-Mail: info@oekoseeds.de
Internet: www.oekoseeds.de

Grüner Tiger
Versandhandel
Pfarräckerstrasse 13
D-90522 Oberasbach
Tel.: 0049/(0)911-69843
Fax: 0049/(0)911-69843
E-Mail: info@gruenertiger.de
Internet: www.gruenertiger.de

ÖSTERREICH

Arche Noah
Gesellschaft zur Erhaltung und Verbreitung
der Kulturpflanzenvielfalt
Obere Straße 40
A-3553 Schloss Schiltern
Tel.: 0043/(0)2734-8626-0
Fax.: 0043/(0)2734-8627
E-Mail: info@arche-noah.at
Internet: www.arche-noah.at

SCHWEIZ

Biosem
Susanne und Adrian Jutzet-Jossi
CH-2019 Chembrelien NE
Tel.: 0041/(0)32855-1058
Fax: 0041/(0)32855-1058
E-Mail: web@biosem.ch
Internet: www.biosem.ch

Sativa Rheingau GMBH
Klosterplatz
CH-8462 Rheingau
Tel.: 0041/(0)5230-49160
Fax: 0041/(0)5230-49161
E-Mail: sativa@sativa-rheinau.ch
Internet: www.sativa-rheinau.ch

Pro Specie Rara
Engelsgasse 12 a
CH-9000 St. Gallen
Tel.: 0041/(0)71-2237400 (vormittags)
Fax: 0041/(0)71-2237401
E-Mail: sekretariat@psrara.org
Internet: www.prospecierara.ch

Bezugsquellen für Nützlinge

DEUTSCHLAND

Katz Biotech AG
An der Birkenpfuhlheide 10
D-15837 Baruth
Tel.: 0049/(0)33704-67510
Fax: 0049/(0)33704-67579
E-Mail: info@katzbiotech.de
Internet: www.katzbiotech.de

ÖRE Bio-Protect GmbH
Kieler Straße 41
D-24223 Raisdorf
Tel.: 0049/(0)4307-5016
Fax: 0049/(0)4307-7128
E-Mail: info@nuetzlingsberater.de
Internet: www.oere-bio-protect.de

Re-Natur GmbH
Am Pfeifenkopf 9
D-24601 Stolpe
Tel.: 0049/(0)4326-98610
Fax: 0049/(0)4326-98611
E-Mail: info@re-natur.de
Internet: www.re-natur.de

Sautter & Stepper GmbH
Rosenstraße 19
D-72119 Ammerbuch
Tel.: 0049/(0)7032-957830
Fax: 0049/(0)7032-957850
E-Mail: info@nuetzlinge.de
Internet: www.nuetzlinge.de

ÖSTERREICH

Gartengeräte aus Kupfer
PKS/Villa Rothstein
Kaltenbach 162
A-4829 Bad Ischl
Tel.: 0043/6132-28377-0
Fax: 0043/6132-28377-4
E-Mail: office@kupferspuren.at
Internet: www.kupferspuren.at

Aus unserem Programm

ISBN 978-3-7020-1142-0
Heide Hasskerl
ALTE GEMÜSEARTEN NEU ENTDECKT
Schätze aus dem Bauerngarten
147 Seiten, zahlreiche Farbabbildungen, Hardcover

ISBN 978-3-7020-1260-1
Claudia Holzer/Josef Andreas Holzer/
Jens Kalkhof
**KRÄUTERSPIRALEN, TERRASSEN-
GÄRTEN & CO.**
Planen, Bauen, Bepflanzen
224 Seiten, zahlr. Farbabbildungen,
Hardcover

Leopold Stocker Verlag
www.stocker-verlag.com

Aus unserem Programm

ISBN 978-3-7020-1259-5
Wolfgang Zemanek
DÖRREN & TROCKNEN
Obst, Kräuter, Gemüse und Pilze
134 Seiten, zahlr. Farbabbildungen, Hardcover

IISBN 978-3-7020-1268-7
Michel Gros
MIT DEM MOND DURCHS GARTENJAHR 2011
112 Seiten, durchgehend farbig bebildert, brosch.

Leopold Stocker Verlag
www.stocker-verlag.com